経営者が知っておくべき ジョブ型雇用のすべて

マーサージャパン
組織・人事変革部門 代表
白井正人

ダイヤモンド社

経営者が知っておくべき
ジョブ型雇用のすべて

はじめに

現在、日本経済に閉塞感を覚えていらっしゃる方は多いのではないでしょうか？　日本経済が非常に強かった1980年代後半からバブル経済崩壊までの記憶がある方にとっては特にその思いは強いはずです。バブル経済崩壊後、30年間にわたって先進国対比で日本の経済成長率は低く、中国の台頭もあり、世界における日本経済の相対的な位置付けは落ち続けています。経済の基盤となる人口が減っていることが一因ですが、他の先進各国の人口増加率も日本と大きく違うわけではなく、現在の低迷はそれだけで説明がつきません。個別企業の成長の話であれば、戦略が悪い、組織能力が不十分である、というような個社の事情で説明がつきますが、国内に多くの有力企業がある中で、総合的、総体的に日本企業が海外企業と比較して単純に劣っていて日本経済全体が成長しないという説明はあまり説得力がありません。何かより大きな構造的な原因があるように思えます。

私は、日本における雇用のあり方、いわゆる〝メンバーシップ型雇用〟が、日本経済全体の成長を妨げている大きな要因の一つになっていると考えます。より具体的には、人材の流動性が低く、また、個人のリスキル・スキルアップが盛んではなく、会社全体として保有する組織能力を環境変化に適応させることが難しいため、成長に悪い影響を与えています。そして、その対策の一つとして、〝ジョブ型雇用〟への変革がクローズアップされているのです。

メンバーシップ型雇用は「原則として解雇はないが、会社裁量で異動・転勤を決められる世界観」をベースにしており、会社側からすると意図的な人の新陳代謝を起こしにくい、個人からするとキャリアの選択や形成が難しいしくみであり、これらが人材の流動性が上がらない構造的な要因です。

典型的な日本企業に属する個人の視点から考えてみます。正社員として大企業に入ると、基本的には辞めさせられることはなく、年功的ではあるものの安定的に処遇の向上（ないしは維持）がなされる可能性が高い一方、自分がやりたい仕事に就ける保障はありません。その結果、個人は「目の前のことを遺漏なくこなす」というスタンスになり、将来のキャリアアップや生き残りに向けてリスキルやスキルアップするインセンティブがあまりありません。成長業界や成長領域に参画しようという意欲も湧きません。今のままでも、生活は安定しており、環境を変えることはリスクだからです。つまり、雇用が保障されるという環境の中で、会社が個人のキャリアを決定することが、個人のキャリア形成意識が高まらず、人材の流動性が上がらない理由といえます。個人の立場からすると、ポジティブな意味でもネガティブな意味でも、キャリアを選択する意味が薄いのです。

人材の流動性が低い場合、成長領域への人材投資が進みません。また、メガトレンドであるデジタル化やグローバル化に伴う新たなビジネスモデルの構築や価値創造に必要なケイパビリティの確保も難しく、その意味でも成長にマイナスの影響を与えています。新しいケイパビリティの確保が難しいのは、人材流動性が低い組織では、外部人材の確保が難しいことに加えて、キャリア自律していない個人に自発的なリスキルやスキルアップを望むことが難しいからでもあります。


多くの日本企業においては、現状、収益の中心となっている国内の既存事業について、日本国内の人口動態の影響で今後の成長は難しく、事業規模は長期的には頭打ち、ないしは緩やかな衰退をたどることがわかっています。この状況を打破するには、グローバル事業の一層の強化・拡大、またはデジタル技術を活用した新たなビジネスモデルの構築、新しい製品・プロダクトの開発、ｅコマースの充実、ＲＰＡ等による効率化が必要ですが、これらを実現する組織能力が社内に不足しています。経営的な観点から素直に考えれば、長年営んでいる既存事業の生産性向上に向けて、既存領域の要員数を抑制しながら、グローバル・デジタル関連等の新領域に新しい組織能力を強化するべく増員することになります。また、新領域に関しては、外部市場から中核的な人材を確保したうえで内部人材をリスキルすることが必要でしょう。

しかしながら、メンバーシップ型雇用で、このような施策群を円滑に進めるには困難が伴います。

既存人員の削減は難しく、また、既存人員を新領域に配置換えして活用するためにはリスキルが必要ですが、それも容易ではありません。安定雇用の下、会社がキャリアを決定する環境が前提であるため、個人のリスキル・スキルアップ意欲は高くなく、大量の人材の新領域への配置換えは現実感が乏しい施策です。新領域に必要な人材の中途採用意欲は盛んになっていますが、外部労働市場で流通している人材の目から見ると、人の出入りが少なかった組織への参画のハードルはさまざまな面で高く、その促進にも難しさがあります。その結果として、人材、すなわち組織能力が大きく変わらない前提で事業運営を行うことが常となり、欧米企業と比較すると日本企業は相対的に低めの成長率、収益率に甘んじています。

〝ジョブ型雇用〟は、このような閉塞的な状況を変え得る雇用のあり方です。ジョブ型雇用では、雇用を「ジョブを介した市場取引」と定義し、会社としては「事業・戦略に合致した人材の積極的な確保・活用」を、個人としては「リスキル・スキルアップを含めた自律的なキャリア形成」を進めることになります。その結果、環境変化に対する組織能力のキャッチアップが促進され、現在の閉塞的な状況を打破する助けとなります。ジョブグレードやジョブディスクリプションの導入、実力主義の強化などだけで、ジョブ型雇用を語ることはできないのです。

本書では、経営的な観点から雇用のあり方を再考する助けとして、ジョブ型雇用の意味合いや得失、産業や企業ごとの適否、そして導入の進め方を説明します。また、ジョブ型雇用とメンバーシップ型雇用との相違につき、より具体的な理解を進めるために、Ｈｏｗ論についてもジョブ型雇用の特徴を解説しています。読者各位のジョブ型雇用の体系的理解の助けになれば幸甚です。

※「ジョブ型雇用」「メンバーシップ型雇用」は、濱口桂一郎氏（労働政策研究・研修機構　労働政策研究所長）が提唱された概念です。本書で述べている「ジョブ型雇用」「メンバーシップ型雇用」は、その概念をベースにしながら、著者自身の経験および所属会社であるマーサーのナレッジに基づき、独自の解釈・見解を加えたものです。

はじめに 3

第1章 日本経済と雇用システム

高まるジョブ型雇用への期待 18
ひとり負けの日本企業 21
低水準の日本の賃金 28
グローバル化・デジタル化で遅れた日本企業 32

第2章 メンバーシップ型雇用

メンバーシップ型雇用の歩みと特徴 38
綻び❶ 高度専門人材を確保・有効活用できない 43
綻び❷ 新卒の優秀層を採用できない 50
綻び❸ 中高年のぶら下がり人材が恒常的に発生する 56

綻び❹ 女性社員・外国人社員・シニア社員の活用が進まない 60
企業だけでなく、社会全体の問題 66

第3章 ジョブ型雇用

ジョブ型雇用の特徴 70
すべてが変わる人材マネジメント 71
雇用システムの部分変更は難しい 74
ジョブ型雇用のメリット・デメリット 76
クローズドコミュニティとオープンコミュニティ 80
個人の雇用リスク対策でもジョブ型雇用が逆転 83
採用における違い 85
配置、代謝における違い 91
教育における違い 97
報酬における違い 99

第4章 日本企業における人材マネジメントの行方

Q1 すべての企業がジョブ型雇用に向かうべきなのか？
産業や企業による差異はないのか？ 104
Q2 ジョブ型雇用を導入する際に
越えなければならない壁は？ 110
Q3 メンバーシップ型雇用とジョブ型雇用の
中間的な雇用システムはないか？ 116
Q4 環境変化への柔軟性は、業務割り当てを自由に行える
メンバーシップ型雇用のほうが高いのでは？ 126
Q5 ジョブ型雇用へ全面移行する場合、現在の雇用システムから
どのように移行していけばいいか？ 127

第5章 ジョブ型雇用に必要な人事機能変革

ジョブ型雇用の本質は競争原理の導入 139

人事機能変革の4要件 142
4要件が組織にもたらす変化 146
人事機能変革の要点 154

第6章

ジョブ型雇用の施策コンセプト

section 1 ワークフォースプランニング 162
中期的な人材ポートフォリオのギャップ分析と人事戦略の立案 163
ステップ1 枠組みの設定 164
ステップ2 あるべき要員数の定義 171
ステップ3 現状要員数の定義 172
ステップ4 ギャップ分析と施策方針の立案 174
中期的なポートフォリオ分析の意義 177
ビジネスプランの一環としての要員計画と人件費予算 178
効果的なワークフォースプランニングに向けた課題・留意点 182

section 2

リクルーティング／タレントマネジメント／人材開発 187

職種別採用の実現と中途採用の強化 187

取り組みのポイント1 募集時の職種設定 188
取り組みのポイント2 母集団形成と候補者へのアプローチ 193
取り組みのポイント3 選考方法の刷新・改良 194

キャリア自律の促進と社内労働市場の確立 198

取り組みのポイント1 本人同意を原則とした異動オペレーション 198
取り組みのポイント2 社内公募の活性化 201
取り組みのポイント3 ＰＩＰ・退職勧奨 203

サクセションマネジメントと選抜教育 206

取り組みの前提 サクセションマネジメントの基本形（典型例） 207
取り組みのポイント1 実効性のあるタレントレビューの実施 216
取り組みのポイント2 早めの選抜と計画的配置 218
取り組みのポイント3 アセスメントや選抜研修の登用への活用 221

section 3

パフォーマンスマネジメント 223

パフォーマンスの向上に特化した運用 223

取り組みのポイント1 「報酬のための評価」からの決別 224

取り組みのポイント2　チャレンジを促す工夫　226
取り組みのポイント3　カスケードとフィードバックの質の向上　231

section 4
報酬マネジメント　235
市場価値ベースのマネジャー権限による決定　235
取り組みのポイント1　外部競争力の確保 ―― 職種別市場価値　235
取り組みのポイント2　報酬決定権の移譲　244
取り組みのポイント3　ベネフィットの有効活用　260
外部競争力のある報酬マネジメントに向けた課題と留意点　265
課題1　組織長・人事部門の組織能力の不足　266
課題2　組織長への人事情報共有　267
課題3　内部公平的なマネジメントからの脱却　268

section 5
組織開発　270
各企業の課題に適した施策を選択　270
領域1　継続的なエンゲージメント向上施策の実施　272
領域2　ＭＶＶの浸透　277
領域3　組織能力・連携の強化　279

section 6

ピープルアナリティクス 282

ピープルアナリティクスの実際 282

事例1 今後のキャリアへの期待がエンゲージメントやパフォーマンスを向上する 284

事例2 楽な仕事はエンゲージメントを下げる 286

事例3 ステレオタイプなライフコースの支援がエンゲージメントを下げる 288

ピープルアナリティクスへの取り組み 290

第7章

ジョブ型雇用への移行

乗り越えなければならない課題 294

ジョブ型雇用への移行のモデルケース――A社の場合 296

新たな人材マネジメントの方向性 298

採用される人材マネジメント施策としくみ 299

Special Interview

1 組織に根付くキャリア自律の文化
ソニーピープルソリューションズ株式会社
代表取締役社長 望月賢一氏 305

2 企業と個人が選び合う時代
経済産業省 経済産業政策局
産業人材政策室長 能村幸輝氏 317

あとがき 329

第1章
日本経済と雇用システム

高まるジョブ型雇用への期待

新型コロナウイルスの感染が急激に拡大した2020年の上半期、「ジョブ型雇用」という言葉が注目を集めました。ジョブ型雇用とは、一言でいえば、「職務内容(ジョブ)に基づいて、適切な能力や知識を持った人材」を雇用する制度のことです。別の見方をすれば、「ジョブを介した会社と個人の労働力の市場取引」であり、理念的には会社と個人が対等な関係となります。そのため、会社にとっては事業計画の遂行に最適な人材を確保しやすく、個人にとってはキャリアを選択しやすくなります。その結果として、人材の流動性が高くなります。

ジョブ型雇用への関心が高まりを見せた一つのきっかけは、「新型コロナウイルスの感染拡大でリモートワークが増え、労働時間でなく、業務内容や成果に応じた評価・報酬制度の導入が必要になる」という問題意識がありました。しかし、新型コロナウイルス感染拡大にかかわらず、雇用システムの変革の必要性自体は、この数年間、経済や事業のデジタル化、グローバル化、また働き方改革などの流れの中で、ずっと指摘され続けてきたことです。

例えば、2019年の新卒採用活動で、デジタル人材だけ特別に高額な初任給を設定する企業が続出したことは記憶に新しいかと思います。また、経団連会長やトヨタ自動車社長から、終身雇用を維持する難しさについて、従来よりもかなり踏み込んだコメントも発せられました。これらはジョブ型雇用への転換の大きな流れの一部として認識すべきでしょう。

日本経済は第二次世界大戦後の高度成長期を経て、90年代初頭にバブル経済が崩壊するまでの数十年の間、途中、石油ショックや円高不況はあったものの、総じていえば好調を維持し、最盛期の80年代後半から90年代初頭にかけては、国内総生産（GDP）ランキングで世界1位になる可能性さえ囁かれていました。しかし、バブル経済の崩壊から今日に至るまで、日本経済はおよそ30年間も低迷し続け、世界経済における地位は低下の一途をたどっています。

後述するように、経済の低迷の理由はさまざま挙げられますが、私は雇用システムと経済トレンドのミスマッチこそ、大きな要因であると考えています。

バブル経済崩壊以前に事業の成功の鍵を握っていたのは、比較的安定した環境の中、いかに高品質な製品やサービスを提供するかであり、一社で長く働くメンバーシップ型雇用は習熟や擦り合わせによる高品質を実現しやすく競争優位がありました。ところが2000年代以降、デジタル分野の技術革新やグローバル化が加速度的に進んだため、デジタル技術を梃にした新しい製品、サービス、ビジネスモデルを素早く開発し打ち出す能力や事業のグローバル展開力が競争優位の源泉となったのです。定まったルールの中で品質を磨くよりも、変化の中で対応する力がより必要になったともいえます。それに伴い、メンバーシップ型雇用は効果的なマネジメントではなくなってしまったのです。

だからといって、すぐにジョブ型雇用に切り替えようとしても、うまくいきません。なぜなら、雇用システムは単体の制度で成り立っているのではなく、雇用契約（法律的な意味での労働契約）、キャリア形成、採用、異動・配置、評価、報酬、教育、退職管理など、さまざまなしくみや施策が相互に結び付き、ある種の生態系（エコシステム）として機能するものだからです。したがって、ジョブ型雇用への切り替えには、個々のしくみを変えるだけでは不十分で、大規模で統合的な変革が必要となります。

少子高齢化に伴う人口動態の変化により、支える人数（メンバーシップ型雇用における若年者の人数）の割合が小さくなり過ぎるため、ジョブ型雇用の導入は長期的にはどの企業にとっても避けられないことでしょう。それを効果的なものにするためには、雇用システムの理解、経済トレンドと雇用システムとの関係についての理解が重要です。一方、必ずしもすべての企業が今すぐに本格的なジョブ型雇用を導入する必要があるわけでもありません。

本書はメンバーシップ型雇用とジョブ型雇用の理解を進め、いつジョブ型雇用にシフトすべきか、またどのようにシフトすべきか、その考察の一助となることを目的としたものですが、その具体的な進め方を論じる前に、現在の日本経済、日本企業が置かれている状況と雇用システムの関係について確認していきましょう。

ひとり負けの日本企業

企業価値の指標である時価総額を見れば、近年の日本経済の凋落は明白です。平成が始まった1989年、世界の時価総額トップ50社の内訳は、日本企業が32社で断トツの1位。次いで2位がアメリカの15社です。世界1位の座はNTTが獲得し、その他、日本興業銀行、住友銀行、富士銀行、第一勧業銀行など、日本の金融機関が数多くランクインしています。

ところが、2021年2月の時価総額の上位国を見ると、国別の1位はアメリカの33社。2位は中国の8社（香港を含めると9社）でした。日本企業はといえば、50位以内に入ったのは、トヨタ1社だけでした。アメリカはGAFAやマイクロソフトといったデジタル系企業が上位を占め、中国においてもオンラインゲームやSNSサービスを提供するテンセント、アリババ、電子商取引プラットフォームや口コミサイトを運営するメイトゥアンといったデジタル技術を基盤とする企業がランクインしています。

ここでは、世界のトップ企業の時価総額、つまり「各国の代表的な企業の稼ぐ力や成長見込みに関する株式市場での評価」を確認しましたが、かつて世界経済をリードしていた日本企業は、残念ながらその地位を大きく落としていることがわかります（図表1－1）。

図表1-1 | 世界時価総額トップ50国別企業数

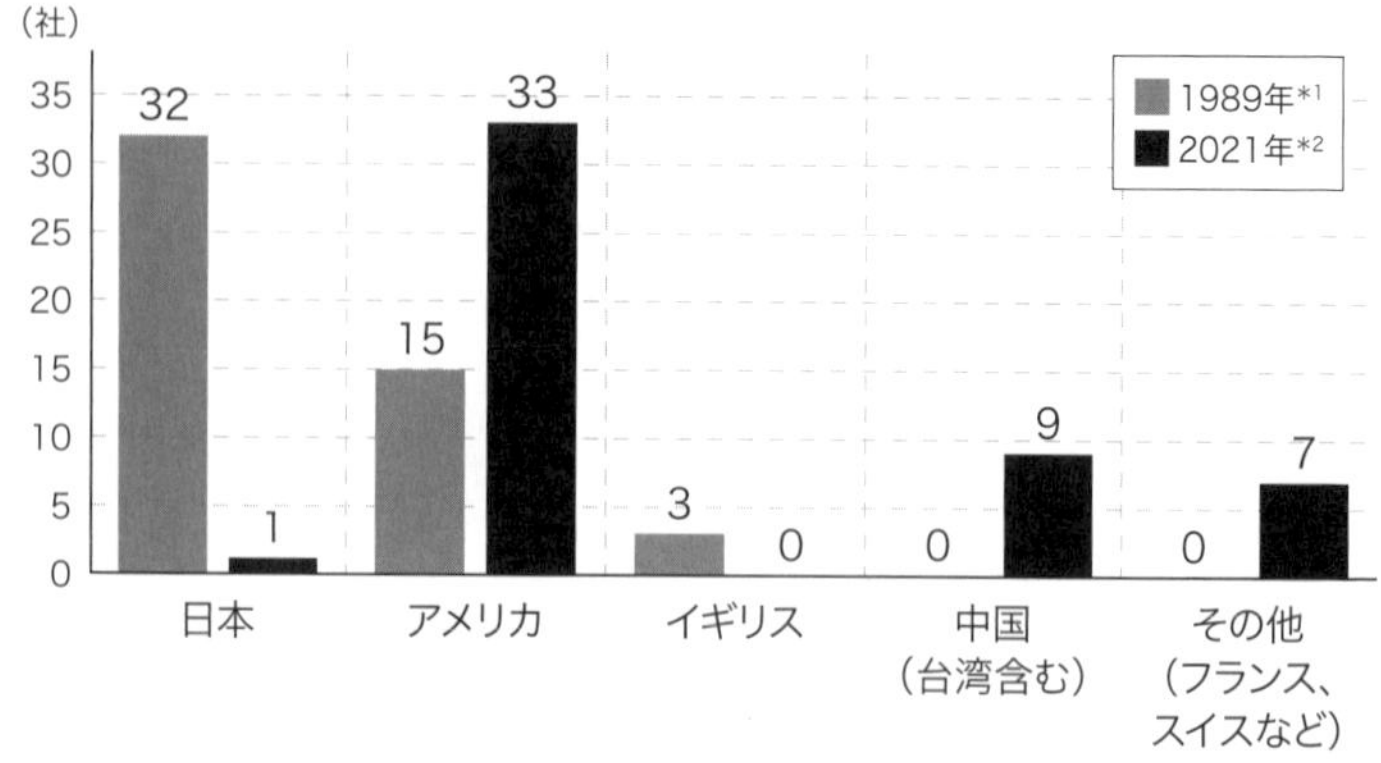

＊1 出所：米ビジネスウィーク誌（1989年7月17日号）「THE BUSINESS WEEK GLOBAL1000」
＊2 出所：WRIGHT INVESTORS' SERVICE,INC「CorporateInformation」（2021年3月14日現在）

しかも、新型コロナウイルスの影響以前に関しては、日本国内の景気は長期にわたって拡大を続けており、新型コロナウイルス感染拡大の影響を受けていない最新年度である２０１８年度の決算では、過去最高益を記録した企業も少なくありません。その環境下でさえ、利益とその成長見込みが反映される時価総額が海外の企業と比べて相対的に劣っており、日本株の売買シェアの７割を占める海外投資家が日本企業の将来性を危ぶんでいるか、収益性に満足していない、と考えるのが合理的です。日本国内の感覚では日本企業は成長し利益を上げているといえるのですが、世界的に見ると、その成長率や収益性は相対的に十分ではないと捉えられているのです。

図表1-2 | 主要国別、名目GDPの経年比較(1990-2019年)

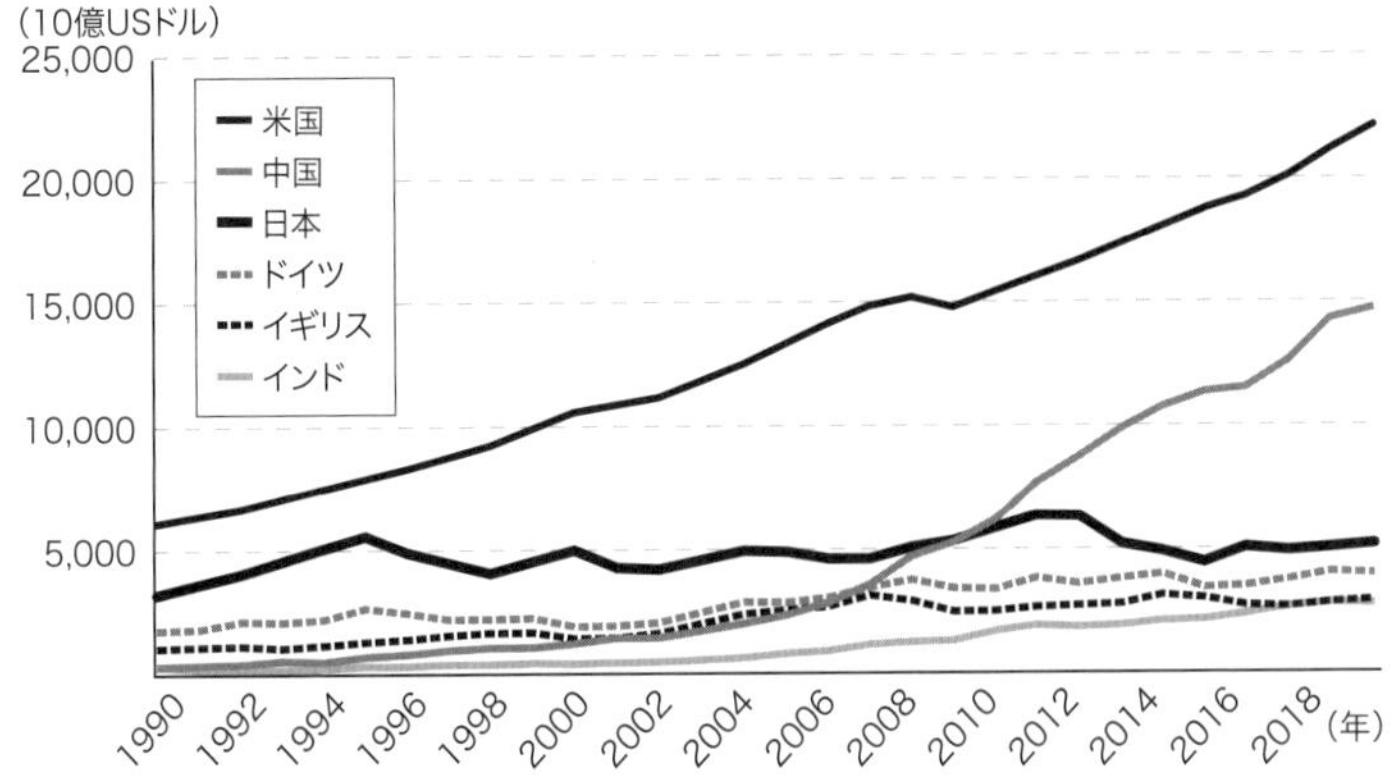

出所:グローバルノート-国際統計・国別統計専門サイト(https://www.globalnote.jp/)「名目GDP(国連統計)」より作成

次に国全体の経済規模やその成長率を確認するのにふさわしいGDP（国内総生産）の観点から検証してみましょう。

名目GDP（図表1－2、1－3）で見ると、日本は30年の間に1・62倍にしかなりませんでしたが、同様の期間で米国は3・59倍、ドイツは2・18倍、中国は36・35倍になっていて、日本の世界経済に対する影響力はこの30年間に相対的に大きく落ちたことがわかります。

ただ、これは単純な金額ベースの比較であり、世界経済の中の存在感を示す重要な数字ではあるものの、各国の物価上昇が含まれているため、各国における経済成長の比較という観点で実質GDP（基準年2015年）も確認してみましょう（図表1－4）。

図表1-3 | 主要国の名目GDP成長率(1990-2019年)

国名	倍率	CAGR*
米国	3.59	4.51%
中国	36.35	13.19%
日本	1.62	1.68%
ドイツ	2.18	2.72%
イギリス	2.59	3.33%
インド	8.79	7.78%

＊CAGR:年平均成長率(Compound Annual Growth Rate)

出所:グローバルノート-国際統計・国別統計専門サイト(https://www.globalnote.jp/)
「名目GDP(国連統計)」より作成

図表1-4 | 主要国の実質GDP成長率(1990-2019年)

国名	倍率	CAGR
米国	2.04	2.49%
中国	13.91	9.50%
日本	1.32	0.96%
ドイツ	1.53	1.48%
イギリス	1.78	2.00%
インド	5.80	6.25%

出所:グローバルノート-国際統計・国別統計専門サイト(https://www.globalnote.jp/)
「実質GDP(国連統計)」より作成

残念ながら、実質GDPを見ても日本は劣位にあります。日本の実質GDPは30年間でその規模が1・32倍となりましたが、その期間、米国は2・04倍、ドイツは1・53倍、中国は13・91倍であり、物価の影響を除いても、低成長であることがわかります。米国、ドイツ等の先進国と比較しても劣るのです。

日本のGDPが成長しないのは、人口自体が成長していないので仕方ないのではないか、という意見もあると思います。確かに日本は総人口、生産年齢人口（15歳から65歳までの人口）でともに成長しておらず、他先進国と比較してもその傾向は顕著です（図表1－5、1－6）。人口という意味で縮小再生産傾向が強いということはサステナビリティのない社会であるともいえ、それ自体も問題です。

ただ、経済成長は人口だけの問題でもありません。日本は一人当たりの豊かさ（消費量）の代理指標的な意味合いのある総人口一人当たりの実質GDP（図表1－7）を見ても、生産性の代理指標的な意味合いのある生産年齢人口一人当たりの実質GDP（図表1－8）を見ても、他国、特に先進国と比べても劣位にあります。

日本経済は、その基盤となる人口のサステナビリティという面でも、一人当たりの豊かさや生産性という面でも、他先進国と比較して劣位にあるのです。条件が似ている他の先進国にも負けているわけですから、人口を再生産できない原因にしても、一人当たりの豊かさや生産性が向上しない理由についても、きちんと向き合い、変化を起こす必要があるのではないでしょうか。

図表1-5｜主要国の総人口成長(1990-2019年)

国名	倍率	CAGR
米国	1.31	0.95%
中国	1.23	0.72%
日本	1.02	0.08%
ドイツ	1.05	0.16%
イギリス	1.17	0.54%
インド	1.56	1.56%

出所:グローバルノート-国際統計・国別統計専門サイト(https://www.globalnote.jp/)
「総人口(世銀統計)」より作成

図表1-6｜主要国の生産年齢人口の成長(1990-2019年)

国名	倍率	CAGR
米国	1.31	0.92%
中国	1.32	0.97%
日本	0.87	-0.47%
ドイツ	0.98	-0.08%
イギリス	1.14	0.46%
インド	1.80	2.05%

出所:グローバルノート-国際統計・国別統計専門サイト(https://www.globalnote.jp/)
「15歳-64歳人口(世銀統計)」より作成

図表1-7｜総人口一人当たりの実質GDPの成長（1990-2019年）

国名	倍率	CAGR
米国	1.55	1.52%
中国	11.29	8.72%
日本	1.29	0.89%
ドイツ	1.46	1.32%
イギリス	1.52	1.46%
インド	3.70	4.62%

出所：グローバルノート-国際統計・国別統計専門サイト（https://www.globalnote.jp/）
「実質GDP（国連統計）」「総人口（世銀統計）」より作成

図表1-8｜生産年齢人口一人当たりの実質GDPの成長（1990-2019年）

国名	倍率	CAGR
米国	1.56	1.55%
中国	10.50	8.45%
日本	1.51	1.44%
ドイツ	1.57	1.56%
イギリス	1.56	1.54%
インド	3.22	4.11%

出所：グローバルノート-国際統計・国別統計専門サイト（https://www.globalnote.jp/）
「実質GDP（国連統計）」「15歳-64歳人口（世銀統計）」より作成

低水準の日本の賃金

個人の給与水準においても同様です。約7年間も景気が拡大してきたはずの日本ですが、国内の実質賃金は長期にわたり上がっていません。本来、資本主義における市場メカニズムが働いているケースでは、需要と供給のバランスが取れるところで価格が決まりますが、これは人件費も同じです。新型コロナウイルス感染拡大前までは、人手不足による倒産が起きるほど労働力不足が叫ばれていたのですから、人手不足を解消するためには給与を上げるのが常道のはずです。しかし、現実は違います。

主要先進国において、この30年間（ドイツのみ29年間）で平均年収（フルタイム従業員換算／賞与、残業代を含む）がどれだけ上がったかを比較すると、日本は1・06倍でほとんど変化していません。しかしながら、カナダ、ドイツ、フランスは1・3倍以上、イギリス、米国は1・4倍以上となっており、比較的低成長の先進国といえども、長期的には平均年収はきちんと上がっているのです（図表1－9、1－10）。

次に、主要国別に役割の大きさ別の年収水準を比較します。図表1－11は各国における役割の大きさ別の年収を比較したものです（横軸は役割の大きさであり、期待される成果の大きさ、責任

図表1-9｜主要国の平均年収購買力平価ベースの経年比較(1990-2018年)

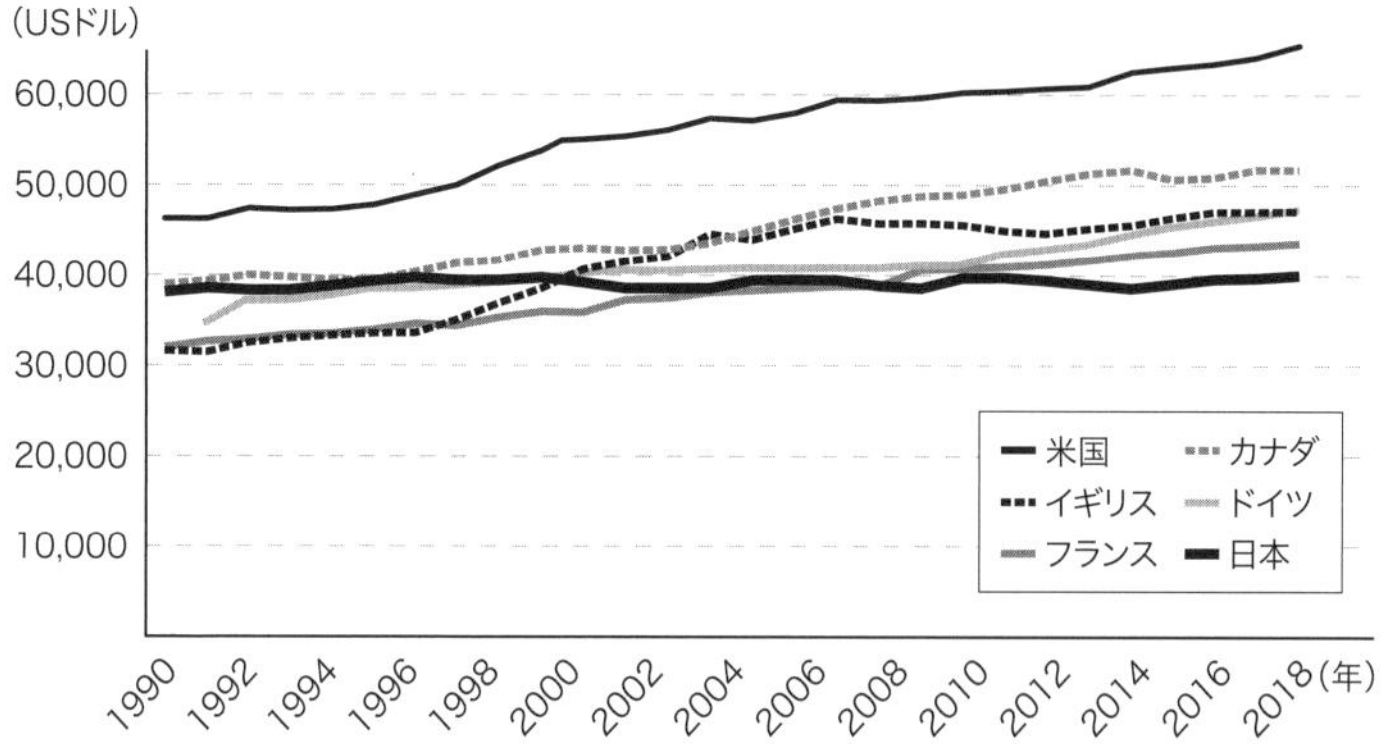

出所：グローバルノート-国際統計・国別統計専門サイト(https://www.globalnote.jp/)
「平均年収(OECD統計)」より作成

図表1-10｜主要国の平均年収購買力平価ベースの増加倍率(1990-2019年)

30年間に平均年収が何倍になったかを算出

国名	倍率
イギリス	1.48
米国	1.42
フランス	1.35
ドイツ*	1.34
カナダ	1.33
日本	1.06

*ドイツのみ29年間で倍率を算出

出所：グローバルノート-国際統計・国別統計専門サイト(https://www.globalnote.jp/)
「平均年収(OECD統計)」より作成

図表1-11 ｜ 主要国別の役割別年収水準

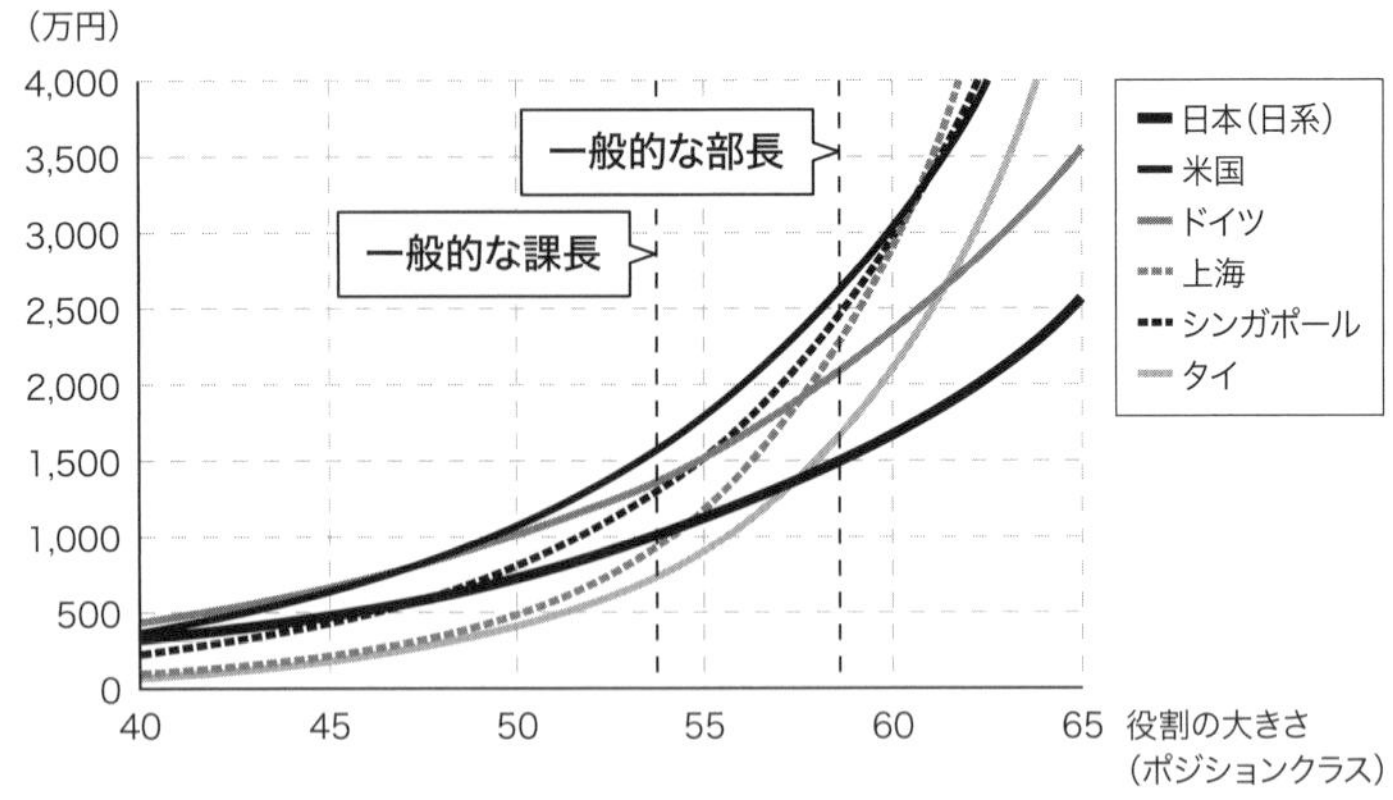

出所：マーサージャパン「総報酬サーベイ」（2019年）

の範囲や業務の難易度によって決定されます）。

　このグラフを見るとおわかりのとおり、役割が大きくなればなるほど、日本企業の報酬水準は海外と比較し低くなります。シニアマネジャークラスでいえば、米国、シンガポール、ドイツは当然として、上海やタイにさえ抜かれています。日本では比較的役割の小さい定型的な業務を担当する人の報酬は標準的な金額ですが、管理職以上になり役割が大きくなればなるほど、劣位になるのです。

　結局のところ、個別企業の稼ぐ力・伸びる力、国内の経済規模を示すＧＤＰの成長、また個人の報酬水準の伸びやマネジャーの報酬水準、どの観点から見ても、日本は海外各国に対して負けてしまっているのです。

なぜ、日本はこんなにも世界と差をつけられてしまったのでしょうか。

長い間、日本経済の低迷の理由に挙げられてきたバブル崩壊ですが、あれからすでに30年近くが経過しています。その間、アメリカでは2000年に入って高騰していたIT関連株のバブルが崩壊、翌2001年にはエンロン事件がきっかけとなり、多くの有力企業の不正会計が判明して世界の株式市場に影響を与えました。その後も2008年9月のリーマンショックなど、経済にダメージを与える数々の事件が起きています。

しかし、ダメージを受けてもアメリカ経済がその都度立ち直り、高い成長を続けていることを考えると、この30年間低迷している日本の経済成長率の原因をバブル崩壊のみに求めるのは無理があります。そもそも、日本には投資をするための資金力があり、技術力も多くの領域で海外に引けを取りません。質の高い労働力もあり、世界と伍して戦える要件はそろっているはずなのです。

もちろん、先に述べたように、日本は超少子高齢化による人口減少の局面を迎えており、それ自体非常に大きな問題であり、かつ、高い経済成長ができない理由なので、これに向き合い一人でも多くの生産者を確保する必要があります。しかしながら、一人当たりのGDPの成長率も対先進国に比べて低いことから、低成長は単純に人口のせいとはいえず、一人当たりの生産性の向上も不十分であることを示唆しています。

グローバル化・デジタル化で遅れた日本企業

そこで視点を変えてみましょう。この20年、世界的に企業の成長と収益を支えてきた源泉はグローバル化とデジタル化です。企業の成長は、長期的かつ理論的にはキャッシュフローを増やすことであり、利益を増やすこととほぼ同義です。その実現には基本的に、顧客を増やすか、顧客当たりの粗利を増やすかしかありません。固定費の削減も手段の一つですが、削減幅には限度があり、また企業価値向上という面での継続的な効果は得づらいため、ここでは副次的要素として位置付けます。

顧客を増やすにしても、顧客当たりの粗利を増やすにしても、グローバル化とデジタル化が方策の両輪であることに異を唱える人はいないでしょう。しかし、日本企業はいずれも海外企業に大きく後れを取っています。

前出（26ページ）の図表1－5を見ればわかるとおり、日本を始めとする先進国の人口は概ね微増の状態が続いています。この環境下で顧客数を増やすには、グローバル化により、海外にマーケットを拡大していくのが定石です。日本企業の中にも、グローバル化で成果を上げている企業はありますが、欧米のグローバル企業に比べると、成長性や収益性という点ではかなり見劣りします。

図表1-12｜デジタル競争力ランキング（2020年）

※( )内は前年順位との比較

順位	国名	順位	国名	順位	国名
1	米国 (0)	11	台湾 (↑2)	21	エストニア (↑8)
2	シンガポール (0)	12	カナダ (↓1)	22	ニュージーランド (↓4)
3	デンマーク (↑1)	13	イギリス (↑2)	23	アイスランド (↑4)
4	スウェーデン (↓1)	14	アラブ首長国連邦 (↓2)	24	フランス (0)
5	香港 (↑3)	15	オーストラリア (↓1)	25	ベルギー (0)
6	スイス (↓1)	16	中国 (↑6)	26	マレーシア (0)
7	オランダ (↓1)	17	オーストリア (↑3)	**27**	**日本 (↓4)**
8	韓国 (↑2)	18	ドイツ (↓1)	28	ルクセンブルク (↓7)
9	ノルウェー (0)	19	イスラエル (↓3)	29	リトアニア (↑1)
10	フィンランド (↓3)	20	アイルランド (↓1)	30	カタール (↑1)

出所：IMD「WORLD DIGITAL COMPETITIVENESS RANKING 2020」

その原因として、現地での事業展開のスピード感のなさと、その背景にある優秀な現地社員の確保・活用がうまくいっていない点が挙げられます。

そもそも日本企業のグローバル化は、関係先の顧客企業（日本企業）の海外進出が契機になっていることが多いため、自国企業以外の顧客に対して製品やサービスの提供を拡大する準備や資源が伴っていないことが少なくありません。その点でも、海外における事業の開発速度は鈍りがちです。

特に日本企業の海外事業統治は、組織やしくみでなく、駐在員の配置など人によるガバナンスがメインであり、優秀な現地社員や非日本人マネジャーを起用・活用しにくい構造的な問題を抱えています。海外拠点の重要ポストに日本人が就くことで、ローカルビジネスや日系以外の外資系企業との関係をうまく構築できないことが多いのです。

また、デジタル化についても、各国がデジタル技術を基盤とした新事業の創造や生産性の向上などにチャレンジングに取り組んでいるのに対して、日本の動きは緩慢です。スイスのビジネススクールＩＭＤ（国際経営開発研究所）が発表した「デジタル競争力ランキング（２０２０年）」での日本の順位は27位。第1位の米国はもとより、シンガポール、香港、韓国、台湾、中国などのアジア諸国と比較しても下位にランクされています（図表1-12）。

ビジネスモデルを大きく変える力を持つデジタル分野で各国の後塵を拝しているのは致命的です。特にこの20年間、海外企業が新たな需要を掘り起こし、顧客一人当たりの粗利を拡大できたのは、デジタル技術あってのことです。

デジタル化による価値創造の成功事例はいくつかに類型化できます。例えば、既存の製品に情報処理やネットワーク機能を活用することで、製品のイノベーションやビジネスモデルの変革を起こすのもその一つです。AppleのiTunesやApple Musicはこのカテゴリに分類され、音楽の視聴用デバイスとＣＤの作成や販売が、それぞれ単体のビジネスだった状況をドラスティックに変えました。

既存の流通チャネルを通さない、ｅコマースの商流整備も有力な手段です。初期のアマゾンはほぼ書籍販売のみでしたが、書店ビジネスを衰退させ、さらにKindleおよび電子書籍化を進めることで、印刷業を追い込む一因にもなっています。

図表1-13 | 経営者の自社に対するデジタル化および変化対応能力に関する認識

自社のデジタル化が「進展している」または「速やかに対応している」と回答した経営者の国別の割合

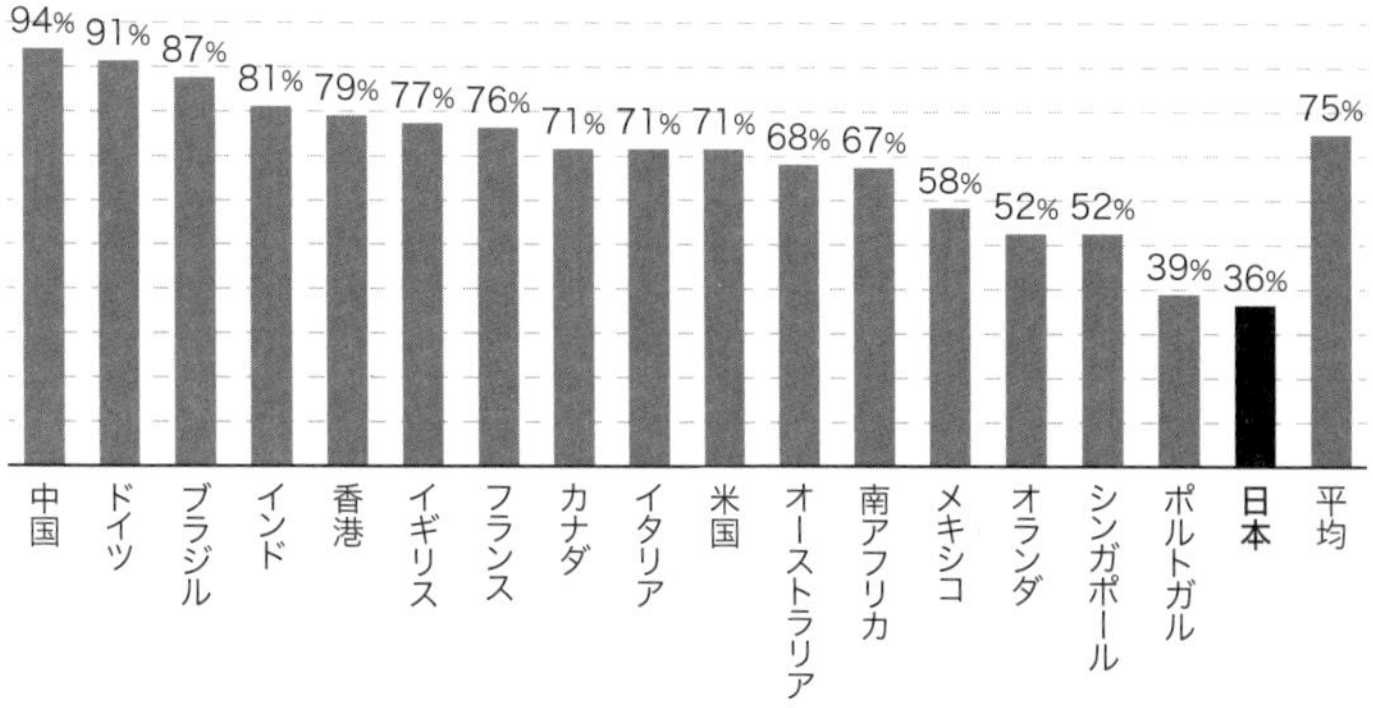

出所:マーサー「2018 Global Talent Trends Study」

図表1-14 | 社員の最先端のデジタル技術に関する重要度の意識

「最先端のデジタル技術が仕事の成否を握っている」と回答した社員の国別の割合

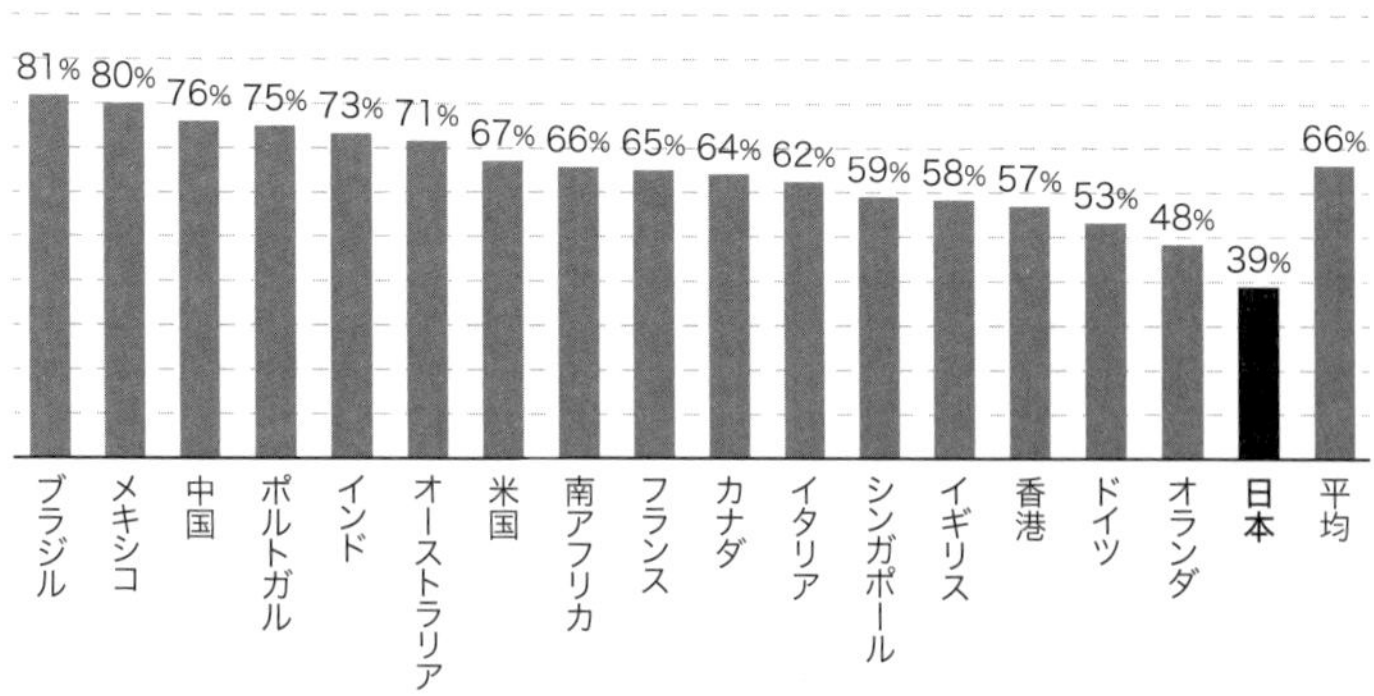

出所:マーサー「2018 Global Talent Trends Study」

また、もう一つの典型的な例として、デジタルマーケティングやアナリティクス技術の活用が挙げられます。メジャーなあらゆるショッピング系のサイトで導入されています。

もちろん、これらの変化はグローバルな影響を与え、産業間や企業間の収益の再配分を通じて、日本もその恩恵を受けています。しかし、重要なのはデジタル化を糧にした、日本発のビジネスモデルや価値創造に成功した企業があまり見当たらないことです。大企業においても、ようやく本気でデジタル化への対応に取り組み始めたというのが実態だと思います。

そして、今なお国内全体からすると、デジタル化への関心が薄いように感じます。図表1－13、1－14の調査結果からもわかるように、経営者、社員ともにデジタル化に対して、諸外国との温度差が非常に高い状況です。このままだと、新事業の創出はもとより、既存事業の生産性の向上もままならず、国際競争力でさらに差を広げられてしまうでしょう。

日本が、企業の実力、ＧＤＰの成長、個人の報酬の成長や水準のすべてで負けているのは、現在の経済、企業の成長ドライバーである、グローバル化、デジタル化で後塵を拝しているためなのです。そして、このような危機的状況にありながら、グローバル化やデジタル化が進まない理由の根底には、冒頭でもふれたように、世界と異なる独自の歩みで形成され、現在のビジネストレンドとマッチしなくなったメンバーシップ型雇用が控えています。次章では、その特徴について確認していきます。

第2章

メンバーシップ型雇用

メンバーシップ型雇用の歩みと特徴

メンバーシップ型雇用とは、「会社が雇用を保障する代わりに、社員は会社の業務指示に従って、原則、どのような業務にも従事する労働取引」です。人の出入りが少ないため、現事業に必要な能力と社員の能力にギャップが生まれる可能性があるものの、人員の安定供給には優れています。

産業や会社によってシステムに差異はありますが、主な特徴としては、次の５つが挙げられます。

- 終身雇用
- 会社裁量による異動・転勤
- 新卒一括採用
- 年功序列
- 企業内組合

これらの特徴は、過去の日本における労働政策と深い関係があります。すべての特徴を備えたメンバーシップ型雇用が本格的に広がり始めたのは、第二次世界大戦後ですが、萌芽は以前よりありました。第一次世界大戦の頃から財閥など大手企業が自ら労働者を育成し始め、長期雇用が見られるようになり、また第二次世界大戦中には政府主導の雇用・賃金統制の下、新卒一括採用、長期雇用、年功賃金の普及が進み、メンバーシップ型雇用の原型が出来上がりました。

その後、GHQの占領下では「組合活動を認め強化する」というかなりリベラルな労働政策が施行され、組合活動が活発化していきます。戦後の混乱の中、当時の組合の主張は雇用確保を重視した社会保障的な色彩の強いものでした。その影響もあり、判例を通じた法解釈により雇用保障は徐々に重視されるようになり、70年代に整理解雇の4要件（人員整理の必要性、解雇回避努力義務の履行、被解雇者選定の合理性、解雇手続きの妥当性）が示されたことで、事実上、解雇に対する明確なハードルが設けられました。こうして、終身雇用が保障される中、要員の過不足を調整するために認められたのが「(合理性のある範囲での）会社裁量による異動・転勤」です。

現在の日本企業において解雇は「不可能ではないが求められる要件が厳しく、実務的には極めて困難」という理解が一般的でしょう。希望退職や片道出向があり、もはや終身雇用は崩れ去ったという声も聞きますが、これらはあくまで「極力終身雇用すべき」という前提がある中で、一社で雇用保障ができない場合の代替措置として理解すべきものです。

メンバーシップ型雇用では、新卒で入社後、時には職種を超えてさまざまな業務に従事しながら定年まで勤め上げるのが標準的なスタイルです。この「職種を超えて」というのが大きな特徴であり、定期的かつ大規模に異動・転勤を実施することを、一般的には「ゼネラルローテーション」と呼んでいます。

一方で、定年まで雇用が保障されたことで、会社を辞めないことが普通になり、優秀な人材が組織外に流出することが少なくなりました。それに付随して、中途採用の労働市場が活性化せず、中途採用のインセンティブが薄れ、人材の確保に効率の良い新卒一括採用が主流になっていったのです。新卒一括採用という採用方式自体は、明治の頃から行っている企業があり、また、戦中にも行われましたが、現在のように広く定着したのは戦後になってからです。終身雇用やゼネラルローテーションとの相性の良さも、取り入れられた理由の一つでした。

このように新卒一括採用と終身雇用が普及したことで、社員の入れ替わりはほぼ新卒者と定年退職者だけの、約40年間を固定されたメンバーで過ごす組織が形成されました。すでにお話ししたとおり、こうした均一的な価値観や行動傾向を引き継ぎやすい組織の形が、例えば「高い習熟や擦り合わせ能力による高品質の実現」などの強みとなり、バブル経済崩壊以前の日本企業の成長を支えてきたのです。

ただし、人の入れ替わりのない組織においては、上司が部下の評価を付けるときでも、その後の人間関係を考慮せざるを得ません。自分の評価で部下の昇給や昇格を妨げるのは気がとがめますし、できれば恨みも買いたくありません。こうしたハレーションを起こしにくく、内部公平性を担保しやすいため、日本特有の年功序列が雇用システムの原則として強化されました。

さらにいうと、メンバーシップ型雇用は組合組織にも大きな影響を与えてきました。人材の流動

図表2-1｜メンバーシップ型雇用の特徴と功罪

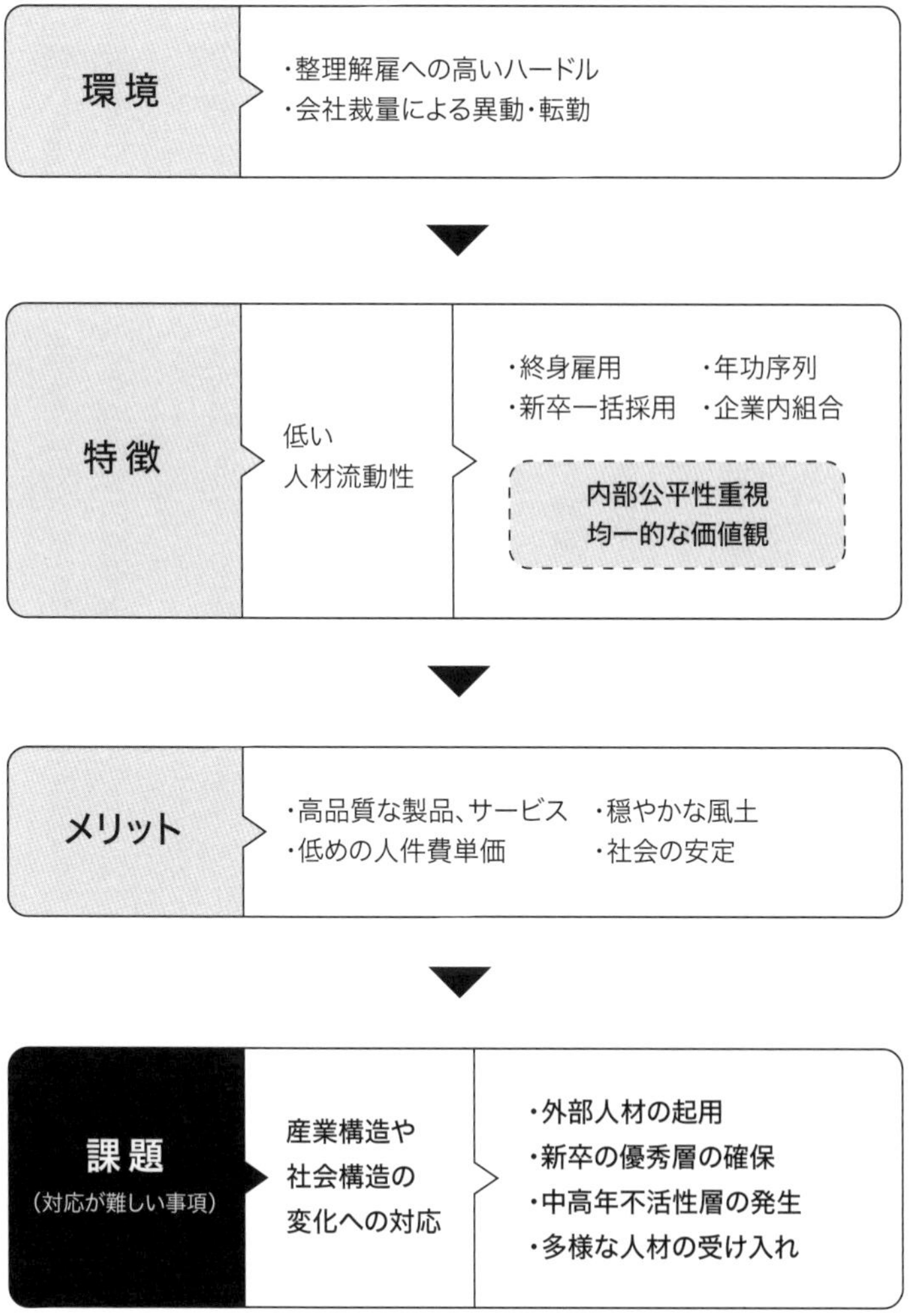

性の高い欧米では職種別組合が一般的ですが、日本では企業内組合が中心です。そのため、日本の組合では、個人が職務に対して適切な対価を得られているかではなく、正社員の雇用確保や待遇に不利益変更が起きていないかなどの既得権の確保や内部公平性の維持を重視した活動を行っています。

ただ、そのような活動方針は諸外国と比較してみると、結果的に社員一人ひとりの処遇を上げる方向には、近年あまり寄与してこなかったといえます。企業内組合は雇用を守る、見方を変えれば、人材の流動性を高めない活動が中心です。しかし、個人が処遇を上げるうえで最も大きな影響を及ぼすのは、企業間の人材（タレント）獲得競争です。企業間の獲得競争があるからこそ、個人の能力に高い値が付くからです。他国と比べて報酬が伸びないのは当然の帰結ともいえるのです。

このようなメンバーシップ型雇用が一種の社会保障の役割を担い、社会全体の安定に寄与していたことは間違いありません。その一方で、雇用政策を相当程度、企業の終身雇用制度に頼ってきたために、産業の構造的変化に対して人材流動が起きにくくなっており、経済成長の勢いを取り戻せない一因になっています。

個々の企業の成長はそれぞれの事業戦略によるところもありますが、国単位の成長を考えれば、成長分野への人と資金の集中は必須です。しかし現実には、雇用保障や不利益変更の原則的な禁止など、既得権の維持が重視されて成長に向けての再配分ができなくなっています。これは投資理論と同じで、社会全体としてリスクをとっていないため、リターンとして経済成長を得ることができずにいるのです。

もちろん、個別企業における雇用システムとしても、メンバーシップ型雇用には多くの綻びが出ています。経団連の中西宏明会長の「働き手の就労期間の延長が見込まれる中、終身雇用を前提に企業運営、事業活動を考えることには限界がきている。外部環境の変化に伴い、就職した時点と同じ事業がずっと継続するとは考えにくい」(2019年)という発言からも、雇用システムの抜本的な改革が不可避な状態であることが伝わってきます。

ここでは具体的に、メンバーシップ型雇用の4つの綻びについて見ていきましょう。

綻び① 高度専門人材を確保・有効活用できない

> 多くの企業にとって企業価値向上のキードライバーであり、変革のトリガーであるデジタル化、グローバル化等に必要な高度専門人材の確保・有効活用が困難になっている。

繰り返しになりますが、各企業の事業戦略によって濃度の差こそあれ、現状を俯瞰すると、大企業にとって企業価値を向上するためのキードライバーはデジタル化とグローバル化です。そして、デジタル化、グローバル化を推進するにあたって、どの企業にも共通する問題は、変革に必要なす

図表2-2｜デジタル人材の需要トレンド

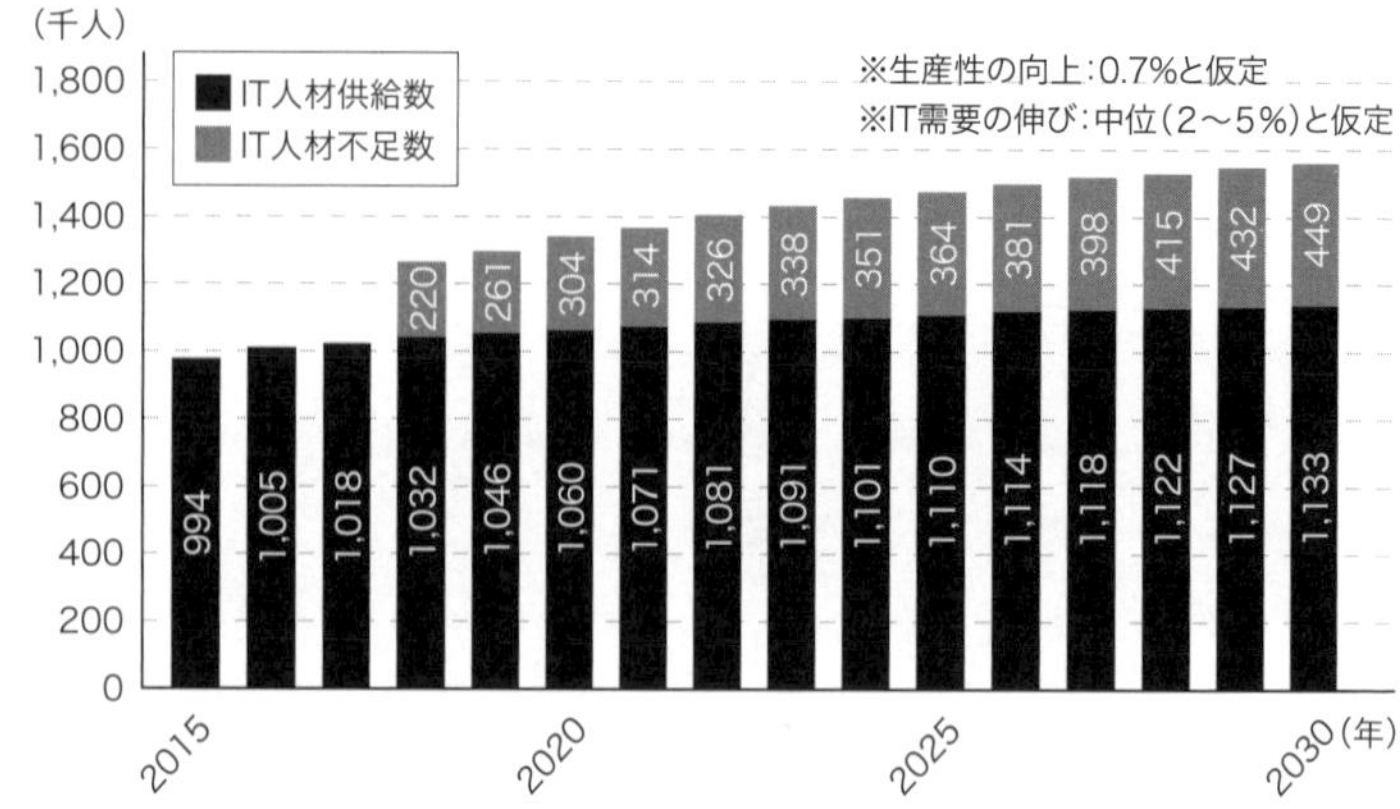

出所：経済産業省委託事業「IT人材需給に関する調査」（2019年）

べての人材を社内の育成でまかなうことは難しく、多かれ少なかれ外部採用が必要になることです。

一方で、デジタル人材、グローバル人材は引く手あまたです（図表2－2）。現実的に外部採用だけに頼ることは難しく、社内での人材育成も必要になります。デジタル化やグローバル化の中核になる高度専門人材を外部から採用したうえで、社内でラーニングアジリティ（素早く学ぶ能力）が高い人材と一緒に業務に従事させて、スペシャリストの拡大再生産を図るのが近道といえます。

ところが、外部労働市場に流通している人材側からすると、日本企業で行われているメンバーシップ型雇用は魅力的ではありません。皮肉な話ですが、ジョブ型雇用で働いている個人はキャリア自律をしておりエンプロイヤビリティ（雇われる力）が高いことが多いため、望めばメンバーシップ型雇用の会社に入社することは難しくありません。しかし、後述するように、多くの高度専門人材はメンバーシップ型雇用の企業を避ける傾向が強く、ジョブ型雇用による採用を望んでいます。

これは現在、メンバーシップ型雇用を採用している企業の多くの社員が雇用リスクの高まりを嫌って、ジョブ型雇用への移行に懸念を示している現状と相反するものです。

では、なぜジョブ型雇用で働いている多くの高度専門人材が、メンバーシップ型雇用を敬遠するのか。日頃、筆者が日本企業にジョブ型雇用導入のサポートをする中で感じているのは、次の5つの理由です。

第一の理由は、メンバーシップ型雇用はジョブ型雇用と比較して報酬水準が相対的に低いことです。現状の日本企業はほぼメンバーシップ型雇用であり、外資系企業はほぼジョブ型雇用です。よって、日本企業と外資系企業の年収の比較をすると明らかになるのですが、人の出入りがあってマーケットメカニズムが働く外資系企業（≒ジョブ型雇用）は、日本企業（≒メンバーシップ型雇用）と比べると、報酬の違いは歴然としています（図表2－3）。

仮に採用時に高めの報酬を提示されたとしても、高度専門人材からすれば、メンバーシップ型雇用の下では、将来の報酬増は見込めないと捉えられてしまいます。そうなると経済合理性の観点から、日本企業への転職を考えにくいのです。

図表2-3｜日系企業と外資系企業の報酬比較

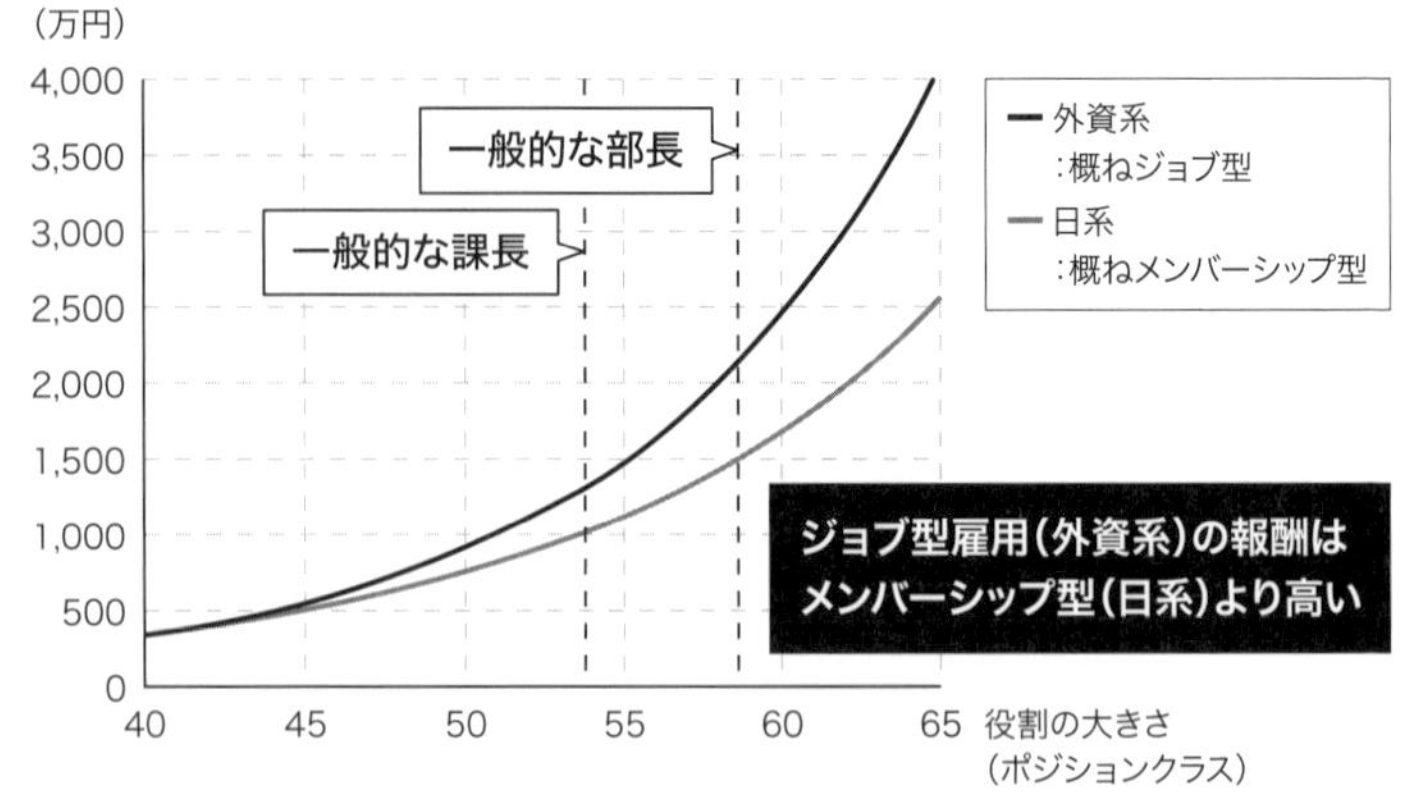

出所：マーサージャパン「総報酬サーベイ」（2019年）

逆に日本企業へ転職した高度専門人材にその理由を聞くと、かなりの割合で「もう少しゆっくりしたかった」という類いのコメントが返ってきます。優秀な高度専門人材を外部から調達するには、市場価値を意識した報酬水準の設定が不可欠といえるでしょう。

第二の理由は、雇用条件の厳しさです。日本企業はメンバーシップ型雇用を採用しているので、内部公平性が重視されます。そのため、社内相場より高い報酬で外部から人材を雇用する場合、社内に向けて説明できるように理由付けしようとします。例えば、必要性がないのに有期雇用としたがるケースです。

もちろん、期間が決まっているようなプロジェクト遂行のための採用であれば、有期雇用を条件に市場価値にプレミアを付けた報酬とすることは問題ありません。しかし、恒常的な業務に対する採用にもかかわらず、有期雇用とするのは無理があります。そのケースならば期間の定めのない雇用契約を結ぶのが自然ですし、本人もそれを望むはずです。

有期雇用が難しいとなると、高い報酬を正当化するために、必要以上に大きな成果の達成が求められるケースもあります。報酬が高いのだからこれくらいやって当然だ、という論法です。しかし、ジョブ型雇用の会社に雇われる場合でも、過度に高いハードルは課されないのが普通です。このような構図の中で相対的にメンバーシップ型雇用に魅力を感じなくなるのです。

反対に高度専門人材をメンバーシップ型雇用で雇った場合、報酬に見合った厳しさを条件とすることは問題ありません。例えば、メンバーシップ型雇用ではよほどの状況でなければ、ＰＩＰ(Performance Improvement Plan／業績改善プログラム）や退職勧奨は行われませんが、万が一、期待されたパフォーマンスを発揮できないのであれば、ＰＩＰや退職勧奨するのは当然のことです。

第三の理由は、人事権です。シニアクラスのマネジャーポジションで採用された場合、自分の元部下など自らの判断でスタッフを採用したいと考えますが、メンバーシップ型雇用の企業では、それができません。マネジャーといえども、与えられる人事権は、部下の評価のレーティングを決定することくらいというのはよくある話で、人員の採用の決定や給与・賞与の決定は組織の中のかなり上の階層の人たちでなければ、関与できないようになっています。

ところがジョブ型雇用では、ある程度以上の階層のマネジャーであれば、配下の人材採用や報酬決定を事実上行うことができます。このあたりも高度専門人材の採用で差のつく一因となっています。

第四の理由は、構造的には人事権の話と類似しますが、裁量権の少なさです。一般にメンバーシップ型雇用を採用している企業は何をするにしても、先輩・同僚・後輩の全方位に気を使わなければなりません。また、組織の階層や部署が多く、上司への報告・承認事項や関係部署の承認が必要になる事項が数多くあります。業務の裁量の幅がとても狭いのです。その結果、スピード感も生まれず、高度専門人材が魅力を感じない一因となっています。

そして第五の理由が、キャリアについての不安です。メンバーシップ型雇用の会社になじんでいる社員にとっては、キャリア形成は自分の意思で行えるものではなく、「順番を待っていれば、会社が実力を加味したうえである程度のポジションに就けてくれるもの」であり、あまりキャリアへの不安を感じていない人が多いのではないでしょうか。

しかし、ジョブ型雇用で働いているキャリアの長い高度専門人材にとっては、メンバーシップ型雇用という雇用システム自体を信頼しきれない部分があります。外様である自分がプロパー社員と同じような配慮を受けられるのか、実力を発揮すれば見合った評価や満足のできるキャリアを描けるのか、もちろん、リーチできるリソースが大きく変わるので、環境的に今までのように活躍できるのかという懸念もあるでしょう。

図表**2-4**｜外部人材が日本企業を敬遠する理由

報酬水準	外部から専門性が高い人材を採用する場合、日系企業の報酬水準より市場価値が高いことが一般的。また、その水準は職種別に違い職種によってはそのギャップは非常に多い。社内との公平性に配慮すると採用ができない。
雇用条件	市場価値に基づく報酬を支払う意思決定をしたケースにおいては、高い報酬を内部公平性の観点から正当化するため、「短期契約」としたり、「過度に高い目標設定」をする傾向があるが、採用候補者にとってリスクが高まり納得性が低い。
人事権	上司が部下について自ら採用や給与を決定できない場合、優秀人材の引き抜きやリテンションが難しくなる。この〝やり難さ〟から、優秀人材が参画を回避するケースも多い。
業務の裁量	組織の構造・習慣として、業務上一人で決定できることの裁量が狭く、また、周囲にさまざまな配慮をしなければならず、仕事がしにくいと感じる。
キャリア	プロパー社員にはしっかりとしたキャリアがある一方、外部人材にとってはキャリアチャンスがないように見える。結果、一線級の人材が採りにくく、辞めやすい。

メンバーシップ型雇用は、基本的にはクローズドコミュニティ（閉ざされた組織）であり、それゆえ、組織特有のさまざまな特徴を持っています。しかし、その中には、オープンな労働市場慣行に慣れている人からすると受け入れがたいものがたくさんあります。こうしたことがジョブ型雇用で育つことが多い高度専門人材の確保や有効活用を難しくしているのです。

以上をまとめると、図表２－４のようになります。

綻び② 新卒の優秀層を採用できない

メンバーシップ型雇用を維持するのに必要不可欠な、質量ともに充実した新卒者を確保する難易度が上がっている。

近年、就職を希望する優秀な学生の日本企業離れが進んでいます。わかりやすいところで東大生、京大生の就職人気企業ランキングを見てみると、年度や調査によって若干順位は異なりますが、マッキンゼー・アンド・カンパニー、ボストン・コンサルティング、デロイト トーマツコンサルティング、アクセンチュア、アビームコンサルティングなどのプロフェッショナルファーム、P&G、ゴールドマン・サックスなどの有名外資系企業が上位に名前を連ねています（図表2－5）。日本企業の中ではずば抜けて生涯年収が高い総合商社トップ数社はこれらの調査でも健闘していますが、上位勢の中の比率を見ると純粋な日本企業はわずかです。調査の対象ではありませんが、おそらく他の一流大学の優秀層も同様の傾向にあるはずです。

なぜ、エリート学生はいわゆる典型的なメンバーシップ型雇用を採用している伝統的な日本企業

図表2-5　22年卒 東大・京大 就活人気ランキング

凡例：プロフェッショナルファーム（外資系）＊／プロフェッショナルファーム（日系）／その他の外資系

順位	企業名	業界
1	野村総合研究所	コンサル・シンクタンク
2	ボストン コンサルティング グループ	コンサル・シンクタンク
3	アクセンチュア	コンサル・シンクタンク
4	KPMGコンサルティング	コンサル・シンクタンク
5	アビームコンサルティング	コンサル・シンクタンク
6	ベイン・アンド・カンパニー	コンサル・シンクタンク
6	三菱商事	商社
8	マッキンゼー・アンド・カンパニー	コンサル・シンクタンク
9	三井物産	商社
10	伊藤忠商事	商社
11	デロイト トーマツコンサルティング	コンサル・シンクタンク
12	三井不動産	不動産・建設
13	P&G Japan	メーカー
13	経営共創基盤（IGPI）	コンサル・シンクタンク
15	ゴールドマン・サックス	金融

＊上記プロフェッショナルファーム（外資系）については、日本国内のパートナーシップが資本の多くを出資しているケースもあると思われるが、程度の差こそあれ、共通ブランドの下、グローバルで一体的な組織運営を行っており、雇用システムが一般の日本企業と比較してジョブ型雇用的であることから、便宜上、同カテゴリーとした。

出所：「ONE CAREER」（2020年5月24日時点で、東京大学・京都大学、または同大学院に所属する2022年度卒予定のONE CAREER会員3,045名＝同大学の就職者数約49％相当を対象にした調査結果）より作成

を選ばなくなっているのでしょうか。最大の理由は経済合理性の低さです。すでにお話ししたとおり、プロフェッショナルファームや外資系企業が採用しているジョブ型雇用と多くの典型的な日本企業が採用しているメンバーシップ型雇用とを比較すると、前者は雇用リスクが相対的に高いものの報酬が高く、後者はその逆の傾向がありますが、総合的に前者がコストパフォーマンスに優れると考えているのです。

実はジョブ型雇用における雇用リスクは皆さんが思うほど高くありません。特に基礎能力とキャリア意識が高いトップ層の学生に絞って考えれば、ここでいう雇用リスクはかなり低いといえます。典型的な雇用リスクとは、ＰＩＰを受けてもパフォーマンスが改善せず、退職勧奨にかかることだと思いますが、経験則でいえば、１００人ほどの組織で退職勧奨が発生するのは年間０～３人程度です。そして多くの場合、対象者は周囲の同僚が迷惑を感じていたり、不満を感じていたりする、誰もが問題ありと認める人物であり、退職勧奨自体が組織内で一定以上の納得感を持って受け止められるようなケースに発生します。

また、ジョブ型雇用では、これもある種のマーケット効果といえますが、非合理な雇用調整は優秀者のリテンションの問題にもなり得るため、業績不振などの理由を除いて、無理な退職勧奨は行われません。さらにいえば、業績不振のときの雇用調整として、希望退職者に退職金を割り増しして支払う施策はジョブ型雇用でも行われます。何の手当もなく、一方的に解雇されるわけではありません。

図表2-6｜世代別年齢階層別年収

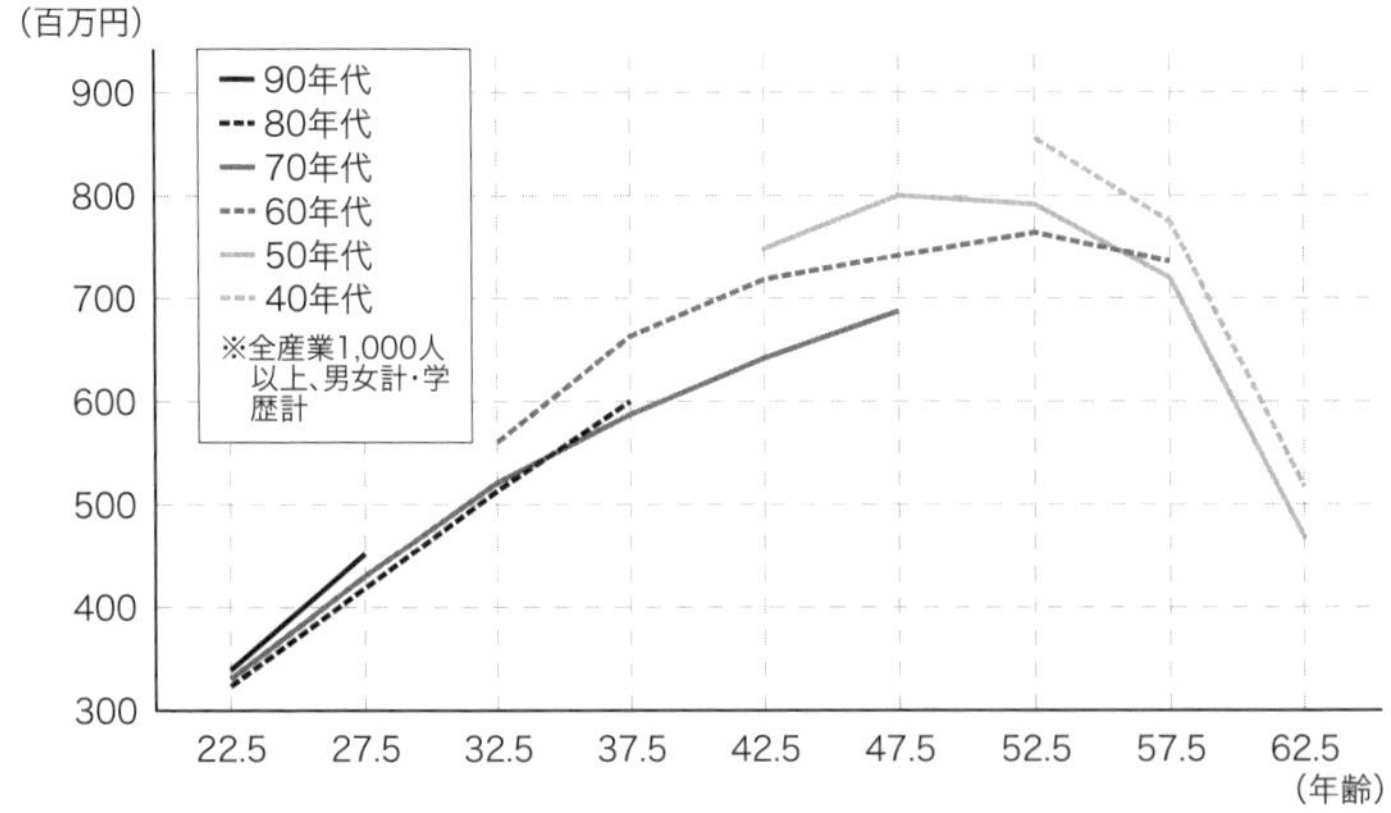

出所：厚生労働省「賃金構造基本統計調査」(1999、2004、2009、2014、2019年)より作成

このように、雇用リスクという観点で、トップ層の新卒学生があえてメンバーシップ型雇用を選ぶアドバンテージはないのです。

一方、すでにジョブ型雇用とメンバーシップ型雇用の報酬の違いについてはお話ししましたが、過去数十年にわたる日本企業のトレンドを見ると、もう一つの特徴が浮かび上がってきます。メンバーシップ型雇用では、昔に生まれた人ほど生涯年収が高い傾向にあり、この呪縛から解かれるためにもジョブ型雇用を選択するほうが有利なのです。

図表2-6を見ると、取得可能なデータにより完全な比較は難しいものの、1940年代生まれの人より50年代生まれのほうが、50年代生まれの人より60年代生

まれのほうが、同一年齢の際の年収が低いことがわかります。同様に、60年代生まれの人より70年代以降生まれのほうが同一年齢での年収は低くなります。ただし、70年代以降は年代であまり差はなく、年収レベルだけ見ると70年代以降は概ね同様と見るのが正しそうです。厳密に見ると、多くの就職氷河期世代を含む70年代生まれの年収が最も低く、80年代生まれ、90年代生まれとなるにつれ、若干の改善が見られるともいえます。

取得可能データの問題で完全に生涯年収を比較することはできませんが、確認できるほとんどのケースにおいて、年代が古いほど、同一年齢における年収が高いため、そのぶん生涯年収が高いということが容易に推測できます。つまり、日本企業においては年功性が強いのは周知のとおりですが、それだけでなく生まれた年代自体に収入面で序列があり、いわば年代序列という現象が発生しているのです。

これは由々しき問題です。新型コロナウイルス禍等の大きな事変がなければ、GDPもわずかながらも毎年成長しますし、インフレーションも若干ながら起きるため、本来、生まれた年代がより最近であれば、同一年齢の報酬が高くなり、若い人ほど生涯年収は上がるのが道理です。

では、なぜ道理が通らなくなっているのかというと、ここ30年間の経済低迷に加えて、解雇と不利益変更を禁止する労働政策が原因ではないでしょうか。全体として報酬を上げる余力がなく、さらに不利益変更が原則禁止のため、将来の昇給や昇格を抑制することになります。中高年社員はすでにある程度報酬が上がってしまっているため、影響が少なくて済みますが、そのあおりを受けているのが若い社員です。報酬が高止まりしているローパフォーマーの中高年層を解雇することもできません。その結果、世代を経るごとに厳しさは高まります。要するにメンバーシップ型雇用には、年金制度と同じような構造があり、世代間の損得問題が発生しているのです。

また、リターンには、報酬だけでなく、キャリアチャンスも含まれます。その面でもメンバーシップ型雇用のデメリットは明らかです。原則年功序列のため、若手社員が上位ポストやチャレンジングな業務に従事する可能性が低くなります。結果として、キャリア形成のスピードや仕事の魅力にも悪影響を与えます。同じポストに就くまでに時間もかかってしまうのです。

このようにメンバーシップ型雇用では、年代が若くなるほど構造的にリターンが悪くなります。雇用リスクの面でも、現実的にはジョブ型雇用と明確な差があるわけではありません。優秀な新卒者がプロフェッショナルファームや外資系企業を目指すのはもっともなことです。

ただ、日本企業からすれば、死活問題です。下が上を支える年功序列のしくみは、毎年、一定数の優秀な新卒学生を採用することで成り立っています。総務省統計局の2019年10月1日時点の人口推計を見ると、大学卒業年齢（22歳）の人口は約128万人ですが、ピークの40代中盤は1歳分の人口で約200万人ですので、それを大きく下回っています。すなわち、上を支えてくれる若年者の人口そのものが少なくなっているうえに採用競争力が落ちており、日本企業はかなり厳しい状況に立たされているといえます。

まだ実感しにくいかもしれませんが、10年後を考えると組織力が大幅に衰え、組織を維持することが難しくなっている可能性は極めて高いと言わざるを得ません。簡易的に推計すると2030年の大学卒業年齢人口は約108万人、2040年は約94万人となり、若年者の母集団はどんどん減っていきます。状況はさらに厳しくなるのです。

加えて、年代が進むほど年収が低くなってしまう現象は、おそらく少子化にも悪い影響を与えています。若年者の収入が下がれば、結婚は遅くなるか減ります。子供を育てることも難しくなります。もちろん、非正規社員の増加は、それ以上のネガティブインパクトがあるはずですが、年功的で不利益変更や雇用調整を行わないメンバーシップ型雇用も、世代間格差をつくることで少子化に悪い影響を与えているのです。

綻び③ 中高年のぶら下がり人材が恒常的に発生する

> 人員構成上、今後、ますます割合が高くなる、雇用が保障された中高年人材がリスキル・スキルアップしない。

日本企業の経営者と人事上の問題について意見交換をしていると、常に聞かれる問題があります。それは時として〝ぶら下がり〟と不名誉な呼び方をされることもある「不活性な中高年」問題です。

似たような問題は海外でもありますが、話題になる回数は明らかに日本企業のほうが多く、根深い問題です。なぜなら多くの日本企業が採用しているメンバーシップ型雇用が、この問題を助長している側面があるからです。

メンバーシップ型雇用では、あまりパフォーマンスに優れない個人を、同期と比較すると多少時間はかかるものの、45歳前後で非管理職の一番上もしくは初任管理職程度まで昇格させるケースがよくあります。これ以上、社内でキャリアアップを見込めないことは本人もわかっていますが、外部労働市場でも通用しません。転職は難しく、残りのキャリアを会社にぶら下がって過ごすことになります。

なぜ、このようなことが起きるのでしょうか。その原因はメンバーシップ型における雇用保障です。雇用が保障されているから「自らリスキル・スキルアップをしないとキャリア形成がうまくいかない」という危機感を持ちません。「最悪の場合、辞めさせられるかもしれない」という心理も働かず、レベルアップに邁進しなくて済んでしまう環境があるからです。

個人のキャリア構築が会社の責任であることも大きな理由でしょう。キャリアの決定権が本人にないことが、会社が責任を持って面倒を見るのは当たり前だという意識につながっている面もあります。

これらが、メンバーシップ型雇用が内包している不活性な中高年を継続的に生産してしまうメカニズムであり、ジョブ型雇用と比較して個人の成長が遅い理由です。一言でいうと、組織内で競争

図表2-7 | キャリア自律度・パフォーマンス・年代の関係

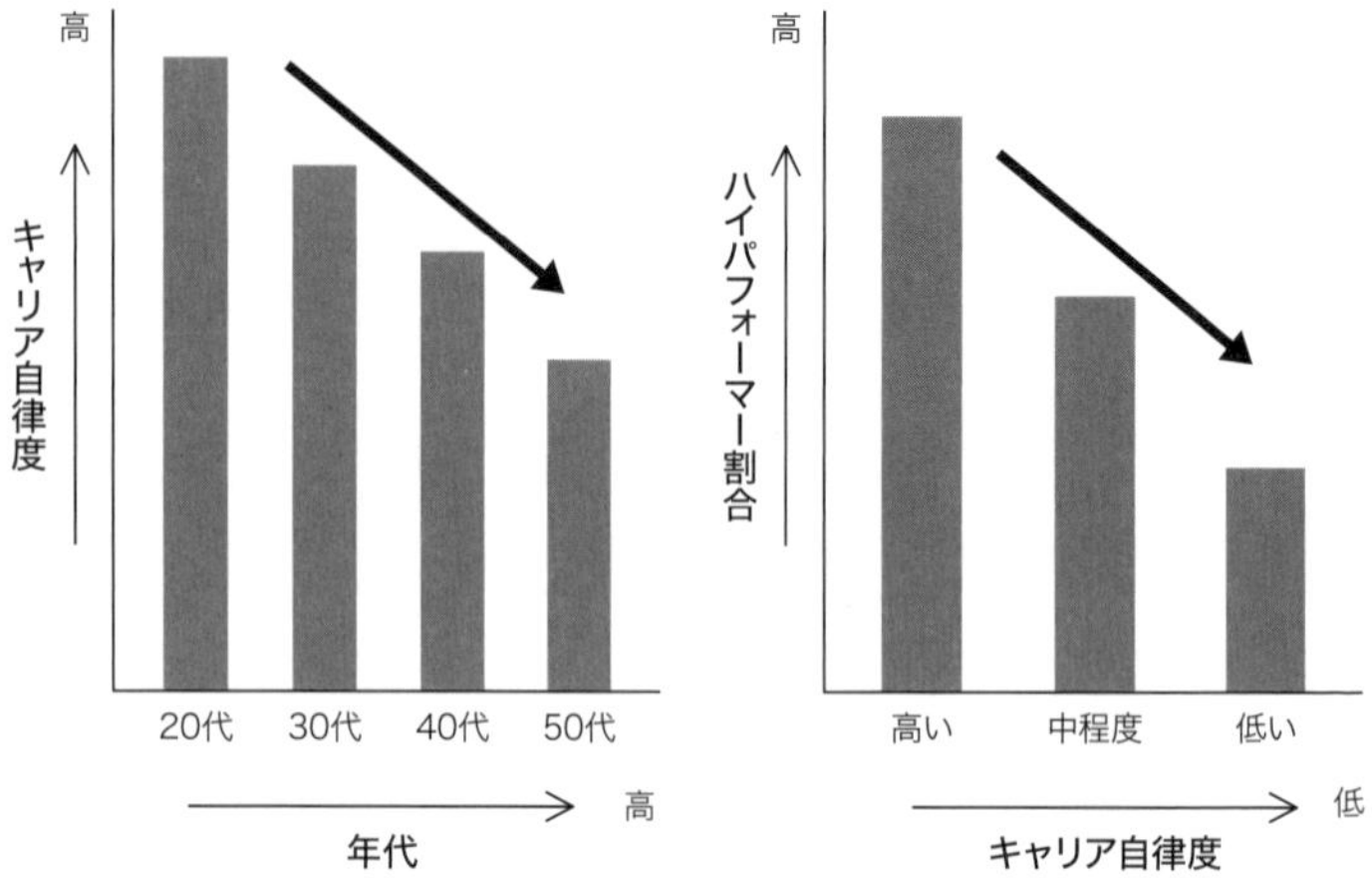

があまりないために起きている事象なのです。

日本企業（複数）において実施された日本人社員を対象としたピープルアナリティクス（People Analytics）では、これらのメカニズムの存在を示唆する共通的かつ統計的な傾向が見られました。

自己申告書や意識調査の結果を分析すると、多くの場合、キャリア自律の意識の高低によって、社員をいくつかのクラスター（グループ）に分類することができます。ここでいうキャリア自律意識の高低とは、簡単にいえば、「やりたいことが明確で、そのための努力を続けているかどうか」です。

このキャリア自律意識の高さは個人のパフォーマンスと高い相関関係を持ち、キャリア自律意識が高いほどパフォーマンスは高く、低いほどパフォーマンスも低くなる傾向にあります。一方、年齢が上がるにつれて、キャリア自律意識は低下する傾向も確認できました。つまり、年齢が上がるにつれて、キャリア自律意識が低下し、それに伴いパフォーマンスが下がり、組織の中に中高年の吹き溜まりが発生する構造のようです（図表２－７）。

年齢の増加↓自律的なキャリア意識の低下↓パフォーマンスの低下

明確な因果関係が証明されたわけではありませんが、およそこんなところでしょう。

当初、志を抱いて入社してきた新卒の社員が、年齢とともに徐々に自律的キャリア選択ができない現実を理解し、彼ら彼女らのリスキルやスキルアップへのポジティブなインセンティブが薄れていくのは、ある程度仕方のないことです。しかし、雇用が保障されているため、クビにならないように何らかの努力をしようというマイナスを回避するインセンティブすら働きにくい構造になっているのです。

加えて厳しいフィードバックはほとんど行われず、実力が伴わなくても年齢を重ねると、救済的に昇格していくこともあるため、自分の能力上の課題をあまり認識せずに長期間過ごすことになります。このような環境下では、入社時には大きな志のあった若手社員が20年の歳月を経るころには、すっかり活力を失ってしまうのもうなずけます。

このようにメンバーシップ型雇用は、雇用保障をしながら会社が個人のキャリアを決定するため、不活性な中高年社員を増やし続けるというしくみを内包しています。雇用保障は社会に安定をもたらしましたが、そのために個人のリスキル・スキルアップが進みにくい状況が発生し、会社は生産性を低下させることになりました。これは社内に〝競争〟概念が薄いために発生している事象ともいえます。

逆説的ですが、もし、スキル不足の社員の解雇が容易であったとしたら、日本企業ではおそらくより多くの人が英語を話し、ITリテラシーの平均レベルも現在よりもっと高くなっていたのではないでしょうか。「英語ができなければ職を失うかもしれない」という十分な危機感のもとに努力をすれば、もっと多くの日本人が英語を話せるようになったはずです。

綻び④ 女性社員・外国人社員・シニア社員の活用が進まない

メンバーの固定化を生む雇用システムのため、少子化など、従来の正規労働人口が減る中で、多様な人材の確保と活用への対応が難しい。

周知のとおり、近年、多様性の重要性が叫ばれていますが、その根拠として最も大きいのは少子高齢化による生産年齢人口の減少です。労働力の主力となる生産年齢人口（15～64歳）は、2016年は7656万人（総人口の60・3％）でしたが、2030年には6875万人（同57・7％）、2050年には5275万人（同51・8％）まで減少すると予測されています（「平成29年版高齢社会白書」内閣府）。

政府が提唱する一億総活躍社会の背景には、この生産年齢人口の減少があります。そして一億総活躍社会を実現するには、労働力としての参加が今まで多くなかった女性、高齢者、外国人の活用を進めるべきであり、さらには多様な人材を労働の現場に誘引するために、働き方改革が必要ということになりました。要するに、多様な人材を使いこなさなければ、もはや労働力を確保できないということです。

それに加えて、各企業ではグローバル事業の展開や主として女性向け事業の推進も行われています。外国人社員や女性社員が活躍できるような環境の整備が、そのような事業の強化にプラスに働くことも多く、その点でも多様性は重要です。しかし、日本企業全体で見ると、この多様性の強化が諸外国に比べて進んでいるとはいえません。

例えば、女性の社会進出を阻む、ないしは抑制する要因として、一般に出産、育児、介護が挙げられます。こうした要因に対して社会や企業が制度を整えてサポートすることはもちろん大切ですが、メンバーシップ型雇用が原因となっている面もあり、併せて考えていく必要があります。

メンバーシップ型雇用には、雇用の保障を受ける代わりに、社員は定年まで会社に対してフルコミットするという暗黙の了解があります。裏を返せば、フルコミットしないことは〝裏切り〟として受け取られます。そのため、有給休暇の取得にも、認められているはずのリモートワークを選択するにも、周囲の目を気にせざるを得ない空気があります。これでは、出産、育児、介護との両立は難しいのも当然です。会社を辞めないまでも、その先のキャリアアップは難しくなります。

出産、育児、介護のタイミングで一時的に処遇が悪くなること自体は仕方ありません。処遇は主としてパフォーマンスで決まるものだからです。問題は出産・育児・介護などで、その後のキャリアアップそのものを捨てるケースがあることです。また、捨てなければいけない可能性を考えて、最初からあきらめてしまうことです。

メンバーシップ型雇用は近年まで、独身もしくは配偶者が専業主婦である男性が働くことを前提としていました。昇進・昇格管理には、年次や勤続年数が影響する会社が多いのですが、このような会社で出産、育児、介護により、休職や時短勤務を利用した場合、将来にわたってキャリアにマイナス影響が出ることは容易に想像できます。フルコミットの継続が暗黙の前提となっている限り、女性は正規メンバーになりにくいのです。

とすれば、担いたいジョブに就けるようにキャリアを自律的に形成し、そのジョブに見合った処遇を得られるジョブ型雇用のほうが、出産、育児、介護などで一時的に職場を離れても、キャリアの回復やキャリアアップが容易なシステムであるといえます。

また、外国人が日本企業で活躍する場合、言語や日本的な価値観の理解に加えて、組織の中の暗黙知への対応が、障害となります。例えば、意思決定の際に、権限規定には記載されていない関係者が関与することが多いのもその典型でしょう。規定上は担当部署の組織長が担当役員に起案して承認を受ければいい事案でも、力のある役員や利害関係のある幅広い関係部署の部長のコンセンサスを取ったうえで、社長の了承がないと意思決定できない日本企業は珍しくありません。長期的な相互リレーションとその維持を重視するため、意思決定のスピードや質を落としてでも、コンセンサスを取りにいっているのです。

固定化したメンバーで長く仕事をしているため、価値観や用語の使い方など独特の文化が築かれていて、社内特有の言い方や伝え方が通じない相手にアレルギー反応を起こすこともあります。相互の理解が深いために、理解できない者の存在を許容しにくいのです。この感覚は外国人にとってはわかりにくいことでしょう。会社にキャリアを委ねるという考え方も外国人にはなじみにくいものです。

ローカルなルールや文化を死守する閉鎖的なコミュニティよりも、相互の違いを前提としたオープンでお互いに歩み寄るコミュニティのほうが、多様な人材を受け入れる余地ははるかに大きいはずです。裏返せば、メンバーシップ型雇用のまま多くの外国人を雇用するのは難しいといえます。

先輩を敬い、会社に従い、順番を待つという感覚を外国人に理解してもらうより、ジョブの市場価値をベースに労働力を売買するほうが容易に問題を解決できるのではないでしょうか。ジョブ型雇用は資本主義における基本的な市場取引ですから、本来、日本人にとってもなじみにくいもので

図表2-8｜60歳到達時に賃金を減額する場合における減額後の支給率

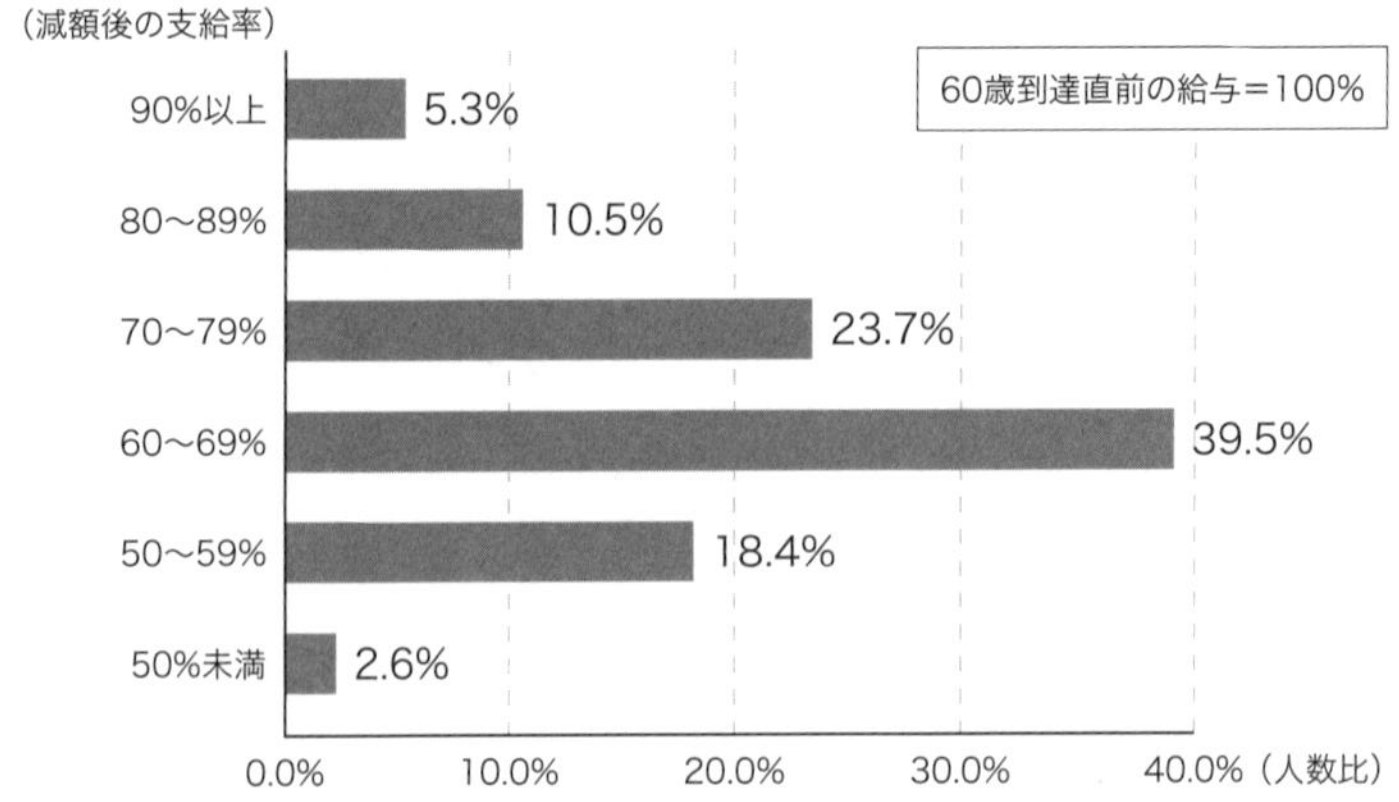

出所：労務行政研究所「高年齢者の処遇に関する実態調査」（2019年8〜10月調査）

はないはずです。

最後にシニア社員についてです。2013年の高年齢者雇用安定法の改正版の施行により、「定年年齢の引き上げ」「定年後における継続雇用制度の導入」「定年制の廃止」のいずれかの措置が企業に義務付けられました。希望すれば誰でも継続雇用制度の対象となり、公的年金が支給される年齢まで、労働が保証されることになったのです。年金システムの崩壊や労働力人口の減少が危惧されていますから、高齢者の就労は社会にとっても望まれるところです。

しかし、多くの日本企業で、シニア社員の処遇は大きな課題になっています。管理職以上については多少実力主義的な要素があるものの、定年後の再雇用または定年延長した人材にはパフォーマンスに対して処遇が高過ぎることが多いのです。年功序列的な感覚があり、前述した中高年のぶら下がり社員と同様に、リスキルが行われず、パフォーマンスが低下する傾向があるからです。

これまでなら「定年までなので仕方ない」と済まされてきましたが、事実上、定年が延長されたことで、看過できなくなってきているのが現状です。そこで、定年を迎えたところで、何か理由を付けて報酬を下げようとする事象が発生しています。実際、統計を見ると、定年後の再雇用の給与水準は定年前の60～69%に減らされるケースが最も多いようです（図表2－8）。シニア社員に高い給与を支払っていると、現役世代に回す余裕がないからというのがその理由ですが、本来、能力に見合ったジョブに就き、ジョブに見合った報酬が支払われていれば、無理に給与を下げる必要はないはずです。

加えて、日本企業では内部公平性が重視されるため、シニア社員に対する報酬減額措置も一律で行おうとします。そのため、定年のタイミングで、本来であれば活躍できる人のジョブまで機械的に縮小することで、処遇を抑制するという不合理が起きています。これは人材の無駄使いです。それどころか、エンジニアなど新たな価値を創出する原動力になり得る職種の人材が、中国などの海外企業に流出してしまっています。

このような事態を招いている理由は、雇用について「事業に必要な要員」「その要員を維持するために必要な市場価値をベースとした人件費」という概念が薄く、「既存人員の維持」「内部公平性の維持」「不利益変更の原則禁止」という既得権を守りながら、人件費の総額を一定にしたまま事実上の定年を伸ばすという無理をしているからです。

そして、ただでさえ配分が不利になっている若年世代の生涯年収を、さらに減らす方向に作用しています。現役、シニアにかかわらず、必要な要員を明確化したうえで、適切なジョブへの配置、ジョブに見合った処遇、必要なＰＩＰなどが機能していれば、こうした問題は起きていないはずです。

このように、メンバーシップ型雇用は従来のコア社員像、すなわちフルコミットで定年まで働き続ける社員が安心して働くには相性が非常に良いのですが、それ以外のさまざまなタイプの人材群とは、親和性が低いシステムだということがおわかりいただけたと思います。

企業だけでなく、社会全体の問題

ここまで見てきたとおり、メンバーシップ型雇用で提供される雇用の保障は、一種の社会保障となり社会を安定させてきました。その半面「人の出入りを抑制する」「個人にリスキル・スキルアップインセンティブが働かない」ことから、会社が新しい組織能力を得る障害となり、デジタル化、グローバル化に必要なビジネスの変革を滞らせ、会社の成長を阻んでいます。

さらに視野を広げると、産業間の人材流動も妨げ、成長分野への人材のシフトを難しくしています。日本を一つの組織として捉えると、組織全体として変革のリスクをとらないため、リターンもとれない状況を招いてしまっているのです。

リスクをとらずにリターンをとるのは、根本的に無理な話です。投資理論でも語られるように、リスクなしにリターンはなく、成長もしません。人材の流動性を減らし、不利益変更をなくすことで得られたメリットが、現在はデメリットとして作用し、企業の成長を阻んで国際的な地位の低下も加速しています。

今は高度成長期のように多くのブルーオーシャンがあるわけでも、人口ボーナスがあるわけでもありません。投資の二大要素である人材、資金ともに、健全なリスクをとることで、ようやく成長の目が出てくる時代なのです。

低成長は国民全体にとっての経済的なマイナスですが、このマイナスはすでに述べたように、若い世代ほど深刻な影響を受けます。経済成長が鈍化し、会社が総人件費を増やしにくい環境の中、既得権保護のために将来の昇給や昇格が厳しくなり、若い世代ほど生涯年収が下がっているのが、その証拠です。

おそらく晩婚化、未婚率上昇、少子化、また自分のキャリア形成やキャリアアップに興味のない若手社員が増える遠因にもなっているように思います。既得権保護は個人に安心・安定をもたらすルールのはずですが、現実には自分より下の世代から搾取する構造を生み、将来の社会を担う世代に負担をかけているのです。

もう一つ、メンバーシップ型雇用の陰の部分として指摘されるのが過労死の問題です。働き過ぎで人が亡くなってしまう現象は〝Karoshi〟という単語で、世界でも認知されています。海外企業では働き過ぎで亡くなる事案が皆無とはいいませんが、日本語をそのままアルファベットにして使われているくらいですから、外国人からすると非常に日本的な珍しい事象なのでしょう。

仮説として考えられる一つの原因は、日本と海外との雇用のあり方の違いです。日本では世界的にユニークなメンバーシップ型雇用がとられているため、社外にキャリアを求めるという発想があまりないうえに、エンプロイヤビリティ（雇用される力）も鍛えられていないことが多く、社内で頑張り続ける選択しかなくなってしまうのではないでしょうか。仮にキャリア自律と人材の流動化が進めば、外部の機会すなわち転職がある種のセーフティネットとして機能し、こうした悲劇も減るかもしれません。

このようにマクロ的な視点からも、メンバーシップ型の雇用政策はさまざまな領域でマイナスの影響を与えている可能性が高いのです。

第3章
ジョブ型雇用

ジョブ型雇用の特徴

現在、メンバーシップ型雇用の問題点を解決するためにジョブ型雇用を導入していこうという動きがありますが、その施策について議論をする前に、ジョブ型雇用の特徴について詳しく見ていきましょう。

本書の冒頭でも触れたとおり、ジョブ型雇用は「ジョブを介した会社と個人の労働力の市場取引」です。メンバーシップ型雇用とは対照的なシステムであり、海外企業や、国内でも外資系企業やプロフェッショナルファームでは、一般的な雇用システムとなっています。

会社と個人の関係は、理念的には対等な取引相手ということになりますが、会社側の交渉力のほうが一般的に強くなりやすいので、労働者保護が必要ないというわけではありません。ただ、対等な取引相手なので、会社はより良い人材を、個人はより良いジョブや条件をめぐって、獲得競争にさらされます。

もちろん、ジョブ型雇用も労働法の適用は受けますが、基本的には労働契約の解除は相互に自由という思想が根底にあります。会社と個人は「支払われる報酬と担うジョブ」を合意しており、会社側が個人のスキルや成果に不満があれば、従事者を代えることになりますし、個人も労働環境や処遇に不満があれば、会社を去ることになります。

ジョブ型雇用においては、会社が個人のキャリア形成を行わないため、個人は自律的にキャリアを考え、専門性を高めるのか、専門性の幅を広げるのか、ないしは将来性のある別の分野に進むのか、といったことを適宜検討しながら、自発的かつ継続的に必要なリスキルやスキルアップを行っていくことになります。

一方、会社も選ばれる立場になるので、キャリアを尊重しない異動や外部市場と比較して著しく低い報酬は受け入れてもらえません。また、エンゲージメントもより積極的に高めていく必要があります。

ジョブ型雇用は従事するジョブを合意する雇用システムであるため、当然ながら職種別採用となりますし、異動・転勤は本人同意が原則となります。さらに入社後、本人の就きたいジョブに挑戦する機会を積極的に提供する目的で、一般的に社内公募や社内FA制度が盛んです。

すべてが変わる人材マネジメント

報酬についても、採用とキャリア形成が職種別になるので、外部競争力を意識した職種別報酬になります。また、昇給・賞与・昇格の決定は、本人の現在の報酬、パフォーマンス、ポテンシャル、リテンションリスクを見て、総合的かつ柔軟に決定しなければなりません。人事部門が割り当てる昇給ファンド、賞与ファンド内で、現場マネジャーが決定の役割を担うことになります。

もちろん、パフォーマンスマネジメント（評価）もこの影響を受けます。

日本企業では内部公平性を重視するため、評価者の恣意性や評価のブレをできるだけ抑制しようとし、また、所属部署や職種による有利不利ができるだけないような配慮をします。具体的には、現場マネジャーは評価分布規制等のガイドに従いながら評価のレーティングのみを決め、その後は制度として定められたルールにより自動的に昇給、賞与が決定する方法がよく採られています。

これは内部公平性を高めるという意味では優れた方法なのですが、レーティングが直接処遇を決定するため、評価の中心化や寛大化を引き起こす傾向があり、目標管理やコンピテンシーが導入された本来の目的の達成が難しくなっています。

例えば、経営目標と整合した形で設定されるべき個人目標が、達成可能であることを重視した予定調和的なものになりがちです。また、処遇への影響に配慮して、ハイパフォーマーの能力的な課題をコンピテンシー評価で指摘しない、というような弊害も発生することがあります。しかし、ジョブ型雇用ではレーティングと報酬の結び付きが弱くなるので、目標管理はより経営のツールとしての側面を強め、コンピテンシー評価はより教育的な側面を強めるでしょう。

一方、自律的なキャリア形成が当たり前になると、専門性が高まる代わりに、事業全体をリードするゼネラルマネジャーが生まれにくくなります。これについては、会社がリーダー候補となるハイポテンシャル人材や重要ポストのサクセサー（後継者）を特定し、本人同意のうえで計画的な配置を行うようなサクセションプログラムに乗せていくことが必要になるでしょう。

ジョブ型雇用では、異動により、スキルに見合った仕事をあてがうことで雇用を守るといった考えは原則としてありません。ですから、個人のパフォーマンスが会社と個人で合意したレベルに満たない場合にはＰＩＰの対象となり、それでも改善がない場合は、退職勧奨や降格・降給となります（なお、このタイミングで本人に勤務継続の意思が強い場合は、多くの場合、降格・降給等を伴いながら例外的に実際のスキルレベルに見合った仕事に異動がかかることがあります）。

教育制度についても、階層別研修中心から本人のキャリア志向によって選択できるようにｅラーニング形式のものが増えるとともに、前記サクセションプログラムの一環としての選抜研修が重要性を増します。

さらにベネフィット（福利厚生）も変化します。個人が自己責任で自律的にキャリアを形成するため、今まで生活保障やレジャーが主であった福利厚生のメニューは、キャリア形成によりプラスになるものや、長期にわたる健康維持に寄与するものが増えるでしょう。企業年金はポータブルな確定拠出型がより望ましい選択に、また死亡リスクに備えた生命保険だけでなく、病気に備える医療保険、働くことができなくなるリスクに備えるＧＬＴＤ（Group Long Term Disability／団体長期障害所得補償保険）のような保険を適切なレベルで体系的に準備することも大事になります。

このあたりは個人の希望に沿ったプランを会社としても用意して、支援する姿勢を打ち出すことが望まれます。

加えて、要員計画や人件費予算の立案も大きく変わります。メンバーシップ型雇用における要員（特にホワイトカラー）は、大まかには現存人員から来年の定年退職者を引き、さらに例年の新卒採用数を加算することで算出され、また、人事部門がその作業の中心となることが普通です。事業の必要性に基いた要員計画という色彩は濃くありません。一方、ジョブ型雇用では、事業に必要な要員を各マネジャーが算定するため、マネジャーが要員計画の主役になります。人件費予算にも似たような構図があります。メンバーシップ型雇用においては、来年の人件費は今年の人件費の2～3％増しといった大まかな算出を人事部門が行う傾向が強いですが、ジョブ型雇用では、市場価値を確認しながら事業に必要な人材の確保やリテンションにどの程度のコストが必要か、という観点で、各マネジャーが人件費予算を立案します。ここでもマネジャーが中心的な役割を果たすようになります。

雇用システムの部分変更は難しい

このようにジョブ型雇用とは、ジョブを介した市場取引を前提とした一種のエコシステムといえます。それぞれの会社で独自性を発揮する余地はあるものの、評価や給与などの個別のしくみといったサブシステムが相互に関係しているため、一部だけメンバーシップ型雇用のしくみを取り入れることは極めて難しくなっています。

同じことはメンバーシップ型雇用を主にしている場合についてもいえます。バブル経済崩壊後の90年代後半以降、役割・成果主義が流行り、職能資格制度を廃止してジョブグレード（職務等級制度）を導入する動きが盛んになりました。役割の大きさを格付けし、それに応じた報酬を支払うというジョブ型雇用の特徴を持った施策なのですが、これをメンバーシップ型雇用に導入したためにいくつかの問題が発生しました。

人ではなく、役割を格付けるため、例えば、人事部門としては「異動の際に、発生させたくない昇格・降格が発生してしまうので異動させにくくなる」、個人からすると「会社の都合で異動を指示されたのに降格させられるのは納得がいかない」という問題が起きたのです。メンバーシップ型雇用はその性質上、異動が発生しますが、その異動によって個人の処遇が上下する不都合が生じてしまうのです。

そのため、ジョブグレードを導入した多くの企業では、ストレスを感じながらも頑張ってジョブグレード運用を続けるか、制度設計や異動運用を工夫して、不都合が発生する頻度を抑制するか、あるいはジョブグレードが形骸化し、実際は職能資格と変わらなくなってしまう、という状況が起きています。これはメンバーシップ型雇用にジョブ型雇用的な施策を接木したために生じた問題です。

ジョブグレードの導入は、人件費の抑制や効率的な活用という意味で効果はあるので、メンバーシップ型雇用との相性は悪いものの、有効な施策オプションの一つです。ただ、本来、ジョブへの就任は本人の同意が前提であり、パフォーマンスが悪い場合は、ＰＩＰや退職勧奨もあり得るというジョブ型雇用を採用していれば、このような問題は起きにくいはずです。

ジョブ型雇用のメリット・デメリット

ジョブ型雇用の具体的なしくみとしては「職種別採用」「専門キャリア」「職種別報酬」「実力主義」「ＰＩＰと退職勧奨」という特徴を持ちます。これらのしくみは、会社、個人、社会にさまざまな影響を与えます。

会社にとってジョブ型雇用のメリットはなんといっても、事業戦略の遂行に必要な人材群の確保を実現しやすいことです。職種別採用・キャリア・報酬などの施策を通じて外部市場から人材を確保することができ、また、内部の優秀な人材の維持にも寄与します。アウトフローも行うため、余剰人員の抑制もできます。

内部人材にリスキルやスキルアップへのインセンティブが生まれ、戦力強化されることも利点です。ジョブ型雇用においては自らキャリアを選択するため、レベルアップを図ろうとする意識を喚起できます。また自分が満足なパフォーマンスを見せられなかったり、担当しているジョブがなくなったりするようなことがあれば、解雇される可能性もあるため、その面からもリスキルやスキルアップが促されます。

当然ですが、外部から優秀な人材が流入することで、既存社員にとっては刺激になり、大きなビジネスモデルチェンジも図りやすくなります。

一方、個人にとってジョブ型雇用のメリットは、キャリアを自らの手に取り戻せることです。従事するジョブは本人の同意が必要ですし、通常、社内公募や社内FA制度も増えるため、本人がやりたいことに挑戦しやすい環境を得られます。その結果、計画的な努力によりレベルアップをし、希望のキャリアに近づける可能性が出てきます。

個人にとってのもう一つの利点は、これまでと同じジョブでも報酬がアップする可能性が高いことです。企業間のタレント獲得競争によって、個人の能力に高い値が付くようになるメカニズムについては第6章で説明します。

そして、社会にとっては、経済成長に好影響を与える可能性があるのが最大のメリットでしょう。各企業でジョブ型雇用が採用されて事業変革が進めば、その積み上げが国の経済成長をもたらしますし、人材の流動性が高まることで、成長産業への人材投資の促進も期待できます。

何事も、大原則としてリスクをとらないと、リターンはとれません。今まで日本企業は雇用リスクの抑制に重点を置くあまり、臨機応変な事業転換ができず、環境の変化に乗り遅れて成長できないという状況に陥っていました。この負のサイクルが経済成長に悪影響を与えていたともいえます。これを断ち切るには、雇用リスクを引き受ける覚悟が必要です。

もちろん、ジョブ型雇用にも欠点はあります。例えば、会社からすれば長期勤続や均一性の高さを生かした価値観の共有、協調的なチームワーク、意思伝達の効率性などが下がり、今までよりも品質追求が難しくなるかもしれません。また、人材が流動することを前提とした場合、市場価値に報酬を合わせる必要も出てきます。その一方で、総額人件費の高騰を抑制するためには、低パフォーマンスの人材の降格や降給、全体の人数を減らす、今後は温情的な昇格を行わないなどの措置が必要になります。

ジョブ型雇用を実現するためには、経営者、マネジャー、一般スタッフ、人事部門スタッフなどすべての層において、能力、行動、マインドセット（思考様式・心理状態）に変化が求められます。ほとんどの日本企業では、これまでトップマネジメント層においても、ジョブ型雇用をきちんと理解する機会がなかったはずです。雇用保障は会社の義務だと考える経営者もいます。まずは事業に必要な人材ポートフォリオを実現するというジョブ型雇用の目的を、経営者自身に理解してもらう必要があります。

マネジャー層においては、これまで経験のない「事業に必要な要員計画や人件費予算の編成」「パフォーマンスの最大化やハイパフォーマーのリテンションに向けた昇給額、賞与額の決定」などを行う必要があり、マネジャーの能力開発が必須です。

そして、一般社員にはキャリア自律が必要で、「キャリアプランを考える」「自ら能動的にスキルを磨く」「社内公募でチャンスを狙う」といった行動が求められます。

また、人事部門スタッフには、今まで自由に行ってきた人事異動ができなくなり、「異動の際は本人の同意をとる」「パフォーマンスが低ければＰＩＰや退職勧奨をする」「計画的な人材開発をする」「社内調達できない場合は中途採用する」といった手段で、ポストの充足と〝適所適材〟を実現する人員配置を実現しなければなりません。

ジョブ型雇用に移行するにあたって、多くの会社で最も高いハードルとなっているのは、これが実行できるか否かで、ビジネスにおける直接的なデメリットを懸念する声はあまり聞きません。

総じていうと、トップマネジメント層や人事役員の最大公約数的な感覚は「ジョブ型雇用にメリットを感じているものの、自社のメンバー（役員、マネジャー、一般社員すべて）の能力やマインドセットを考えるとハードルが高く、導入がためらわれる」といったところではないでしょうか。

心情的にも、長年の仲間への後ろめたさ、今さら中高年の社員にルールチェンジを告げるのは忍びないという思いがあり、導入を先延ばししたり、中途半端な打ち手で終わらせてしまったりするケースが少なくないのです。

クローズドコミュニティとオープンコミュニティ

ここまで見てきたように、メンバーシップ型雇用とジョブ型雇用は、基本となる哲学や理念が違います。別の角度からいうと、前提とするコミュニティの違いでもあります。メンバーシップ型雇用は労働市場との人のやりとりが少ないクローズドコミュニティ、ジョブ型雇用は人の出入りが頻繁なオープンコミュニティを前提としており、それぞれに適したエコシステムを構築しています（図表3－1）。

一方で、日本企業でも中途採用が増えており、もはやクローズドコミュニティではないという意見があります。確かに間違いではありませんが、新卒で入社して定年まで勤め上げることを前提とした制度設計や運用は依然変わっておらず、中途採用者もその制度に組み込まれて定年まで働くことが前提になっているなど、純粋なオープンコミュニティと呼ぶには難があるように思います。

クローズドコミュニティを前提とするメンバーシップ型雇用では、いったん会社に入ってしまえば、同僚との競争を日々感じて過ごすことはあまりありません。当然、出世競争はありますが、やる気を失わせないためにも選抜は長期間にわたって緩やかに行われます。社外の人材とのポスト獲得競争などはほとんどありません。

図表3-1｜各雇用システムとコミュニティの関係

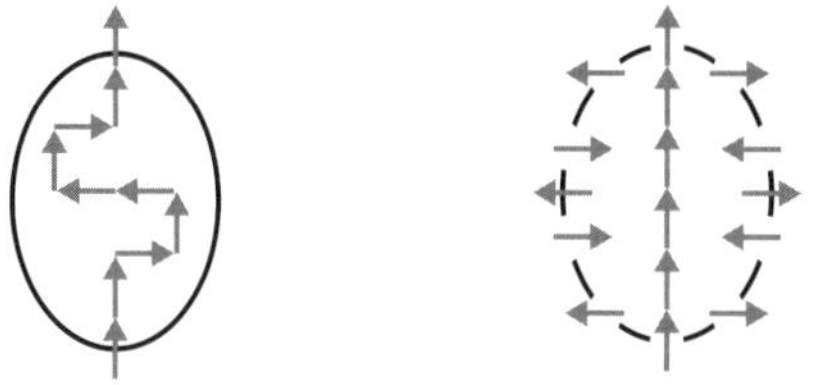

	メンバーシップ型雇用	ジョブ型雇用
組織	人の出入りは原則ない	人の出入りは頻繁にある
採用方式	新卒一括採用	市場取引
会社と個人	保護者・被保護者	対等取引

その結果、ムラ社会的とも体育会的ともいえるような、相互の人間関係が濃いコミュニティが出来上がります。雇用は保障され、不利益変更も行われない傾向が強く、能力・貢献度の差に対して昇格スピードや報酬水準の差は抑制的です。外部の労働市場の影響は限定的で、昇格や報酬は内部の論理で決定されます。特に大企業では、真面目に勤務していれば、能力が不十分でもある程度までは昇格し、収入が上がるケースが多いと思います。

このように一度メンバーになれば共同体に所属する安心・安定を得られるのが、個人にとってのクローズドコミュニティの最大の魅力でしょう。そして、会社にとっては、この安心・安定が長期雇用ひいては習熟や擦り合わせの強みにつながり、日本企業の品質面の強みを実現してきました。

一方、オープンコミュニティを前提とするジョブ型雇用は会社、個人の双方に取引相手を変更する自由があります（現実には、労働法による解雇規制がありますが、ここでは理念・思想として捉えてください）。その結果、個人にも会社にも市場メカニズムに基づいた競争が生まれ、それぞれが自らを高めることになります。そして、この競争が事業の変化に対する適応力を生んでいるのです。

会社はより良い処遇を提供するだけでなく、エンゲージメントを高めるために、共感を得られる大義を打ち出したり、働きやすい環境を提供したりするなど、さまざまな努力が必要になります。かたや個人は能力を高く買われるために、自分のスキルやキャリアを磨かなければなりません。こうした市場メカニズムに基づく公正なキャリアチャンスと処遇がオープンコミュニティ、すなわちジョブ型雇用の魅力でしょう。

結局のところ、会社にとって、メンバーシップ型雇用とジョブ型雇用のどちらが望ましいかは、「クローズドな環境での安心・安定」と、「オープンな環境での競争」のどちらを軸にするかという問題であるといえます。それに伴い、前者であれば、習熟・擦り合わせをベースに品質の向上を図りやすく、後者であれば、組織能力の可変性をベースに、事業環境の変化への対応が図りやすくなります。

自社にとってどちらが生産性を高めるのか、事業との相性や中長期的な事業戦略・環境なども見据えて選択する必要があります。場合によっては、組織ごとにメンバーシップ型雇用とジョブ型雇用を併用するのも選択肢の一つとなります。

個人の雇用リスク対策でもジョブ型雇用が逆転

次に、メンバーシップ型雇用の「安心・安定」とジョブ型雇用の「競争」というコンセプトの差が、個人にどのような影響を与えるのかについて考えたいと思います（図表3－2）。

短期的には、前者は「雇用の保障は得られるが、報酬は低め」、後者は、「雇用リスクはあるが、報酬は高め」で、それぞれローリスク・ローリターン、ハイリスク・ハイリターンを意味します。

一方、長期的には、違う意味合いが出てきます。メンバーシップ型雇用の場合、他社で通用するキャリアはなかなか身に付きません。職業人生が50年に伸びようとしている今、そのことがリスク要因となり得ます。万が一、中高年になってから、会社が倒産したり、事業が大幅に縮小されて人員カットの対象になったりしたとき、再就職などの道は険しくなります。また、現在の若年者にとっては終身雇用という前提そのものが崩れる可能性もあります。

これまでなら、メンバーシップ型雇用のほうが、雇用保障があって安心できるという捉え方が強かったと思いますが、経済環境の変化のスピード化や勤務期間の長期化によって、一社に依存する

図表3-2 ｜ メンバーシップ型雇用とジョブ型雇用の特徴の比較

		メンバーシップ型雇用	ジョブ型雇用
根底にある原理		・雇用保障、会社主導の異動 ・長期勤続（低い人材流動性） →習熟、擦り合わせ、調和	・対等取引、キャリア自律 ・高い人材流動性 →個人間の競争、会社間の競争
経営的な価値		・高い業務品質、製品品質、サービス品質 ・低い人件費単価（人数は多い）	・必要な組織能力の確保 ・戦略に整合した組織能力変化 ・少ない余剰人員（単価は高い）
典型的なしくみや施策	採用	・新卒一括採用中心 ・補完的に中途採用	・職種別採用（新卒・中途）
典型的なしくみや施策	配置	・会社主導の異動が中心（キャリアは会社が決定）	・異動は本人同意 ・社内公募が異動の中心
典型的なしくみや施策	代謝	・通常代謝コントロールはなし	・PIP＋退職勧奨（／降格／降給）
典型的なしくみや施策	教育	・階層別研修中心	・eラーニングと選抜研修中心
典型的なしくみや施策	報酬	・職能資格／役割給（職種共通） ・昇給・賞与の中央管理	・職種別市場価値 ・昇給・賞与の現場管理
典型的なしくみや施策	要員計画 人件費予算	・要員：既存＋新卒－定年 ・人件費：ざっくり○%アップ	・要員：事業ニーズ積み上げ ・人件費：事業ニーズ積み上げ
典型的なしくみや施策	エンゲージメント	・重要性低（辞めない前提）	・重要性高（会社も選ばれる立場）
典型的なしくみや施策	人事機能	・昇給・賞与・昇格決定権限は中央。しくみで集中コントロール	・組織長がBP支援のもと要員計画、人件費、昇給、賞与、昇格を起案

こと自体のリスクが増し、エンプロイヤビリティの向上がより重要視される局面になっています。それらを考えると、少なくともある程度能力があり、キャリア形成意欲がある若年者にとっては、ジョブ型雇用が合理的な選択となるのではないでしょうか。

以上、メンバーシップ型雇用とジョブ型雇用を巨視的に比較してきました。ここからはもう一歩踏み込んで、主だった領域ごとに両者の違いを見ていきたいと思います。

採用における違い

新卒一括採用か、職種別採用か

メンバーシップ型雇用においては、キャリアの最初に職種を限定しない約束で入社する新卒一括採用が主な人材獲得手段です。これは雇用保障をするために会社主導の異動・転勤を頻繁に行うためです。

一方、ジョブ型雇用では、本人がキャリア（業務）を選択できるよう、新卒・中途ともに職種別採用が基本です。会社と個人が対等な立場で労働力の売買をしているわけですから、契約（入社）の際に商品（業務内容）を規定する必要があります。

会社にとってのメリット・デメリット

キャリア意識が高いトップ層の新卒採用においては、メンバーシップ型雇用が引き起こす世代間格差やキャリアチャンスの少なさ、報酬の低さ、さらに仕事の選択権のなさなどが敬遠され、日本企業は相当苦戦を強いられていますが、逆にいうと、安心・安定志向が強いそれ以外の層を採用対象とするならば、少なくとも大企業にとっての新卒一括採用は、組織を支える若年者を大量に確保する意味で大きな意義があります。

加えて、メンバーシップ型雇用を採用している日本企業では、人気の仕事で学生を引き付け、入社後に他の業務に従事させるという形で人員を充足している部分があります。そのあたりを含めると、新卒一括採用は労働力としての人材の確保には有効な手段といえるでしょう（もちろん、〝大企業においては〟という前置き付きではありますが）。ただし、この新卒一括採用はメンバーシップ型雇用が前提となるため、安心・安定を重視した「寄らば大樹の陰」タイプの人材が増えるリスクがあります。

しかし、すでに述べたように、メンバーシップ型雇用では、トップ層の学生を確保することが難しくなってきており、将来の組織をリードする候補者の採用は困難になりつつあります。メンバーシップ型雇用からジョブ型雇用への移行が徐々に進んで労働市場環境が変わる中、学生の意識も変化してキャリア自律が進むことを考えると、長期的には新卒一括採用の集客力には陰りが出る可能性は高いはずです。

一方、新卒・中途を問わず職種別採用を行う利点は、事業強化に必要な人材を集められることです。会社が保有していないケイパビリティ（組織として保有する能力）が必要になったとき、新卒採用した人材を一から育成するには時間がかかり過ぎますし、そもそもノウハウが社内にない分野の人材を育成するのは困難です。近年のトレンドで考えると、デジタル化、グローバル化に必要な人材の確保は職種別採用でないと難しいでしょう。

また、キャリア意識の高いトップ層の新卒は、希望した職種に就けない配属リスクを敬遠します。その点、職種別採用は配属リスクがないため、魅力的な会社であることが大前提ではあるものの、優秀な新卒を確保できる可能性が高まります。

個人にとってのメリット・デメリット

個人にとっての新卒一括採用におけるメリットは、就職する際にキャリアプランを決定する必要性があまりないところです。

現在の大学教育や学生の意識はメンバーシップ型雇用が前提となっているため、具体的なキャリアプランを持っていない学生のほうが多いでしょう。その結果、興味のある業界を定め、できるだけランキング上位の会社に採用されるように活動するという就活スタイルが一般的であるように思います。

本来なら、高校卒業の時点である程度は就きたい職業の領域を決め、それに向けて大学を選び、就職活動の際には進むべき道が具体的にイメージできている――。これが大学教育を受ける理想の形だと思います。しかし、これまでは〝職業に就く〟というよりも、〝会社に入る〟という側面が強く、キャリアプランを具体的に考えて入社する用意周到な学生は少数派でした。そして、今なお、多くの学生は入社後に割り振られた仕事を通じて、自らのやりたいことを探っていくスタンスをとっており、彼らにとっては、現実的な受け皿として新卒一括採用との親和性が高いといえます。

一方、個人にとっての職種別採用の利点は、採用のタイミングからキャリア自律を意識するようになることです。

高いモチベーションを持って、職業人生のスタートが切れるのは大きなメリットです。また、職種別採用を導入している会社は、自らの意思をキャリア形成に反映できる制度を設けているところが多いため、会社に決定された受動的な人生ではなく、能動的な人生を送れる可能性が高くなります。さらに、職種に依存はするものの、職種別のキャリアを積むことで外部労働市場にアクセスしやすく、相対的に高めの報酬を得られるチャンスが広がります。

まとめると、個人の立場からは、将来のキャリアプランがあまり明確でない人にとっては、新卒一括採用のほうが応募しやすい。将来のキャリアプランが具体的にあって、自らの意思でキャリア選択をしたい人や、外部労働市場と整合した相対的に高めの報酬を得たい人は、職種別採用の会社を選ぶほうが適しているといえるでしょう。

column

ジョブ型雇用における採用——関連するその他の変化

少しわき道にそれますが、採用に関連して、2つほど補足的な話をします。

一つは大学教育についてです。採用についての考え方の差は、日本と欧米の大学教育にも影響を与えています。新卒一括採用の会社が多い日本では、一部の技術者や研究者など、高度で体系的な学問知識が必須の職種に就く人以外、学生は社会においてどのような職業に就くのか見通せていません。ですから、大学の各学部、学科では、個々の専門領域に親和性の高い職業に対して、有益な専門知識、専門スキル、コンピテンシーを磨くインセンティブが低くなります。

会社も入社試験では、専門性を問わない一般的な能力——論理的思考力がある、コミュニケーションがうまい、積極的である、ラーニングアジリティ（素早く学ぶ能力）がある、信頼できる、など——いわゆる地頭の良い伸びしろのある学生を採用します。

そうなると、大学教育に意味がないとまではいいませんが、採用の基準が本人の資質や努力によるところが大きく、教育現場としての大学の能力が問われにくくなります。むしろ、大学や学部への入試の難しさのほうが、一般的な能力との相関性が高いため、大学入試の段階で就職試験のスクリーニングがすでに行われているといってもよいでしょう。

日本の大学と欧米の大学の双方の教育を受けた人からすると、欧米の大学教育のほうが社会に出て職業として通用することを意識しているため、多くの場合、実践的でよりわかりやすく感じます。なぜそのような差が生まれたのかといえば、日本では大学は基礎学力のレベルを示す材料とされ、企業側に即戦力の育成を問われてこなかったことが原因でしょう。

今後、ジョブ型雇用が進み、企業や学生が社会に出るための戦力を育てる力という観点から大学選びを行うようになれば、大学も競争にさらされて変化を期待できるかもしれません。

話のもう一つは、ジョブ型雇用の採用に関する誤解についてです。ジョブ型雇用では中途採用のみ行い、新卒採用は実施しないといった認識をされている人がいますが、それは誤りです。ジョブ型雇用を全面採用している欧米企業を見ても、日本と比べて新卒者が採用されにくい傾向は若干あるものの、新卒だと職に就けないということはありません。ポテンシャルの高い人材を確保しやすい新卒の採用も並行して行っています。ただし、新卒、中途とも一括採用ではなく、職種別という点がメンバーシップ型雇用とは違うのです。また、日本企業では労働流動性は徐々に高まっているものの、優秀な人材が新卒でどこかの会社に入社してしまうとそこにとどまり、中途採用の労働市場で接触するのはまだまだ難しいのは確かです。その意味で現時点では、日本企業にとっての新卒採用の重要性は相対的に高いのは事実です。

配置、代謝における違い

会社主導か、本人同意か

メンバーシップ型雇用において、人の配置は非常に重要な人事機能です。通常の配置転換は会社主導で行われ、要員数の部署間調整、適所適材による生産性向上、業務経験の付与による人材開発、退職勧奨や解雇を避けながらローパフォーマーの活用を進める手段になっています。また、頻繁に異動や転勤が行われることで、セクショナリズムの軽減や、同じ業務を長い期間続けることによるモチベーションの低下を防ぐ効果もあります。

これらの会社主導の配置転換は、解雇せずに雇用を守ろうとする努力の一つである一方で、キャリア形成の責任を会社が負ってしまい、個人の職業人生は会社が保障すべきことと考える要因になっています。もともと法律的に解雇は難しく、加えて会社がキャリアを決定しているせいで、道義的にも会社が解雇するのは難しくなっているともいえます。

ジョブ型雇用においても、配置転換や人員の代謝はキャリア自律を実現する意味で非常に重要です。一般にジョブ型雇用を採用している企業に勤める社員は、伝統的な日本企業に所属する社員と比較すると、自律的にキャリアを歩んでいる印象がありますが、それは配置政策に起因します。

図表3-3　異動とキャリア自律の関係

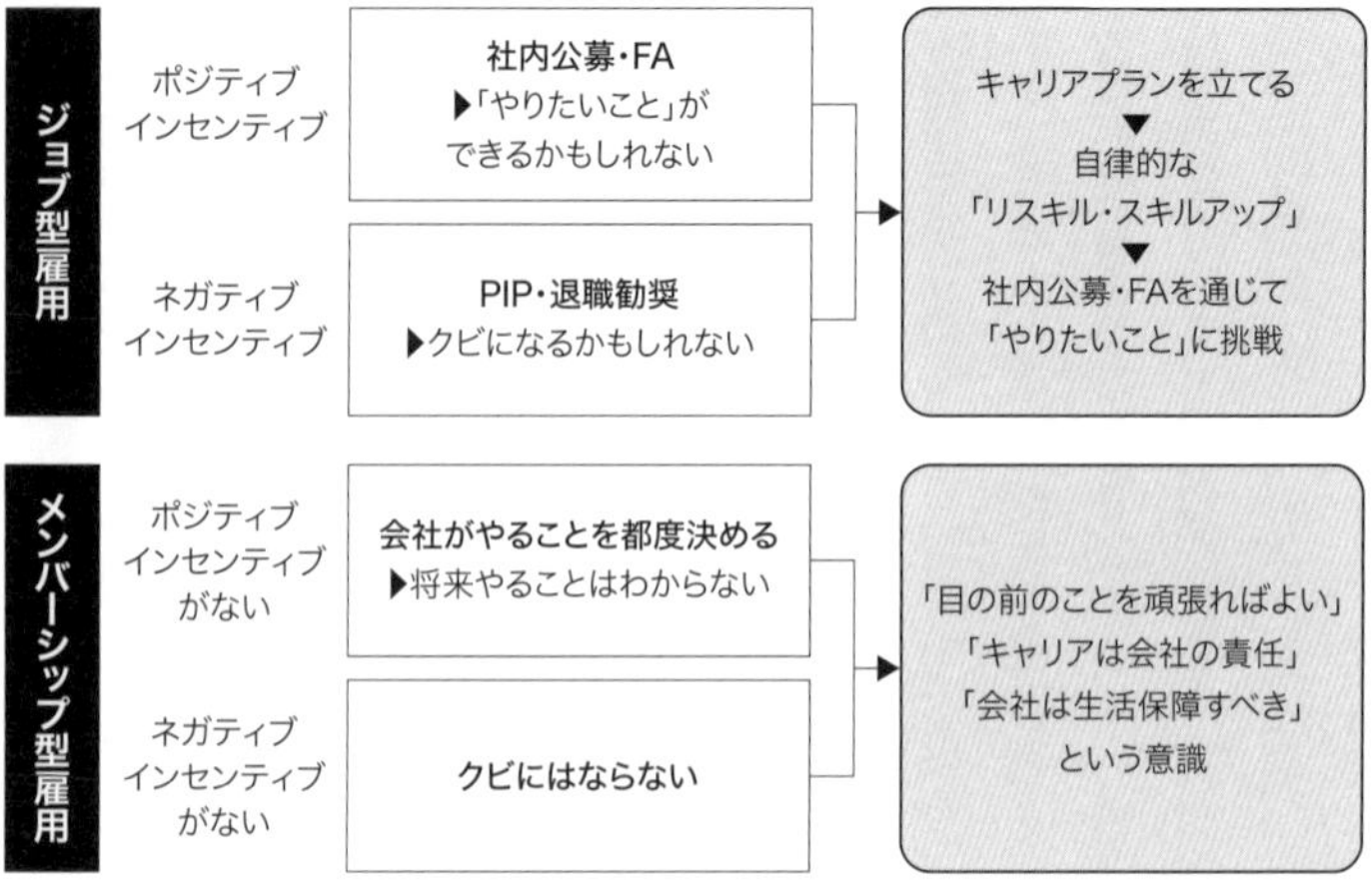
ジョブ型雇用
ポジティブインセンティブ
社内公募・FA
▶「やりたいこと」ができるかもしれない
ネガティブインセンティブ
PIP・退職勧奨
▶クビになるかもしれない
キャリアプランを立てる
▼
自律的な「リスキル・スキルアップ」
▼
社内公募・FAを通じて「やりたいこと」に挑戦
メンバーシップ型雇用
ポジティブインセンティブがない
会社がやることを都度決める
▶将来やることはわからない
ネガティブインセンティブがない
クビにはならない
「目の前のことを頑張ればよい」
「キャリアは会社の責任」
「会社は生活保障すべき」
という意識

　ジョブ型雇用において、配置は本人同意が原則です。社内公募や社内FAなどの制度により、会社もそれを後押しします。もちろん公募には競争があり、結果として、その仕事に就けない可能性はありますが、少なくとも挑戦する機会は与えられています。そのため、やりたいことの実現に向けて、キャリアプランを立て、必要なリスキル・スキルアップに励むインセンティブがありますし、社内で希望がかなわない場合は社外へ転職するという道も視野に入ってくるでしょう（図表3－3）。

　一方、メンバーシップ型雇用においては、会社がやることを決めてしまうので、たとえ個人にキャリアプランがあっても、それに挑戦できるかはわかりません。そのうちに目の前のことだけを頑張るようになり、将来を見据えて、リスキルやスキルアップをする気持ちが薄れていくのです。

ジョブ型雇用とメンバーシップ型雇用において、差が出やすいもう一つの領域は、ＰＩＰや退職勧奨でしょう。メンバーシップ型雇用においてもＰＩＰや退職勧奨が行われることはありますが、「メンバーの雇用は守る」という原則に反するため、できるだけ実施を避ける傾向にあります。ジョブ型雇用においても、すべての会社がＰＩＰや退職勧奨を頻度高く行うわけではありませんが、メンバーシップ型と比較するとそれらを実施する合理性は高いといえます。

ジョブ型雇用において、ＰＩＰや退職勧奨は、会社と個人の双方で合意したジョブの要件を個人が満たせていない状況、つまり個人に責任があるときに発生します。また、退職勧奨等で個人のキャリア形成にマイナスの影響がある場合でも、キャリアの選択が個人に委ねられているため、会社は必ずしも個人のキャリア形成に責任を負う立場ではありません。これらの事情でジョブ型雇用においては、パフォーマンスの向上のためにＰＩＰや退職勧奨を実施する傾向が強く、その傾向が個人が積極的にリスキルやスキルアップを行う要因にもなっています。

つまり、配置・代謝という領域でジョブ型雇用とメンバーシップ型雇用は、「誰が個人のキャリアを決定するか」「どの程度ＰＩＰや退職勧奨を実施するか」という二つの面で違いがあり、この違いが、二つの雇用システムにおける個人の自発的なリスキル・スキルアップに対する積極性の差につながっているのです。

会社にとってのメリット・デメリット

メンバーシップ型雇用的な会社主導による配置の最大のメリットは、部署間の人数の過不足の調整が行いやすい点でしょう。あまり人気のないポジションや地域にも、会社の裁量で人員を充足できますし、解雇が非常に難しい中でローパフォーマーをできるだけ活用する手段でもあります。ＰＩＰや退職勧奨といったストレスになる業務をあまりやらないで済んでいる面もあります。部署を超えた配置転換をする企業が多く、専門性を培うのは難しい半面、欧米の外資系企業と比較するとセクショナリズムは低めです。

このように、異動は人事部門の最大の権限であり、日々の業務運営に密接につながっています。

一方、ジョブ型雇用的な配置、すなわち配置転換に本人同意を必要とすることでもたらされるメリットは、個人のキャリア自律です。キャリアの決定権が個人に移ると、一人ひとりがリスキルやスキルアップを考えるようになるため、人材を入れ替えなくても既存人材の能力強化が図られます。それに個人のキャリア自律が進めば、ジョブや環境にマッチしていない人員の代謝も比較的簡単です。なぜなら、現在の会社で将来がないのであれば、新天地を探そうという気持ちになりやすいからです。

欧州の多くの国では、日本と同様に解雇が難しいにもかかわらず、日本よりも労働市場に流動性があるのは、キャリア自律が進んでいるからです。加えて、本人が同意したジョブの遂行度が低い場合、ＰＩＰや退職勧奨によって人員の代謝を働きかけるのは理屈に合っており、その面からの生産性の向上が可能な点も長所といえるでしょう。

個人にとってのメリット・デメリット

個人にとって、会社主導の配置が行われる一番のメリットは、それがある種の保険となって雇用の安心・安定が守られることです。パフォーマンスが低くても、多くの会社は退職勧奨に消極的です。その代わりにその人と相性が良い仕事、能力が低くても対応が可能な仕事を探して異動を行います。強いキャリア形成の意欲がない社員が配置換えによって、自分に合った仕事と出合ったり、視野が広がったりするメリットを享受することもあります。

反対に、個人同意の配置を原則とするメリットは、自らの意思で職業人生やライフスタイルを選べ、キャリアを個人の手に取り戻せることです。長期的なキャリアプランを立案して自らを磨くこともできますし、キャリアを一つの会社に頼らなくてよいぶん、会社が傾いたときの雇用リスクを軽減することができます。

配置政策が変わることの意味

ところで、メンバーシップ型雇用で実施されている会社裁量による異動は、会社にとって現在の人事運用を継続するために不可欠なものです。ジョブ型雇用を採用すると、個人の自律的なキャリア形成や自発的なリスキルやスキルアップが進む、パフォーマンスの低い社員に社外の道を進めやすくなるなどのメリットがあることを認めつつも、その効果を待っているゆとりはなく、目の前の人事運用を重要に思う方が多いかもしれません。

個人の立場から見ても、メンバーシップ型雇用の会社裁量の異動には慣れ親しんでおり、雇用保障にもつながっていることから、問題意識を持っている人は少ないでしょう。特に中高年層はその傾向が強まります。ただし、ジョブ型雇用の異動・転勤における本人同意については、個人にとって悪い話ではなく、それ自体に反対はないはずです。特に新卒のトップ層や若年社員の一部、中途採用の高度専門職は本人同意を望む声が多いでしょう。

しかし、ジョブ型雇用へ変革する場合、異動・転勤を本人同意とすることに伴い、代謝のマネジメント（PIP、退職勧奨など）をきちんと機能させていかなければなりません。これが変革時の会社にとってのハードルの一つとなります。ジョブ型雇用的な中途採用、社内公募、退職勧奨などの組み合わせによって要員の過不足やローパフォーマーの問題を解決した経験がないためです。

外部労働市場との整合性を図るには、職種別の採用・キャリアにする必要があり、異動を本人同意にせざるを得ません。高度専門人材の獲得、新卒トップ層へのアピール、中高年の不活性層の発生の抑制など、いずれの面からも、キャリアの自由と実力主義への変革は不可欠なのです。

ただし、会社が異動・転勤の権利を完全に放棄するのは、「非常に問題があるが、絶対に辞めない社員」が発生したときの組織運営のリスクを考えると難しいと言わざるを得ません。そう考えると、現在の日本企業における現実的なジョブ型雇用として考えられるのは、異動・転勤は原則として本人同意、ただし最終的な異動・転勤の決定権は会社に残すというあたりかと思います。

会社の立場からすれば、業務の継続性や破綻リスクを考えると、異動や人員の代謝については会社主導で行いたいところでしょう。しかし、ジョブ型雇用の生産性向上の源泉である、個人のキャリア自律を促すには、異動等の会社の裁量権を手放さなければならないのが、この領域における課題です。

教育における違い

共通教育か、自主性重視か

メンバーシップ型雇用における教育は、階層別研修やＯＪＴが中心になります。内部公平性が重視されており、部門や職種にかかわらず、各階層（例えばマネジャー）には同じレベルのことを求めるべき、という思想が強いためです。そうでないと部門や職種を跨いだ異動に不都合が出ますし、昇格の基準も共通にできなくなってしまいます。また長期雇用により、その組織独特の意思決定や仕事の進め方、求める品質などに明文化できない細かなニュアンスや独自性が生まれ、業務に直接関連する知識・スキルはＯＪＴでなければ伝えにくいこともあります。

一方、ジョブ型雇用の近年の教育の中心は、eラーニングと選抜教育です。eラーニングが好まれる理由は、体系的で多様な教育プログラムの提供を行うと固定費は相当程度かかるものの、ユーザー数や使用量の増加による変動的なコスト増が少ないことから、個人に使用制限をかけず自由に使える教育環境を提供でき、その結果、キャリア自律を支援できるためです。また、昨今のグローバル化の中で世界中に統一的なプログラムを比較的容易に提供可能で、結果としてコストパフォーマンスに優れることも挙げられます。

選抜教育が重要なのにも理由があります。キャリア自律が進むと、専門キャリアを選択する個人が多くなり、ゼネラルマネジャーが育ちにくくなります。そのため、若年時からゼネラルマネジャーとしてポテンシャルの高い人材を選抜するか、計画的なアサインメント（仕事や役割の割当て）と選抜教育を通じて、次世代を担うリーダーを育成していく必要があります。

メンバーシップ型雇用の教育は個人を会社の色に染めるというニュアンスが強く、多少の強制力を持って行われます。一方、ジョブ型雇用の教育は良くも悪くも個人の自律性に任されています。個人からすれば、自由度が高く自主性を発揮しやすい半面、能力的に取り残されてしまうリスクもあります。

このように教育分野についても、選択する雇用システムによって大きな違いが出るのです。

報酬における違い

内部公平性か、外部競争力か

メンバーシップ型雇用における報酬マネジメントは、内部公平性に重きを置いています。先輩・同僚・後輩が40年分積層した組織であり、出世の順番やスピードに敏感なため、処遇決定には非常に慎重です。その結果、日本企業では評価や処遇にメリハリがつかないと、よく問題になります。これはジョブ型雇用を採用している外資系でも、新卒中心で人の出入りが少ない会社ではよく聞く話で、均一的な先輩・後輩の組織であるがゆえに評価に差をつけられず、年功序列の処遇に拍車をかけます。

また、社内に向けて公平であることを説明ができるように、上司が付けた評価レーティングに従い、一円単位で算術的に昇給額や賞与額を決定するしくみを採用していることがほとんどです。上司の意思は基本的にはレーティングにしか反映されず、報酬の金額自体はルールに従って中央人事で決定されます。報酬水準は会社で定めた給与テーブルや給与レンジで決められていることが多く、その際に外部労働市場の水準はあまり参考にされません。

一方、ジョブ型雇用における報酬マネジメントは外部競争力に重きを置いたものです。そもそも、なぜジョブを中心として、マネジメントのしくみや各種施策が作られているかといえば、市場価値を考えるにあたってジョブが適しているからだといえます。一般的な商品やサービスを考えると、価格はそれが与えてくれる機能・効能に対して決まる傾向が強いことがわかると思います。会社組織の中では、人材の機能・効能はジョブで定まるからこそ、ジョブが市場価値の決定に使用されるのです（なお、最近ではジョブそのものではなく、その遂行を可能にするスキルで市場価値を決めるのが合理的ではないかという論もありますが、まだ発展途上です）。

ジョブ型雇用における報酬水準の決め方にはさまざまな手法がありますが、一般的には外部労働市場のマーケットバリューを参考に設定する職種別の報酬レンジまたはマーケットデータを直接参照することで決定します。また、昇給額や賞与額は評価レーティングでメカニカルに決定するのではなく、人事部門または財務経理部門より配られる昇給ファンドや賞与ファンドの枠内で、マネジャーが個人別に金額を決定します。その結果、ハイパフォーマーは市場の水準の中央値以上まで迅速に昇給させ、その一方でパフォーマンスが標準的で中央値に達した個人の昇給は見送るなど、個別にパフォーマンスやリテンションリスクに配慮した昇給・賞与が可能になります。

もちろん、マネジャーの恣意性が入る可能性は否定できませんが、その場その場でベストな配分を行いやすくなっています。

会社にとってのメリット・デメリット

メンバーシップ型雇用の報酬マネジメントにおける経営上のメリットは、内部公平性をベースとした長期的かつ安定的な人的資源の確保にあります。短期間に大規模な人材流出が起こるリスクが少ないので、人材の安定供給に優れています。また、貢献度が高い人材、優秀な若手社員を市場価値より低い値段で雇用できるのもメリットです。

その半面、彼らの報酬水準を買い叩いていることになるため、リテンションリスクが潜在的には高いといえます。また、生産性が低い人材も大量に雇用し続けなければならないというデメリットが生じます。

対してジョブ型雇用の報酬マネジメントにおけるメリットは、必要性に応じて個人の報酬を柔軟に決定できる点に尽きます。外部から人材を調達する際も、リテンションリスクへの対応も、貢献に対する見返りも、かなり自由に行えます。

ただ、入社年次が同じだから報酬も同じということはなくなります。人によっては説明しにくい報酬差が発生することもあるでしょう。メンバーシップ型雇用とは異なり、不公平が発生しやすいのです。よって、ジョブ型雇用への移行時に報酬に関する不協和音はかなり大きなものになる可能性があります。

個人にとってのメリット・デメリット

個人の観点ではどうでしょうか。繰り返しになりますが、メンバーシップ型雇用の長所は雇用保障という環境下で年功的に報酬水準が上がっていくため、安心・安定を得られる点です。特に大企業に入社すれば、一定以上の水準の報酬が得られるため、安定した豊かな生活が保障されます。ただし、ジョブ型雇用と比較すると、期待できる報酬水準自体は労働市場の水準と比べて相対的に低くなります。

加えて、既得権保護の色彩が強い雇用政策の中、近年は事業の成長率が頭打ちで、人件費の増加を避ける傾向が強まっています。昇給・昇格が抑制的になっていく可能性は高く、若年者になればなるほど生涯年収が下がる可能性は高いでしょう。

それに比較して、ジョブ型雇用は市場価値に見合った報酬を得られます。重要性や難易度が高いほど、業務が同じであれば、メンバーシップ型雇用よりもジョブ型雇用のほうが報酬は高めです。経験と能力の向上はある程度相関するため、その意味で経験年数は必要ですが、人材の流動性があって、社内に序列意識はあまりありません。若年者にとっては序列に気遣いする必要がなく、報酬面から見ても魅力的な雇用システムです。

ただし、競争のある世界なので、強みとなる能力・スキルのない人材にとっては厳しい環境となる可能性は否定できません。

第4章

日本企業における人材マネジメントの行方

ここまでメンバーシップ型雇用、ジョブ型雇用の各特徴について比較してきました。メンバーシップ型雇用は過去の日本企業、ひいては日本経済の成長を支えてきましたが、巨視的に考えると、デジタル化、グローバル化、少子高齢化というメガトレンドの中で、多くの日本企業がジョブ型雇用に向かっていくと考えられます。

しかし、雇用システムの入れ替えは非常に大きな変革であり、導入にあたっては困難が予想されます。そのため、本当にジョブ型雇用の導入が必要なのか、他に選択肢はないか、といった思いに至る方は少なくないと思います。

そのような疑問に答えるため、以下、典型的な論点に基づいて、今後の日本企業の人材マネジメントの行方を考察してみましょう。

Q1 すべての企業がジョブ型雇用に向かうべきなのか？産業や企業による差異はないのか？

少子化による若年者の減少や就業観の変化への対応、抜本的なビジネスモデルの変革など、多くの日本企業にとって、ジョブ型雇用の導入のメリットは大きいと考えます。一方で、当面、メンバーシップ型雇用を維持したほうがいいと思われる産業や企業もあります。

デジタル化、グローバル化、少子高齢化といった現在のメガトレンドを考えると、社会全体の趨勢としては、メンバーシップ型雇用が内在する問題がより顕在化していき、ジョブ型雇用の導入は広がるでしょう。多くの企業では、デジタル化、グローバル化によって自社内の人材だけでは十分な変革が難しくなっています。そこで事業の中核となる高度専門人材を中途採用で確保し、その種の人材を社内で再生産していく必要に迫られています。加えて、若い世代ほど生涯年収が下がる構造上の問題や、不活性化した中高年の増大、さらに国が進めている再雇用・定年延長などが問題を拡大します。

これらの状況を考え合わせると、メンバーシップ型雇用からジョブ型雇用に移行する動きは増えていくと思われます。

産業や企業による違い

ジョブ型雇用が確実に強みを発揮するのは、事業の変化によって必要なケイパビリティが大きく変化する局面です。例えば、「デジタル技術を活用したビジネスモデルの変革」や「グローバル化を推進するにあたって、海外拠点の事業の拡大やグローバルHQによる統治強化」を実現するために、エンプロイヤビリティが高い人材群を大量かつ継続的に確保したい場合です。したがって、IT、情報通信、エレクトロニクス、医薬品などの産業では、ジョブ型雇用への変革の必要性が高く、興味を持っている企業も多いことでしょう。

最近はこれまでメンバーシップ型雇用の維持に重きを置いてきた自動車産業においても、デジタル技術やエレクトロニクス技術が急激にその重要性を増しているため、ジョブ型雇用への転換の動きを見せつつあります。

当然ですが、人材の流動性が高い業界に所属する企業や、事業上、重要な職種の人材流動性が高い場合も、ジョブ型雇用の導入が合理的です。金融業、特に証券業のように、一部の職種で優秀な人材の流動性が非常に高い産業にあてはまる話です。ちなみに、すでに大手証券会社のほとんどが多かれ少なかれジョブ型雇用の要素を取り入れています。まったく導入してないところのほうが例外的です。

反対にメンバーシップ型雇用が高いパフォーマンスを発揮し続けるには、次の3つの条件がそろっている必要があります。

- 質量ともに十分な新卒の確保
- 定年まで働き続けるという価値観の共有
- 内部育成による十分な人材の確保

現在のように事業の変革が必要な場面では、これらの3つの条件が満たせなくなってきています。特に3つめの内部育成による十分な人材確保が難しくなっています。

もちろん、当面の間はメンバーシップ型雇用の継続が合理的なケースもあります。事業の変化への対応よりも、社員の習熟によって商品やサービスの品質を高く維持することが重要な産業や企業にとって、現状ではジョブ型雇用を採用するインセンティブは低いように思います。

例えば、機械産業や化学産業などの一部では、事業に対するデジタルの影響が、既存のビジネスモデル自体の見直しを図るほどのものにはなっていません。すでに強力な商品を持ち、海外事業においても輸出や今までのリレーションで十分な収益を上げられる企業が多く存在します。これらの企業群は相対的に必要とされる事業の変化のスピードが遅いため、メンバーシップ型雇用で品質や効率を磨き続けることが現在でも有効であると考えます。

さらにいうと、日本企業でトップクラスの新卒採用競争力を持つ企業群も、現状ではメンバーシップ型雇用を変える必要はないかもしれません。その理由は、前述のメンバーシップ型雇用が機能する3つの条件を現在でも十分に備えているからです。

長年、優秀な新卒学生に人気の高い日本企業といえば、総合商社のトップ数社だと思います。この手の企業は新卒の確保に苦労していませんし、低い雇用リスクの中、期待される生涯年収もプロフェッショナルファームや外資系企業に匹敵する水準のため、長期雇用を志向する社員が多くなります。また、新卒トップ層の社員を数多く採用しているため、ラーニングアジリティが高い社員の比率が高く、中途採用で高度専門人材を若干獲得するにしても、プロパー社員のリスキルで事業の変化についていくことが可能なのです。

過去の実績でいえば、輸出入の際の手数料ビジネスから、投資やビジネスモデル創出による収益獲得へと、商社は業態変更を成功させてきましたが、その際、人材を大幅に入れ替えたという話は聞きません。この業態変更は、全社員ではないもののある程度の割合のプロパー社員がリスキル・スキルアップできたことで実現したものであり、ラーニングアジリティが高い優秀な社員を数多く抱えるからこそ可能であった変革です。

ただ、新卒に最も人気が高い企業群の一つである総合商社においても、ジョブ型雇用が社会全体に広がる中、いつまで「定年まで働き続ける価値観の共有」「質量ともに十分な新卒の確保」が継続できるかはわからない面もあり、不活性な中高年社員の問題を抱える中、恒久的にメンバーシップ型雇用が継続できるかは不透明です。

また、別のパターンですが、同一企業に「変化が重要な事業や部署」と「品質の追求が重要な事業や部署」が併存するケースもあります。そのような場合は後述するように、ジョブ型雇用とメンバーシップ型雇用の2つを併用する一国二制度という選択肢もあります。すでに複数の企業で出島のように法人を独立させて、2つの制度を併存させているケースもありますし、同一企業内で複数雇用区分を設定して2制度を併用しているところも存在します。

長期的なメガトレンドは？

このように、ジョブ型雇用の導入の必要性、形式、導入方法やスピードは産業や企業によって異なります。したがって導入のタイミングやパッケージを十分に検討する必要があり、企業ごとの対応が重要です。

とはいえ長期的に見ると、ジョブ型雇用への移行の動きは止まらないでしょう。外部労働市場が徐々に拡大・強化される中で、会社は定年まで働き続けるものという価値観が変わり、より良い条件を求めて再就職するという、雇用される側の動きは常態化していきます。メンバーシップ型雇用では、若年者が中高年を支える傾向がますます強くなるため、優秀で自信がある学生は今まで以上にメンバーシップ型雇用の日本企業には入社しなくなるに違いありません。しかも、少子高齢化トレンドで優秀新卒層の母集団がより小さくなるため、日本企業にとっての新卒採用はさらに厳しくなります。

1970年代から80年代にかけて、産業の種類を問わずほとんどの日本企業は職能資格制度に移行しました。経済成長の伸びが鈍化し始めた中で、終身雇用を維持するために基本給の基準となる資格と組織上の役位（役職）を分離させ、「ポストと処遇の分離」「年功制の維持」「人件費の（若干の）抑制」などを実現したのです。

長期にわたり昇格・昇給させ続けることで、長期勤続のインセンティブを維持しながら、ポスト不足による昇格の難しさによる閉塞感を緩和しつつ、全員を役職には就けず、若干の人件費抑制が可能になる施策といえます。

このようにマクロ経済の環境の変化は各産業や各企業の特異性を超えて、共通の変化をもたらすことがあります。この先、会社は定年まで働き続けるものという価値観が変化して、個人がより良いキャリアを求めて流動化すると、会社は自らの人材マネジメントのしくみを外部労働市場と整合させざるを得なくなり、日本企業も全面的にジョブ型雇用を採用する状況になるでしょう。

Q2 ジョブ型雇用を導入する際に越えなければならない壁は？

現在、多くの日本企業がジョブ型雇用の導入を検討しています。しかし、検討した結果、導入を断念したり、部分的な導入にとどまったりするなどして十分な効果を得られないケースも目にします。

ジョブ型雇用の導入において、多くの企業に共通する障壁があります。一つは、ジョブ型雇用の理念やコモンセンスと、メンバーシップ型雇用に慣れ親しんだ経営者・社員の価値観やマインドセットにギャップがあることです。もう一つは、ジョブ型雇用に必要とされるケイパビリティと、経営者・人事部門・現場マネジャーが保有するケイパビリティのギャップです。

これらのギャップが障壁となって立ちはだかり、ジョブ型雇用の導入にブレーキがかかってしまうのです。反対に事業環境や戦略とのアンマッチが原因で、ジョブ型雇用の導入が見送られるケースはあまりありません。多くは2つのギャップから生まれる心理的な不安や懸念に起因します。

では、具体的に不安の中身をのぞいてみましょう。

本人同意の人事異動

ジョブ型雇用では、異動は原則として本人の同意が必要になるため、今までのような辞令一本で部署間の要員数を調整することができなくなります。承諾してもらえる社員を見つけるか、社内公募や中途採用を実施するなどの手間が発生します。

また、パフォーマンスの低い社員への対策も難しくなります。これまでであれば、少しでも力を発揮できそうな部署に異動させながら、だましだまし使っていくことができましたが、ＰＩＰや退職勧奨を積極的に行っていく必要があります。精神的にストレスのかかる作業が増えることになります。

こうした多角的な活動を手抜かりなく行っていくには、人事部門や現場マネジャーのマインドセットを変え、新たなスキルも身に付けなければなりません。しかし、人事部門としても経験がないことですし、現場マネジャーが能力的に対応できるのか確証がありません。そうした思いが導入のハードルとなるのです。

加えて、本人の同意を前提とした人事異動は、結果的に会社側の裁量を縮小します。それゆえ、人事機能の弱体化を恐れて導入に反対するケースも出てきます。

異動を本人同意にすることで、個人は落ち着いて自発的にリスキルやスキルアップに取り組めるようになります。その結果、生産性が向上し、中高年の不活性層を減らすことにもなり、本人同意の異動は意義ある施策ですが、会社裁量の異動ができなくなることに対しての懸念が大きく、そこまで踏み切ることに抵抗感は強いようです。一歩先に進んでいくためには、個人のキャリア自律の効果に関する理解を深めたうえで、業務上の不安を取り除く努力が必要です。

もちろん、個人の異動に対する考え方も大きく変える必要があります。自らキャリアプランを考えてスキルを磨くようになり、必要があれば社内公募への応募や、外部に機会を求めるのが標準的な取り組みとなります。言われたことを黙々と頑張ってやっていれば、会社が良きにはからってくれる、ということはなくなるのです。しかし、経営者や人事部門からすると、個人がマインドセットを変えてキャリア自律し、このような変化に対応できるだろうか、という懸念は強く、ジョブ型雇用導入を躊躇する一つの大きな理由となっています。ジョブ型雇用の導入を進めるためには、この懸念を解決する工夫がいるのです。

採用・キャリア・報酬の職種別マネジメント

ジョブ型雇用では、職種×職位レベル（つまりジョブ）に対して、市場価値に見合った報酬を支払うため、必然的に職種別の報酬となります。また、キャリア形成も職種別となるため、採用も職種別に行われます。これらは日本企業にとっては、なじみにくいものに感じられるようです。

メンバーシップ型雇用では、同期入社の間での処遇差は一生のキャリアに影響を与えるほど大きな意味を持ちます。まして後輩社員が先輩社員を追い抜くとなれば大事件です。合理的かつ明確に説明のつく差がなければ、同期入社は同じように扱われるのが当然という文化で育った人にとって、職種で報酬に差がついたり、出世のスピードに差がついたりするのは、大きな違和感が伴います。組合も反対する可能性が高いでしょう。おそらく一般社員だけではなく、管理職や経営者にも、このような感覚を持つ人が多く、導入に躊躇するのではないでしょうか。

しかし、ビジネスファーストで考えると、事業戦略に基づいて最適な組織と必要なジョブが決まり、そこに必要な人材を社内、社外を問わずに調達するのは自然な動きです。そして、適所適材に配置を進めていく中で、報酬差やキャリア上の損得が発生するのは仕方のないことです。ところが現在は、事業戦略よりメンバーの維持が優先されているため、理想的な組織設計やジョブデザイン、人員配置ができず、事業運営の後ろ手を縛っているような状態になっており、その結果、成長率や収益性を損ねてしまっています。人ありきで内部公平性に重きを置いた人材マネジメントから、戦略・組織ありきで必要な人材を確保・リテインすることに重きを置いた人材マネジメントへの変化の必要性を粘り強く説明し、組織全体に浸透させていかなければなりません。

現場権限による昇給・賞与・昇格の決定

ジョブ型雇用では、中央による報酬の集中管理が困難になります。というのは、人材の確保について外部労働市場と競い合うことになるため、採用時の報酬額や入社後の昇給・賞与などを制度に基づいて画一的に行っていると、求める人材を獲得できなかったり、リテインできなかったりする問題が頻発するからです。そのため、通常、現場マネジャーが配分されたファンド内で、ガイドラインを参照しながら昇給額や賞与額を直接決定する方法がとられます。

例えば、メンバーシップ型雇用の下で、昇格を繰り返している優秀な若手社員の場合、ジョブの市場価値に対して、報酬が低めになっている可能性が高く、他社からすれば格好の引き抜きの対象となります。仮にその社員がキャリア志向が強く、外部への転職も辞さないタイプだった場合、流出リスクは非常に高くなります。

それを防ぐために、その社員が担っているジョブの市場価値を確認し、市場の50%ile（中央）以上まで、特別に昇給させるというのは、外部競争力を考慮したリテンションの観点からは合理的な判断といえます。しかし、内部公平的な価値観からすれば、特定の社員だけがリテンションを理由に昇給するというのは、ルールを逸脱していると判断されるでしょう。

このように各マネジャーが昇給額や賞与額の決定権を持つと、たまたま従事した業務の違いやメンバーの構成上の問題で給与差がついてしまうことが起こり得るため、内部公平性の観点から軋轢を生む可能性があります。加えて、日本企業のマネジャーは部下の昇給額や賞与額を決めた経験がないばかりか、部下の給与額すら知らないことが多いのではないでしょうか。一方、人事部門も中央管理以外のやり方は知りません。これらの〝今まで〟と〝これから〟のコモンセンスや必要とされるケイパビリティのギャップは、ジョブ型雇用を導入するうえで超えなければならない壁の一つとなります。

なお、前出の「%ile」は「パーセンタイル」と読み、計測したデータを小さい順から並べたときに、最小値から数えて何パーセント目に当たるかを指します。例えば、計測値が100個ある場合、30%ileは最小値から数えて30番目に位置する計測値であり、50%ileは真ん中（中央）に当たります。

事業にアラインした要員計画・人件費予算

ジョブ型雇用においては戦略ベースで要員計画を立案し、それに基づき要員を整えます。したがって、採算ベースを考えて、どういう能力を持った人が何人必要かを考え、外部採用や社内公募を行うのです。そのスタートラインとなる要員計画は、当然それぞれの現場マネジャーが立案するのですが、これまでの日本企業はその要員計画を人事部が集中管理してきたために、多くの現場マネジャーには、事業の必要性に基いた具体的で詳細な要員計画を立案した経験がありません。

ただ、要員計画の経験については多少部署間によって差があり、特に企画・管理系の業務を担っている部署では経験不足の傾向が顕著です。逆に製造・物流、コールセンターなどの工数管理が必要な部門における定型労働者数や営業機能における営業人員数などに関しては、比較的きちんと計画を立てています。

それと同時に、事業にあった要員をそろえるためには、人件費予算に関してもボトムアップで現実的な金額を算定する必要があります。レベルの高い人材を外部採用する可能性、現状の人員を昇格させる必要性、リテンションに必要な特別昇給などを考え合わせ、必要な人件費を現場での積み上げにより算出しなければなりません。ここでもマネジャーの能力、そしてそれを支える人事部門の強化が課題となります。

Q3 メンバーシップ型雇用とジョブ型雇用の中間的な雇用システムはないか?

ジョブ型雇用の導入を検討している企業からよく尋ねられるのが、「メンバーシップ型雇用とジョブ型雇用の両方の良いところをとった、中間的な雇用のあり方はないのか?」という質問です。

正直に申し上げると、中間的なしくみはあり得るのですが、80ページでもお話ししたとおり、この2つのマネジメントは違う理念のエコシステムとして成り立っているため、完全に両方の良いとこ取りをするのは極めて困難です(84ページ、図表3-2)。併用によってどちらの良いところも壊れることさえあります。

ただ、2つの特徴をよく理解したうえで制度設計を行えば、メンバーシップ型雇用にジョブ型雇用的な施策を一部導入することや、その逆も可能です。

メンバーシップ型雇用も、ジョブ型雇用も、個々の機能が有機的に結び付いているとてもよくできたしくみです。それぞれのエコシステムの中で、サブシステムが密接に結び付く形でその機能が規定されています。そのため、混在させるとコンフリクト（軋轢）が発生します。

メンバーシップ型雇用において、新卒一括採用と会社主導の異動を継続しながら、極端な職種別報酬制度を採用した場合を想像してみてください。個人の報酬の実額と制度上の金額に恒常的にギャップが出やすいため、社員に強い不満が発生し、円滑な異動は難しくなるでしょう。

実はメンバーシップ型雇用の日本企業で、これに近い経験をした企業群がすでに存在します。職種共通のジョブグレード（職務等級制度）を導入した企業です。メンバーシップ型雇用の会社で原理主義的なジョブグレード運用をすると、定期異動のたびに望ましくない昇降格が起こり、個人に〝棚ぼた〟や〝不利益〟がもたらされます。

対策はいくつかあります。

- 会社、個人ともに発生する不合理を我慢する
- 大まかなグレードや配置の配慮など、棚ぼたや不利益が起こりにくいようなしくみや運用の工夫をする
- パフォーマンスが理由ではない、組織都合の降格の場合はグレードを落とさない

ジョブグレードの導入は、90年代後半からコンスタントに行われています。ジョブ型雇用的な施策の一つですが、本来この施策は本人同意の異動が前提であり、会社裁量の異動とは相性が悪いの

です。したがって起きてしまう不都合を会社や個人が我慢をするか、原理主義に走らずしくみや運用を工夫するなどの措置が、メンバーシップ型とジョブグレードの併存には必要となります。

誤解のないように加えれば、ジョブグレードの導入は、ジョブ型雇用に全面移行するのに比べれば、効果は限定的ですが、「従来よりも実力主義の組織になる」「中長期的には人件費を抑制できる」などの便益は期待できますし、メンバーシップ型雇用を維持しながら、次の一手として行うのには有効だということです。

ただ、違う種類のものを交ぜることになるので、コンフリクトが起こりやすく、対応を考える必要があるということです。

5つの選択肢

今までの話を大まかにまとめたのが図表4-1です。実務でよく見る施策例を参考にオプションを記載していますが、現実にはさらにさまざまな選択肢があります。

「①メンバーシップ型」は典型的なメンバーシップ型雇用における施策群、「⑤ジョブ型」は典型的なジョブ型雇用における施策群です。この2つについてはそれぞれの施策群の親和性が高く調和しています。

「②メンバーシップ型（ジョブ型要素あり）」は、メンバーシップ型雇用を維持しながらもジョブ型雇用的な施策を一部導入して、実力主義の要素を強化するものです。90年代後半以降の成果主義

図表4-1｜メンバーシップ型雇用・ジョブ型雇用と中間的な施策

※表内の文字のグレー部分は中間的な施策

施策	フロー関連	報酬関連	計画関連
① メンバーシップ型	・新卒一括採用 ・会社主導の異動 ・代謝管理は緩やか	・職能資格／職能給 ・昇給・賞与・昇格の中央管理	・既存人員ベースの要員計画、人件費予算
② メンバーシップ型 （ジョブ型要素あり）	・新卒一括採用 ・会社主導の異動（一部社内公募） ・PIP・退職勧奨	・ジョブグレード／役割給 ・昇給・賞与・昇格の中央管理	・既存人員ベースの要員計画、人件費予算
③ 中間型　A	・メンバーシップ型施策群実施	・ジョブ型施策群実施	
③ 中間型　B	・ジョブ型施策群実施	・メンバーシップ型施策群実施	
④ ジョブ型 （メンバーシップ型要素あり）	・職種別採用 ・個人同意の異動 ・PIP・退職勧奨	・職種×職位レベル（≒ジョブグレード）*／職種別市場価値 ・昇給・賞与・昇格の現場管理（中央から強いガイドライン）	・戦略ベースの要員計画、人件費予算
⑤ ジョブ型	・職種別採用 ・個人同意の異動 ・PIP・退職勧奨	・職種×職位レベル（≒ジョブグレード）*／職種別市場価値 ・昇給・賞与・昇格の現場管理	・戦略ベースの要員計画、人件費予算

*職位レベルとジョブグレードは共に役割の大きさを示す概念。詳細については186ページ参照

ブームでジョブグレードを導入した企業はほとんどがこの類型で、これからジョブ型を導入しようとしている企業の中にも、この類型をゴールとしてイメージしているケースは多いと思われます。

先ほどもお話ししましたが、メンバーシップ型雇用にジョブグレードを導入すると、異動の際に望まない昇降格が発生しやすくなりますが、メンバーシップ型雇用の中で年功制を薄め、人件費の増加を抑制する目的には寄与します。

ただ、新卒採用かつ会社主導の異動が中心のため、ジョブや人材の獲得を通じた個人間や会社間の競争は起きにくく、人の入れ替えを前提としたジョブ型雇用と比較すると、デジタル化、グローバル化に向けたビジネス変革、生産性向上という意味での効果は限定的です。

一方、「④ジョブ型（メンバーシップ型要素あり）」は、マネジャーによる人事政策のバラツキや行き過ぎた実力主義を抑制するために、ジョブ型雇用ではあるものの、マネジャーの昇給・賞与・昇格決定に強力なガイドラインを導入するなどが代表例です。

ジョブ型雇用はしくみとして非常に柔軟であり、極端な話、意図的にガイドすれば、年功的な運用も、穏やかな配分も、ある程度可能です。この性質を生かして、外部競争力の強化や個人と向き合うだけでなく、内部公平性にも配慮した昇給・賞与・昇格の決定を促すこともできます。

外資系企業の中には、しくみ全体はグローバル統一でジョブ型を採用しているものの、運用の工夫によってメンバーシップ型に寄せているケースもあり、このパターンに位置付けられる企業も数多くあります。ただし、この施策はある程度内部的な秩序を維持しますが、各マネジャーに対しては、本来やりたい施策が社内の事情でできないというストレスを与える場合があります。

順番が前後しましたが、5つの選択肢の真ん中「③中間型」は、文字どおり、それぞれのエコシステムの間をとる施策で、大きく2つのオプションがあります。

一つめのオプションは、表の同欄の上半分（A）の「フロー関連はメンバーシップ型雇用、報酬関連はジョブ型雇用」です。要するに、異動は会社裁量、報酬は職種別となりますが、個人にも、組織にも、最も多くストレスがかかる組み合わせです。②のメンバーシップ型雇用にジョブグレードだけを導入したケースでさえ、異動による昇降格の発生に非常に問題を抱えている日本企業ですから、昇降格がなくても異動のたびに報酬ギャップが起きる可能性のある職種別報酬の導入は、相性の悪い組み合わせといえるでしょう。

ただ、当社の調査結果（図表4－2）によると、日本企業で数年後にジョブ型雇用を志向している企業では、このAパターンを模索している企業が多いことがわかっています。つまり、職種別採用、職種別報酬、PIP・退職勧奨は導入したいが、異動については会社裁量にしておきたいのです。

これは、職種別報酬の条件で職種別採用しているのに、会社都合で職種を越えた異動が行えるという点で矛盾します。先に述べたようなコンフリクトを発生させるだけでなく、もともと相性が良くないのです。ジョブ型雇用は日本に合わないという間違った認識は、こうしたところから生まれるのかもしれません。

図表4-2 日本企業におけるジョブ型雇用の取り組み方向性

■報酬水準(基本給)の決定方法

現状、日系企業の約8割は「職種に関係なく、同一の報酬水準」で報酬を決定しているが、3〜5年後にはその割合は5割を切り、職種別または個別に決定すると見込まれる。

方法	日系企業		外資系企業	
	現状	▶3〜5年後	現状	▶3〜5年後
特定の職種について柔軟または例外的に報酬水準を決定	6%	▶23%↗	21%	▶21%→
職種別の報酬レンジ・報酬テーブルで報酬水準を決定	11%	▶30%↗	38%	▶56%↗
同一等級は職種に関係なく、同一の報酬レンジ・報酬テーブルで報酬水準を決定	83%	▶46%↘	41%	▶23%↘

■ラインマネジャーの異動・配置方法

日系企業では、会社主導による異動等を行う企業の割合は9割以上を占める。一方、外資系企業では「公募制度の活用」や「原則異動なし」の割合が増える。

方法	日系企業		外資系企業	
	現状	▶3〜5年後	現状	▶3〜5年後
FA制度を活用	0%	▶1%↗	0%	▶3%↗
公募制度を活用	1%	▶3%↗	13%	▶21%↗
本人の同意を得て異動	2%	▶3%↗	11%	▶8%↘
異動は原則行わない(連続性のある業務での昇格のみ)	4%	▶3%↘	26%	▶29%↗
会社主導で同一職群(ジョブファミリー)内で同一または類似職種に異動	28%	▶21%↘	21%	▶11%↘
会社主導で職種横断的に異動	15%	▶14%↘	11%	▶11%→
会社主導で全社スケール・職種横断的に異動	51%	▶55%↗	18%	▶18%→

■ 新卒者の採用方法

3〜5年後に職種別採用へ移行する日系企業は5割以上となるが、個別採用は1割にとどまる。一方、外資系企業では3〜5年後に職種別採用と個別採用の割合は合計8割を超える。

方法	日系企業		外資系企業	
	現状	▶ 3〜5年後	現状	▶ 3〜5年後
雇用区分別採用(例:総合職、一般職)	53%	▶ 47% ↘	15%	▶ 10% ↘
職種別採用 (例:管理、IT、営業、研究開発、製造)	36%	▶ 57% ↗	33%	▶ 41% ↗
コース別採用 (例:管理職系コース、専門職系コース)	16%	▶ 27% ↗	3%	▶ 0% ↘
職種、雇用等の区分のない一括採用	21%	▶ 13% ↘	5%	▶ 5% →
不足するジョブについての個別採用 (一括採用は行わない)	5%	▶ 10% ↗	33%	▶ 44% ↗
その他	5%	▶ 9% ↗	23%	▶ 23% →

■ 雇用調整方法(パフォーマンスの低い社員への対応)

日系企業では3〜5年後、「PIPの適用」と「退職勧奨」を実施する企業が各4割まで増加(現状のほぼ倍)。一方、外資系企業はすでに、前者を8割、後者を6割が実施している。

方法	日系企業		外資系企業	
	現状	▶ 3〜5年後	現状	▶ 3〜5年後
改善指導	92%	▶ 81% ↘	82%	▶ 69% ↘
子会社・関連会社への異動・転籍	25%	▶ 28% ↗	5%	▶ 3% ↘
PIPの適用	12%	▶ 40% ↗	82%	▶ 92% ↗
降格・降給	51%	▶ 71% ↗	46%	▶ 59% ↗
退職勧奨	19%	▶ 40% ↗	62%	▶ 77% ↗
特に対応しない	8%	▶ 2% ↘	5%	▶ 0% ↘
その他	1%	▶ 3% ↗	0%	▶ 3% ↗

出所:マーサージャパン「ジョブ型雇用に関するスナップショットサーベイ」(2020年9月)

それでも将来のプランとして、このような組み合わせを望む声が多いのは、「人材確保を考えると職種別採用、職種別報酬とせざるを得ない。不活性な中高年層への対策として、ＰＩＰや退職勧奨もせざるを得ない。しかし、人事運用面で異動の裁量は手放せない」という個別判断の積み重ねによる決定だからでしょう。ジョブ型雇用をエコシステムとして捉えていないのです。

特に会社裁量の人事異動は日本の人事運営の中核的な機能です。なかなか手放すという発想に至らないのもうなずけます。実務的にも、解雇が認められていないのに、異動させる権利を手放すことはできないという気持ちも理解できます。

とはいえ、会社裁量で異動をしてしまうと、いつまでもキャリア自律できずに、リスキルやスキルアップへのインセンティブが働きません。社内公募を通じたジョブの獲得競争が起きないために競争原理も働きにくいです。また、会社が個人のキャリアに責任を持っているのに退職勧奨するのも、合理性が低いように感じます。

これらを総合的に考慮すると、通常の異動は本人同意か本人主導（社内公募等）とし、会社裁量の異動は原則として行わない、ただし、パフォーマンスに問題のある社員が退職勧奨に応じないような場合はより難易度の低いジョブに異動するなど、高度な必要性がある際には、会社の裁量で異動を実施するのは、一つの有力案のように思えます（これは概ねフルセットのジョブ型雇用だが、雇用調整対応のために配置の裁量を会社が保持し続ける形式であり、「③中間型」よりも「④ジョブ型（メンバーシップ型要素あり）」といったほうがよいかもしれません）。

次に、二つめのオプションは、表の同欄の下半分「フロー関連はジョブ型雇用、報酬関連はメンバーシップ型雇用」です。要するに、本人同意、本人起点の異動を軸としながら報酬は共通にする（職種別としない）施策です。

このオプションは、しくみ全体として大きな矛盾は起こしません。職種別採用、職種別キャリアでキャリア自律していますが、職種別に報酬差がなくても、特段の問題は発生しないからです。むしろ、職種間の報酬ギャップがないため、社内公募などでは最も手を挙げやすく、社内の労働市場が最も活性化する可能性のある選択といえます。ジョブ型雇用に移行するための大きなハードルの一つであるキャリア自律を促すしくみともなり、段階的な導入の第一歩としても効果的です。ただ、職種別報酬ではないため、外部市場からの人材獲得競争力はあまり高まりません。また、個人がキャリア自律をし、各々が専門性を高める傾向が強いため、長い目で見ると市場価値が高い職種に就いている人材は外部市場に流出するリスクがあります。

ここまで述べてきたように、メンバーシップ型雇用とジョブ型雇用はそれぞれが独立的に親和性の高い体系を構築しており、相互の施策を混在させるとコンフリクトが起きて、人事運用が難しくなります。ただ、それぞれのメリットとデメリットを理解したうえで適切に施策設計をすれば、二つを組み合わせること自体は可能です。

長期的には、多くの会社が「⑤ジョブ型」雇用に向かう可能性が高いと考えますが、今の段階でどこを目指すべきかは、所属する産業や会社の特徴、戦略によって変えるのが合理的です。

Q4 環境変化への柔軟性は、業務割り当てを自由に行えるメンバーシップ型雇用のほうが高いのでは？

条件によっては、メンバーシップ型雇用のほうが変化に柔軟なこともありますが、ビジネスの世界で現実的に求められている変化に対応するためには、多くの場合、ジョブ型雇用のほうが優れていると考えられます。

メンバーシップ型雇用においては、業務割り当ては会社の裁量であり、理論的には必要な仕事に必要な人数を配置することが自由に行えます。その一方で現実を考えれば、専門知識や専門スキル、高い言語能力、高い創造性、論理的思考能力、コミュニケーション能力が必要なケースなど、業務には難易度があり、誰が担当してもうまくいくわけではありません。能力的な限界を考慮すれば、それほど自由に配置換えは行えないのです。

また、メンバーシップ型雇用では、いま必要とされているジョブや能力が何かを考え、それに向かってリスキルやスキルアップする努力が習慣になりません。つまり、社内に存在しない、ないしは不足している高度な知識やスキルが必要となる変化において、メンバーシップ型雇用の配置の柔軟性は発揮されにくいのです。

ただし、これにも例外はあります。非常に高いレベルの基礎能力やラーニングアジリティを持つ優秀な社員を数多く抱えている企業においてはその優秀さをベースに、高度専門知識やスキルを確保できる可能性はあります。前述のように、一部の総合商社などがその例です（107ページ）。

ジョブ型雇用は経営環境の変化に対して、基本的には人の入れ替えで対応します。必要な新たなジョブを定義し、その要件を満たす人材を採用するのです。この方法であれば、高度な専門知識やスキルも、比較的容易に獲得することができます。

また既存社員も日ごろから市場原理にさらされ、自律的にキャリアを形成しているため、社内公募で新たな挑戦をすべく、自らリスキルやスキルアップの努力をします。メンバーシップ型と比較して配置の柔軟性では劣りますが、人の入れ替えやリスキル、スキルアップによって、大きな環境変化への対応が可能なのです。もちろん、中途採用や社内公募、ＰＩＰ、場合によっては退職勧奨などの手間がかかります。しかし、これらはベストな人員構成をつくり上げるための必要コストなのです。

Q5 ジョブ型雇用へ全面移行する場合、現在の雇用システムからどのように移行していけばいいか？

メンバーシップ型雇用を維持しながら、ジョブグレードなど部分的にジョブ型雇用的施策を導入している企業例は、すでに珍しくありません。ここでは日本企業にとってハードルが高いと思われる、ジョブ型雇用をフルセットで導入する場合の移行方法について見ていきたいと思います。

ジョブ型雇用への移行方法の類型

まだ取り組みが始まったばかりですが、ジョブ型雇用のフルセットの導入にあたり、現実に採用されている手法を類型化すると、次のように大きく3タイプ、さらに細かく5つに分けることができます（図表4－3）。

●移行方法①「一国二制度」

a　同一法人

b　別法人

●移行方法②「段階的移行」

a　フロー施策先行（フロー系施策⇒報酬系施策）

b　報酬施策先行（報酬系施策⇒フロー系施策）

●移行方法③「短期全面移行」

図表4-3｜ジョブ型雇用への移行方法

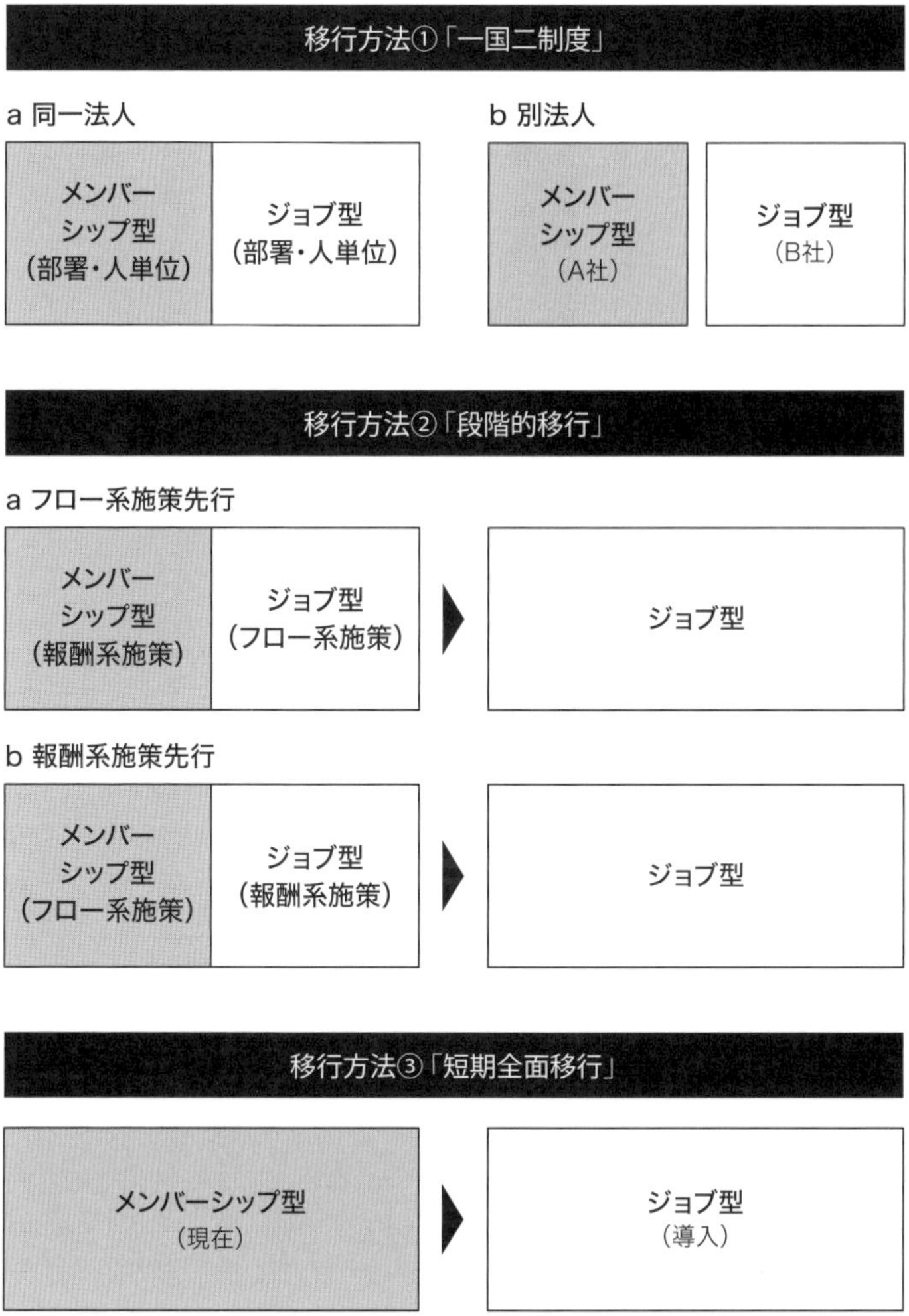

移行方法①「一国二制度」
a 同一法人
メンバーシップ型（部署・人単位）
ジョブ型（部署・人単位）
b 別法人
メンバーシップ型（A社）
ジョブ型（B社）
移行方法②「段階的移行」
a フロー系施策先行
メンバーシップ型（報酬系施策）
ジョブ型（フロー系施策）
ジョブ型
b 報酬系施策先行
メンバーシップ型（フロー系施策）
ジョブ型（報酬系施策）
ジョブ型
移行方法③「短期全面移行」
メンバーシップ型（現在）
ジョブ型（導入）

それぞれの特徴は以下のとおりです。

移行方法①「一国二制度」

一つめの移行方法は「一国二制度」です。

このケースでは、ジョブ型雇用とメンバーシップ型雇用が併存します。ほとんどの既存社員は従来どおりメンバーシップ型雇用に属し、中途採用で入社した一部の社員と選抜されたひと握りの社員がジョブ型雇用となります。

2つのエコシステムを併存させ、会社全体がジョブ型雇用に慣れていきながら、将来的には全社的なジョブ型雇用への切り替えを視野に置いて導入しているところが多くなっています。

一国二制度のメリットは、なんといっても既存の社員や組織に負担をかけない点です。すぐに目に見えた効果が得られるわけではありませんが、ジョブ型雇用導入の際のハードルである価値観やマインドセットを徐々に変えていくため、時間はかかりますが、全社的に移行する際のダメージを最小限に抑えることができます。また、ジョブ型雇用の受け皿が組織内にできるため、いま現在、事業に必要な高度専門人材の採用も容易になります。

一方、デメリットは小さな規模から移行をスタートさせるため、ジョブ型雇用を望む優秀な新卒者の獲得に効果があるとは限らないことです。また、パフォーマンスの低い中高年社員の問題の解決にも寄与しません。

続いて、一国二制度の2つの形態について見ていきます。

「①－a　同一法人内での一国二制度」は、同一法人内に2つの制度が併存するものです。既存社員とジョブ型雇用で採用した社員とが混在する組織運営になります。

メリットはジョブ型雇用の導入により、新たに獲得したケイパビリティの確保（高度専門人材の採用）が期待できる点です。副次的には、メンバーシップ型雇用の社員が影響を受けて、徐々にキャリア自律するような効果も期待できるかもしれません。

デメリットは一つの部門に異なる雇用区分の社員が存在し得るため、マネジメントの内容が複雑になり、管理者に負荷がかかることです。さらに、双方が同じ仕事をしている場合、ジョブ型雇用の社員のほうが高めの給与になるため、メンバーシップ型雇用の社員が不満を抱く可能性があります。また、メンバーシップ型雇用の内部公平性の呪縛に縛られ、本来のジョブ型雇用の柔軟な運用ができなくなる恐れがあります。

「①－b　別法人」は、ジョブ型雇用の対象者を別法人、すなわち〝出島〟として共存していく方法です（図表4－4）。

別法人とすることで、既存メンバーへの負担はほとんどゼロになります。また、本体のメンバーシップ型雇用とのバランスを過度に考える必要もなく、自由な人事運用が可能になるのもメリットといえるでしょう。高度専門人材の採用についても、同一法人の場合より有利かもしれません。本体のメンバーシップ型雇用のルールに縛られる心配がないからです。

図表4-4 | 企業における「出島」施策例

企業名	「出島」の名称	設立年	特徴
東芝	東芝データ（データビジネス）	2020年2月	元独シーメンス日本法人専務執行役の島田太郎氏が社長に
富士通	リッジラインズ（DX）	2020年1月	PwCコンサルティングの副代表執行役シニアパートナーを務めた今井俊哉氏が社長に
三菱商事	MCデジタル	2019年9月	デジタル戦略のさらなる強化に向けて設立された、テクノロジー子会社
住友商事	インサイトエッジ（DX）	2019年7月	元リクルートテクノロジーズの猪子徹氏が上級エンジニアに
トヨタ自動車	TRI-AD（自動運転）	2018年3月	元米グーグル自動運転車開発チームのメンバー、ジェームス・カフナー氏がCEOに
アサヒグループホールディングス	新規事業開発ラボ	2018年1月	新しい事業案の創出を目指す本社内に設置された研究所
ふくおかフィナンシャルグループ	iBankマーケティング	2016年4月	スマートフォンを利用したフィンテック事業等を行う会社
トヨタ自動車	トヨタ・リサーチ・インスティテュート	2016年1月	米国シリコンバレーを拠点とする、人工知能技術に関する先端研究等を目的とした会社
コニカミノルタ	ビジネス・イノベーション・センター	2014年2月	本社とは別に東京都内に設けられた、新規ビジネスの開発を目的とする組織

出所：日本生産性本部「イノベーションを起こすための工夫に関するアンケート報告書」（2018年）および日本経済新聞「デジタル推進「出島」に託す 富士通や東芝が専門子会社」（2020年3月9日記事）より作成

デメリットは、ジョブ型雇用の導入が本体側の組織にまったく影響を及ぼさないことです。本来は本体の組織の社員にも徐々にジョブ型雇用に慣れてほしいところですが、別法人にする方式ではジョブ型雇用に接触する機会がないからです。

移行方法②「段階的移行」

図表4－1（119ページ）で示した「③中間」の段階を経て、最終的には「⑤ジョブ型雇用」に移行していく方法です。

フロー系施策と報酬系施策のどちらを先行させるかで、方法論が違ってきます。

「②－a　フロー施策先行」は、人材フロー系（採用、配置、代謝、育成等）の施策を優先し、後から報酬系施策を導入していく方法です。まず、採用は職種別に変更します。異動については公募を中心とし、個人のキャリア意識を高めていきます。同時にPIPや退職勧奨なども行います。

こうした変化を受けて、若手社員を中心に、キャリアプランを立ててやりたいことにチャレンジする空気が徐々に広がっていきます。同時に社内に職種の意識が芽生えてくるでしょう。また、長期化している職業人生において、自らリスキルやスキルアップをしていかないと、キャリアを充実させることができないという考えも浸透していくはずです。

そして、フロー系の施策がある程度効果を上げ、社員の間にキャリア自律の意識が定着した頃合いを見て、市場価値に基づく職種別報酬制度や、現場裁量での昇給・賞与・昇格管理を始めます。

ここまで到達すると、外部労働市場とのやりとりが容易になり、人材の獲得を行いやすくなります。また、職能資格制度が存続している企業では、人材フロー系の施策を導入するタイミングで、職種共通のジョブグレードと職種共通の役割給を導入します。そして、期待されている貢献度に対する報酬という世界観に慣れてから、職種別報酬を導入する方法も有効でしょう。

フロー施策先行で、段階的に導入するプランの利点は、本質的な人材マネジメント改革を、比較的負担をかけずに徐々に行えることです。結局のところ、ジョブ型雇用に高いハードルを感じるのは、個人の意識が追い付いてこないことや、内部公平性が失われることにあります。そのストレスをなるべく発生させないために、報酬面では内部公平性を維持しながら、社内公募を中心とした本人同意の異動を実現することでキャリア自律を図り、徐々に職種やキャリアの自己選択の概念が確立されるのを待ちます。その後、職種別報酬や現場での昇給、賞与、昇格決定など、人材の獲得やリテンションに必要な外部競争力の強化施策を導入します。

この方法なら、いきなり職種別に報酬差が発生せず、自らキャリアを選ぶ機会があったうえで職種別の処遇差が発生するため、直ちに職種別報酬制度とするよりも比較的受け入れやすい面があり、移行期のショックがかなり緩和されます。

デメリットは、スピーディな変革ができないことです。変革による既存社員のハレーションを避け、自らのキャリア自律を促すために、採用、配置、代謝、キャリア形成のやり方を変え、それらの定着と浸透を先行させるため、時間がかかります。その間、外部からの人材獲得力の強化は遅れるため、差し迫った高度専門人材の確保は難しいままです。

また、人事部門には、人事運用の変革に向けて非常に大きな負荷がかかります。会社裁量の異動を原則取りやめたうえで、社内公募や本人の同意による異動、さらにＰＩＰや退職勧奨などを新たに実施するため、人事部門の組織能力の強化が早急に求められます。

フロー施策の効果は中長期的に出てくるものであり、時間がかかることもあって、成果を実感する前に改革をあきらめることになってしまう可能性も否定できません。

このやり方は、全社をジョブ型雇用に転換していく目的においては正攻法ですが、途中で投げ出さない意思の強さとともに、緊急性の高い外部人材の獲得のためには、別途の手当てを行う必要があります。

「②－ｂ報酬施策先行」は、報酬系の施策を優先し、後からフロー系施策を導入していく方法です。事業に必要な人材の獲得を優先して職種別報酬制度の導入を先行させ、フロー施策で最も重要な異動については会社裁量を当面維持し、本人同意については、後から導入するのが特徴です。

ただし、職種別の報酬となるため、フロー施策の中で最低限、職種別採用は職種別報酬と同時に導入することになるでしょう。一方、昇給、賞与、昇格等の現場への決定権の移譲については、内部公平性への配慮から、異動の本人同意と同じく、後から導入する運びになるでしょう。そのため、少なくとも初期段階においては、中央人事側がジョブ別に報酬を決めることになる可能性が高いと考えます。

この方法の利点は、事業に必要な高度専門人材の獲得力を短期間で高めることができる点です。その意味で非常にストレートな施策といえます。職種別報酬や退職勧奨の活用によって、人件費の抑制や効率のアップも期待できるかもしれません。

人事部門にとっては、当分の間、異動の権限も従来のまま保持できるため、受け入れやすい内容です。アンケート（図表４－２）で最も多くの日本企業に支持された理由の一つでしょう。

しかし、職種別報酬にはするものの、完全にキャリア自律しているわけではないため、コンフリクトが起こります。90年代以降、ジョブグレードを導入する際には、職種別の報酬差はありませんでしたが、それでも会社裁量による異動のたびに予期せぬ昇格・降格が起きるため、大きな不満とストレスとなりました。ましてジョブ型雇用では、職種別報酬になるのですから、異動のたびに報酬が変動する可能性が高く、簡単には納得を得られないはずです。

職種別報酬が成立するのは、外部にせよ、内部にせよ、職種ごとに労働市場が成立していて、自らがそれを選択するからです。日本企業は労働市場との接点が少ないため、この点に敏感とはいえません。職種別報酬と会社主導の異動を併存させた段階で、初めて気づくケースも多いと思われます。

もちろん、解雇の権限と異動の権限はセットで考えなければいけない部分があります。会社からすれば、解雇権がないまま、異動の権限は放棄できないと主張するのも理解できます。

とはいえ、最終的な権限は会社が保持するとしても、一般的な状況での異動は本人同意を原則と

図表4-5｜一国二制度と段階移行の組み合わせ

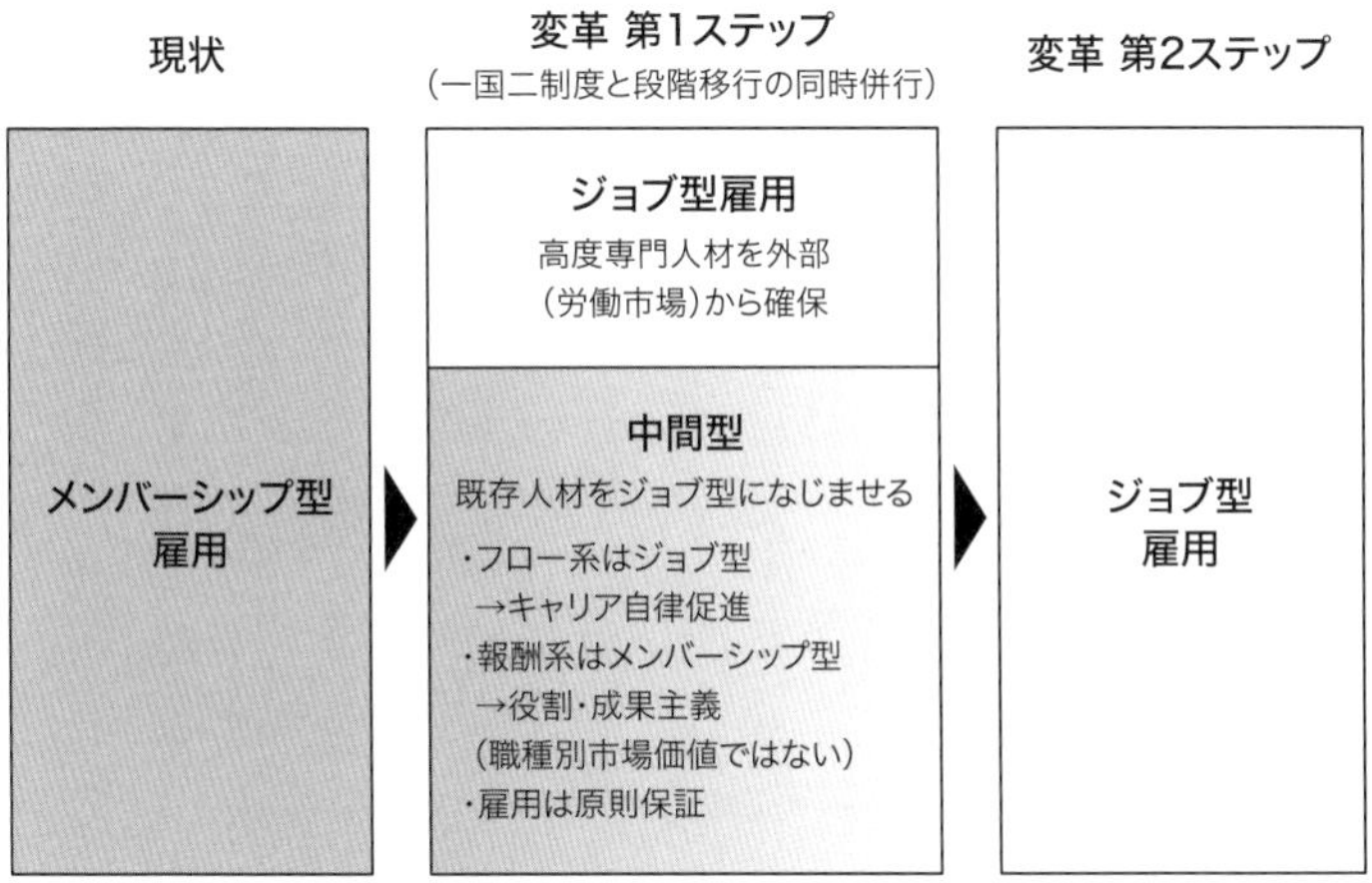

し、パフォーマンスの低い社員に対してはＰＩＰや退職勧奨で問題を解決する施策を採用しないと、職種別報酬制度に対して不満が湧き起こることは、容易に想像がつきます。

個人の同意による異動やＰＩＰ、退職勧奨がない職種別報酬の導入は難しいのです。

移行方法①＋②「一国二制度と段階的移行のコンビネーション」

なお、現実的かつ効果的な移行方法の候補として、一国二制度と段階的移行のコンビネーションも考えられます（図表４－５）。全体としては一国二制度で、ジョブ型雇用と中間型（フロー施策先行）を併存させ、段階的に全面的なジョブ型雇用に移行する方法です。

外部労働市場からの高度専門職確保に向けてジョブ型雇用の受け皿をつくるとともに、その他の一般社員向けの雇用の枠組みは中間型とし、キャリア自律度を高めるとともに、報酬ではジョブグレードを導入し、処遇を大まかには役割や貢献に見合ったものにしていきます。その後、個人のキャリア自律が進んだ段階で、職種別報酬を導入し、会社全体としてジョブ型雇用に移行するというプランです。

移行方法③「短期全面移行」

短期全面移行を実現するには、採用、配置、代謝、教育、評価、報酬等の一連の人事機能を、すべて刷新することになります。代表的な実施例は、近年でいえば、日本企業が傘下の事業をカーブアウトして外資系企業に売却したときなどで、実際に短期間でジョブ型雇用への移行が行われています。また、２０００年頃までは外資系企業でもメンバーシップ型雇用の会社が多かったのですが、その後、10年程度の間にかなり多くの企業が短期間でジョブ型雇用に移行しました。

日本企業にとってはジョブ型雇用への移行はハードルが高いと思われがちですが、このように短期間で全面移行した例もきちんとあり、既得権に対してチャレンジする覚悟があれば、できないことではありません。

ジョブ型雇用の本質は競争原理の導入

ここまで見てきたとおり、メンバーシップ型雇用とジョブ型雇用の本質的な差は、競争の有無です。

メンバーシップ型雇用では、メンバーになるために激烈な競争がありますが、一度メンバーになった後は、そこまでの激しい競争はなく、たとえ社内での選抜に負けても、ある程度は安定的な分け前をもらえる世界観です。

かたやジョブ型雇用は、個人はより良いジョブの獲得をめぐって、会社はより良い人材の獲得をめぐって、恒常的に競争が行われている世界といえます。

当面、メンバーシップ型雇用とジョブ型雇用のどちらを選択すべきかは、その会社の位置付けや事業の性質、事業戦略によって変わります。デジタル化やグローバル化によって、ビジネスモデルや製品、サービスに抜本的な変革を求められている企業群や、コア人材の流動性がすでに高まっている企業群に関しては、ジョブ型雇用が適している可能性が高いでしょう。

一方、現在でも、企業価値の源泉が品質や生産性にある企業群はメンバーシップ型雇用を継続するのも一案です。また、採用におけるブランド力や想定される生涯年収が非常に高く、毎年の新卒学生のトップ層を選抜できるような企業群ならば、ラーニングアジリティの高い社員が多く変化に対応できるため、今すぐジョブ型雇用に移行する必要性はないかもしれません。

繰り返しになりますが、ジョブ型雇用への移行を進める場合、経営者、管理者、一般社員、人事部門のマインドセットやケイパビリティのギャップを埋めることが、最も大きなハードルです。特に中高年社員には既得権があるため、変わりたくないインセンティブが存在します。これに対しては、一国二制度、段階移行、またそのコンビネーションなど、さまざまなアプローチが考えられるでしょう。

最悪のシナリオは、ハードルの高さに怯んで変われないことです。その場合、日本企業の収益性、成長性は欧米企業と比較して低いままとなり、日本としての経済成長率も伸び悩むことになるでしょう。

経済成長は資金と人材の投資でもたらされます。しかし、資金の投資についてはよく語られますが、人材の投資については流動性もなく、競争もない歪な状態が続いているにもかかわらず、関心が薄いように感じます。多くの企業にとって、個々の人材に競争を促し、流動性を高めることが成長への近道のはずです。

第5章

ジョブ型雇用に必要な人事機能変革

ここからは、ジョブ型雇用に移行するにあたっての具体的な方法について説明していきます。まず本章では、人事機能が実現すべき変革を取り上げます。

人事機能変革の4要件

ジョブ型雇用の性質を考えると、これからの人事機能には次の４つの要件が求められます。

①経営・事業運営に必要な組織能力の確保が重視されている
②個々のキャリア自律を前提とした構えになっている
③変化への対応力、すなわち問題解決能力が重視されている
④デジタルケイパビリティを活用した近代的な能力を備えている

要件①　経営・事業運営に必要な組織能力の確保が重視されている

ジョブ型雇用の強みは、労働市場を通じた人材の流入出や既存人員のリスキル・スキルアップにより、戦略の実現に必要な組織能力を確保できるところです。そのため、戦略に必要とされる機能をジョブとして定義し、労働市場において、そのジョブを遂行できる人材の獲得競争に打ち勝てる

ように、外部競争力を高める必要があります。また、社内においても優秀な人材を引き留めたり、必要な場合はリスキルやスキルアップを促したりするなどして、戦略の実現に必要な組織能力を構築していかなければなりません。

それにはまず、職種・階層別に事業に必要な要員数と現状とのギャップを明らかにし、そのギャップを埋めるために必要な人員の採用、配置、育成などの施策と方針を、ワークフォースプランとして立案する機能を強化する必要があります。

具体的なワークフォースプランは、実際に事業責任を負うビジネスリーダーが立案することになりますが、そのガイドラインを考え、全体をリードする役割として、ワークフォースプランを担当する新たな部署の設置も考えられます。

いずれにしても、ワークフォースプランは事業戦略を人材や人材マネジメントに変換する機能です。今後の人材マネジメントにおいて起点となるため、その立案・推進機能の強化が不可欠です。

―要件②― 個々のキャリア自律を前提とした構えになっている

社員の立場から見たジョブ型雇用は、本人が従事するジョブを自ら選択し、仕事を通して専門性を高め、社内外を含めて能動的にキャリア形成を行うものです。社員本人の意思でジョブを選択するので、異動は社内公募を含めて本人の同意が前提となります。

以上のことから、ジョブ型雇用においては、キャリア自律を促進する人材フロー（採用、配置、代謝）の整備が必要です。

―要件③― 変化への対応力、すなわち問題解決能力が重視されている

時代の変化が加速するとともに、各企業の戦略も急速に変化しています。しかし、急激な変化はさまざまなひずみの原因となり、問題が発生するもの。人事領域においても問題解決能力を高めてスピーディな対応が求められています。

そのためには、人事機能組織として、『HR Transformation』（邦題『人事大変革』生産性出版）の著者でミシガン大学のデイビッド・ウルリッチ博士の提唱する、以下に代表されるようなオペレーション機能の整理・拡大などが必要となります。

- 事業における人事課題の解決のためのHRビジネスパートナー（HRBP：Human Resource Business Partner）の強化
- HRBPの問題解決を支援する専門性が高い中央人事機能（CoE：Center of Excellence）の設置
- この両者を事務的なオペレーションから解放するためのシェアードサービスセンター（SSC：Shared Service Center）

ＣｏＥについては、これまで日本企業は効率を重視し、業務の重複が発生しないよう、縦割りの機能別組織としていました。しかし、戦略変化への適応や問題解決能力の向上を重視するのであれば、多少の重複を許容して、問題解決を意識した機能の設計が必要となります。例えば、経営者候補の確保を含め、事業に必要な人材開発を行うタレントマネジメントという部署を設定する場合、採用や教育関連の部署と一部機能が重複することがあるといった具合です。

―要件④―　人事部門がデジタルケイパビリティを活用した近代的な能力を備えている

人事部門にも、ＩＴを率先して活用・実装できる能力の保持が不可欠な時代になりつつあります。従来のようにシステムの仕様を考えてから開発を行っていては、経営サイドから求められるスピードについていけなくなっています。人事業務におけるテクノロジー活用が進んでいる企業においては、システムのことは情報システム部門に一任するといった取り組み方から、人事部門内にデジタル・テクノロジーのケイパビリティを持つ人材を確保するケースが増えてきています。

また、ジョブ型雇用における人事権分散化の傾向、グローバル化による日本以外の組織の拡大、Ｍ＆Ａを含む組織再編の増加トレンドを考えると、これまでのような中央人事によるマネジメントは難しくなります。そこで注目されるのが、データを人材マネジメントに活用するピープルアナリティクスです。

これは社員や組織に関するデータを収集・分析し、組織づくりに生かす手法であり、大量のデータを統計解析し、各組織の問題点や改善の方向性を探っていくため、すべての個人を知らなくても、現実に寄り添った問題解決が可能になります。

このような、新たな取り組みを進めるうえでも、人事部門のデジタルケイパビリティ（デジタル活用能力）の獲得は重要性を増すはずです。

4要件が組織にもたらす変化

図表5－1をご覧ください。ここではメンバーシップ型雇用を採用している日本企業と、ジョブ型雇用を採用している外資系企業などでの人事部門の典型的な機能を模式的に定義したものです。ジョブ型雇用の人事部門において、前出の4つの要件を満たすには、どんな役割や機能が必要になるのか、変革のポイントを探っていきたいと思います。

【要件①】がもたらす変化

まず「①経営・事業運営に必要な組織能力の確保が重視されている」という要件に対してですが、わかりやすいところでは、必要な人材と全体方針の明確化をミッションとするワークフォースプランの機能が新たに設定されます。戦略に合致した人材ポートフォリオを実現するため、事業部門に

図表5-1｜求められる人事機能の変革

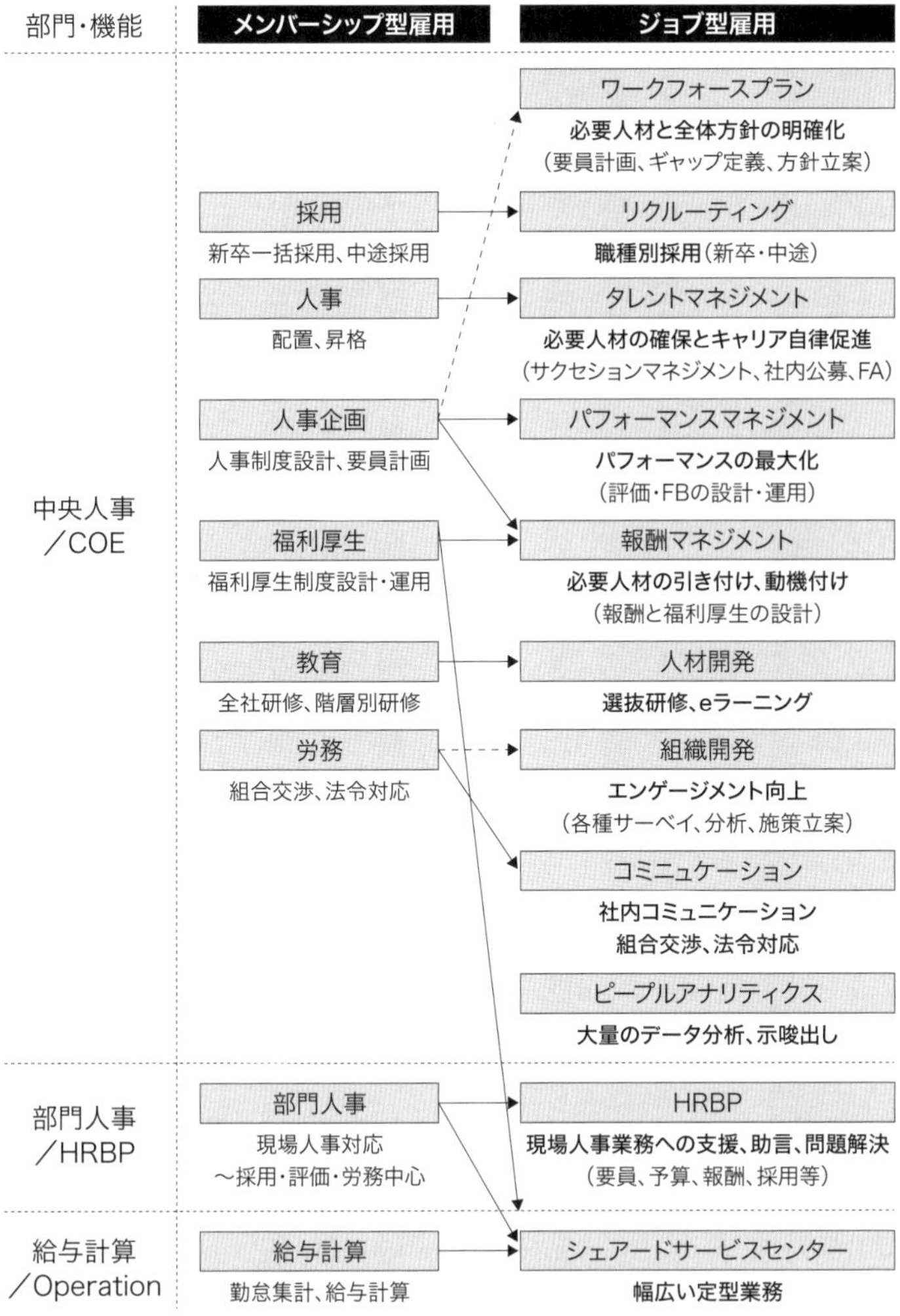
部門・機能
メンバーシップ型雇用
ジョブ型雇用
中央人事
／COE
ワークフォースプラン
必要人材と全体方針の明確化
（要員計画、ギャップ定義、方針立案）
採用
新卒一括採用、中途採用
リクルーティング
職種別採用（新卒・中途）
人事
配置、昇格
タレントマネジメント
必要人材の確保とキャリア自律促進
（サクセションマネジメント、社内公募、FA）
人事企画
人事制度設計、要員計画
パフォーマンスマネジメント
パフォーマンスの最大化
（評価・FBの設計・運用）
福利厚生
福利厚生制度設計・運用
報酬マネジメント
必要人材の引き付け、動機付け
（報酬と福利厚生の設計）
教育
全社研修、階層別研修
人材開発
選抜研修、eラーニング
労務
組合交渉、法令対応
組織開発
エンゲージメント向上
（各種サーベイ、分析、施策立案）
コミュニケーション
社内コミュニケーション
組合交渉、法令対応
ピープルアナリティクス
大量のデータ分析、示唆出し
部門人事
／HRBP
部門人事
現場人事対応
～採用・評価・労務中心
HRBP
現場人事業務への支援、助言、問題解決
（要員、予算、報酬、採用等）
給与計算
／Operation
給与計算
勤怠集計、給与計算
シェアードサービスセンター
幅広い定型業務

ワークフォースプランについてのガイドラインやツールを提供し、要員計画の立案をリードします。

また、今まで異動の権限を持ち、全社的な人のやりくりをしていた人事部人事機能は、要員計画に基づいた必要な人材の確保を主に社内から行う「タレントマネジメントグループ」に位置付けが変わります。従来の異動による要員の充足から、重要ポストを担う人材を計画的に確保するサクセションマネジメントや社内公募・ＦＡのコーディネーターにその役割が変わるのです。

リクルーティング機能にも変化が必要です。内部では確保できない人材を適宜、外部の労働市場から確保しなければならないため、職種別採用になります。これは原則として新卒も中途も同じです。そのため、これからは専門的な能力や知識、そして素養を見定めるための組織としての力を強化しなければなりません。

従来の人事企画の機能の一部を担う報酬マネジメント機能に求められるのは、確保した人材、特に高いパフォーマンスを発揮する人材に働き続けてもらうための、金銭的な観点から必要人材を引き付けたり、動機付けたりするための役割です。職種別の市場価値概念をベースにした報酬のガイドラインを現場に出すことや昇給・賞与のファンドの配分が主な仕事になります。

この機能はCompensation & Benefit（C&B）と称されることも多いのですが、その場合、人材の引き付けや動機付けのために、現金給与だけでなく、福利厚生も視野に入れて活用していくというニュアンスが含まれます。

組織開発をリードする組織の設置も、非金銭的な観点からの必要人材の引き付けや動機付けと捉えることができます。

組織開発にはさまざまな目的がありますが、その一つにエンゲージメントの向上があります。人材を引き付けるために金銭的な報酬は必要条件ですが、市場価値という概念が浸透するにつれてどの企業も同じように考えるので、差別化の要因としては不十分です。そこで、エンゲージメントの状況把握やミッション、バリューの浸透など、これまで重視してこなかった事項が重要性を増し、新たな機能の設置が必要になるのです。

従来の人事企画は報酬マネジメントとパフォーマンスマネジメントに大別されますが、これも必要な組織能力の確保の一環です。組織能力の確保を分解して考えると、人材を確保し保持する部分と人材を有効活用する部分があります。そして、後者についての工夫として、パフォーマンスマネジメントの機能がクローズアップされます。

メンバーシップ型雇用では、基幹三制度といわれる「等級」「評価」「報酬（給与・賞与）」が最も重要で不可分なしくみとして取り扱われてきました。このうち、パフォーマンスマネジメントの中心的要素である評価の目的は給与・賞与の決定であり、それゆえに極端な評価結果を避ける中心化傾向や評価が甘くなる寛大化傾向、あるいは正規分布に近づくように補正するのが常となり、目標達成に向けて動機付けを行うことや個人の能力開発を促したりする機能として、必ずしも効果的に活用できてなかったように思います。加えて、ジョブ型雇用においては、評価と報酬との結び付きは相対的に弱くなるので、人材の有効活用という意味でパフォーマンスマネジメントを強化、分離する方法がとられます。

以上のように、経営や事業に必要な組織能力を確保する面から、人事機能は新設、分割、位置付けの変更を含めて、多くの変化が必要とされます。

【要件②】がもたらす変化

要件①はどちらかというと、会社にとって有用な変化ですが、要件②の「個々のキャリア自律を前提とした構えになっている」は個人にとって利益をもたらします。

重要ポストの候補者については、タレントマネジメント機能が中心となって計画的な人材開発を進めます。しかし、基本的には個人の自律的キャリア形成により、フェアで自由な競争環境を与え、互いに切磋琢磨することで組織能力の強化を図ります。つまり、個人が自らキャリアプランを持ち、自発的にリスキル・スキルアップし、社内公募等を活用しながらキャリア形成することが重要になります。

これは個人のエンプロイヤビリティを高めるため、会社に万が一のことがあっても、外部に活躍の場を求めやすくなるなど、個人のセーフティネットとしても重要な施策です。

これまで狭義の人事機能では配置・異動を管理してきましたが、ジョブ型雇用のシステム下では、キャリア自律を後押しする機能を強化したタレントマネジメントグループに変わる必要があるのです。

また、要件①の影響による変化でも述べましたが、要件②の観点からも職種別のリクルーティング、報酬マネジメントは必須です。個人がキャリア自律するためには、外部労働市場と接する必要があるからです。

【要件③】がもたらす変化

要件③の「変化への対応力、すなわち問題解決能力が重視されている」も、人事機能に大きな変化をもたらします。権限移譲とそれに伴うHRBP（部門人事）の設定・強化です。実際には現場の部門人事をBPとするケースと、部門人事とCoE（中央人事）をつなぐ役割としてHRBPを設定するケースがあります。

人事において、重要かつ頻度が高い困りごとは「現場に必要な人材が足りない」「人が辞めてしまいそうだ」という人材確保の問題ではないでしょうか。メンバーシップ型雇用ではこのような状況になかなか有効な手立てがありませんでした。現場には、要員数や人件費を計画する権限がなく、報酬を決定することもできません。一方、それができるはずの中央人事では、そもそも問題を認識して、個別に解決することが難しかったからです。

この状況を解消するため、ジョブ型雇用では、要員や人件費の計画を策定することや、昇給・賞与・昇格などの権限をビジネスサイドに委譲することになりますが、それを単に現場に放り投げるのは現実的ではありません。そこでHRBPの登場です。HRBPは事業の状況を理解しながら、

図表5-2　SSCの機能拡大ポイント

オペレーション能力向上のためのSSCの設置、改善、機能拡大に取り組む企業が増えている。
図中の［網掛け］は従来の中心領域。

出所：Mercer US「Mercer HR service delivery model best practices」(2017年)

ビジネスリーダーを助け、要員計画、人件費予算、昇給・賞与・昇格決定、タレントレビュー（208ページ）と計画的な育成、パフォーマンスマネジメントの改善、採用のコーディネーション、労務対応を通じて、人事の領域における現場のさまざまな問題を解決に導く役割を担います。そのためジョブ型雇用では、HRBPが非常に重要な役割と認識されています。ちなみにCoEは専門的知見やガイドライン・ツールの提供を通じて、事業における人事的な意思決定や運営を助けます。

この10年間、多くの日本企業でHRBPが設置されてきましたが、効果的に機能したケースはあまり多くありませんでした。それも当然のことで、事業側に十分な権限が与えられないまま戦略的なパートナーとして振る舞えといわれても、現実的には打ち手が限られたからです。採用や評価運用のコーディネーション、労務的なトラブルの解決など、関わることのできる領域が限られてしまっていたという背景があるからなのです。

「要件①〜③」が共通してもたらす変化

要件①〜③を通じて、もう一つもたらされる変化として挙げられるのは、オペレーション機能の拡大と強化です。ＣｏＥやＨＲＢＰはそれらの機能の再整理や強化が求められているわけですが、現実には緊急性の高いオペレーションに追われて、重要性の高い業務にまで手が回らないことがままあります。この問題の解消に向けて、オペレーション能力の強化を目的としたＳＳＣの設置、機能拡大を図ります（図表５－２）。

勤怠管理、給与計算、福利厚生と周辺のシステム運用に関しては、これまでもＩＴ化やサードパーティの活用を含めて効率化されてきましたが、近年は社員からの問い合わせ対応や人材マネジメントに関する問題の発生を捉えるためのアナリティクス（継続的なデータ取得、モニタリング、分析）やＳＳＣ自体の改善など、ＳＳＣの機能拡大がトレンドになっています。

【要件④】がもたらす変化

要件④の「人事部門がデジタルケイパビリティを活用した近代的な能力を備えている」という

要件は、図表5－1（147ページ）のすべての機能で満たされていなければなりません。

例えば、「より正確なワークフォースプラン」「トップマネジメント候補を輩出するための効率の良いサクセションマネジメント」「より高いパフォーマンスを誘引するパフォーマンスマネジメント」「リテンション（離退職）リスクを察知し対応する報酬マネジメント」など、デジタルケイパビリティの活用によって、よりレベルの高い人材マネジメントが可能になります。

デジタルケイパビリティを強化するには2つの要諦があります。一つは業務自体のデジタル化を進め効率化を図るとともに計画的なデータ蓄積を図ることです。もう一つはその活用技術の向上です。この活用技術の強化は、大量データの分析、そこからの課題抽出や課題構造の明確化等の示唆出しを行う、ピープルアナリティクス機能の強化に他なりません。

人事機能変革の要点

ここまで見てきた人事機能に求められる変革をまとめると、図表5－3のようになります。

メンバーシップ型雇用との違いで見ると、まずワークフォースプランと組織開発の機能が追加されます。ジョブ型雇用では事業に必要な組織能力を確保するための要員計画が重要です。また、会社も個人から選ばれる立場となり、エンゲージメントが今まで以上に大事になることから、機能を

図表5-3 | 人事機能変革のポイント

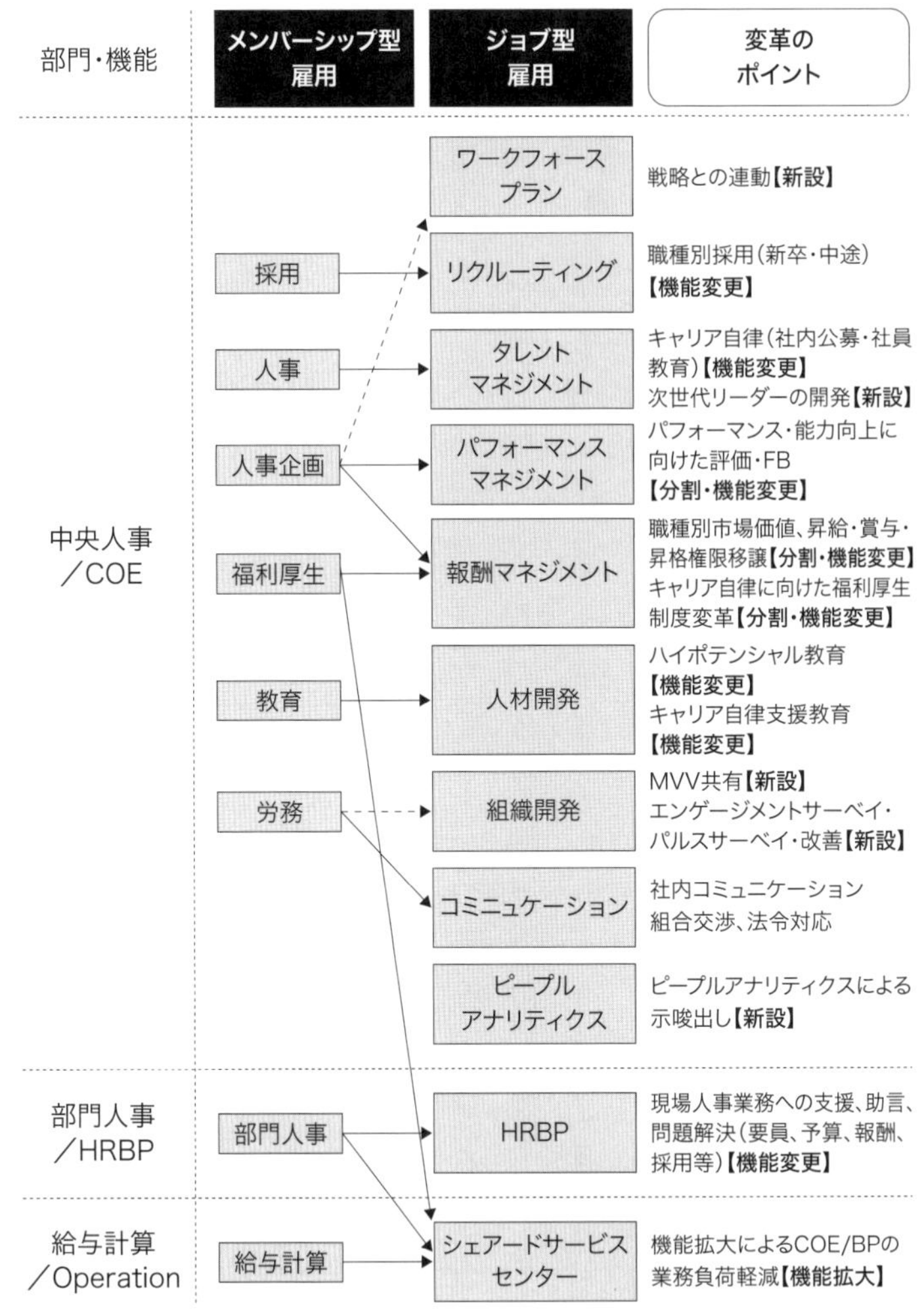
部門・機能
メンバーシップ型雇用
ジョブ型雇用
変革のポイント
中央人事／COE
採用
人事
人事企画
福利厚生
教育
労務
ワークフォースプラン
戦略との連動【新設】
リクルーティング
職種別採用（新卒・中途）【機能変更】
タレントマネジメント
キャリア自律（社内公募・社員教育）【機能変更】
次世代リーダーの開発【新設】
パフォーマンスマネジメント
パフォーマンス・能力向上に向けた評価・FB【分割・機能変更】
報酬マネジメント
職種別市場価値、昇給・賞与・昇格権限移譲【分割・機能変更】
キャリア自律に向けた福利厚生制度変革【分割・機能変更】
人材開発
ハイポテンシャル教育【機能変更】
キャリア自律支援教育【機能変更】
組織開発
MVV共有【新設】
エンゲージメントサーベイ・パルスサーベイ・改善【新設】
コミュニケーション
社内コミュニケーション
組合交渉、法令対応
ピープルアナリティクス
ピープルアナリティクスによる示唆出し【新設】
部門人事／HRBP
部門人事
HRBP
現場人事業務への支援、助言、問題解決（要員、予算、報酬、採用等）【機能変更】
給与計算／Operation
給与計算
シェアードサービスセンター
機能拡大によるCOE/BPの業務負荷軽減【機能拡大】

独立させます。

リクルーティングとタレントマネジメントについては、これまでも類似する機能はありましたが、会社と個人が対等な関係になり、キャリア形成の主体が個人に変わるため、ミッションや主要業務もキャリア自律を前提としたものに大きく変わります。

報酬マネジメントとパフォーマンスマネジメントは、メンバーシップ型雇用における人事企画を分割してつくられます。ここでも人材の流出入が関係しますが、報酬マネジメントは職種別の市場価値で決まる側面が強くなるとともに、人材確保、人材保持のために現場の決定権を強める方向に大きく機能が変わります。逆に、昇給・賞与と評価の結び付きが緩やかになるため、個々の社員のパフォーマンスや能力向上の誘引のために、パフォーマンスマネジメントの機能を独立させます。

人材開発機能はキャリア自律機能を強化するために、本人の自発的な受講意思を尊重するeラーニングや、次世代リーダー育成のための選抜研修が主となるため、こちらも中心的な機能が変わります。

コミュニケーション機能は単に組合との交渉をするというよりも、大きな人材マネジメント変革をうまく個人に伝え、リードするという機能も加わります。

そして、最も役割の変化が大きいのはＨＲＢＰかもしれません。メンバーシップ型雇用は内部公平性が重要であり、中央管理が基本となりますので、ＨＲＢＰはＣｏＥの出先機関的な意味合いが強くなります。結果として採用のコーディネーションや評価の運用、個別の労務問題の対応が業務

図表5-4 ｜ 人事部門とマネジャーの役割分担

各役割	人事部門に求められる業務 (≒ガイド・アドバイス)	マネジャーに求められる業務 (≒決定)
要員と人件費管理	・要員計画、人件費管理のガイドラインを設計 ・システム／テンプレートを準備 ・各種アドバイス	・事業計画の一部として、職種×キャリアレベル別に要員計画を立案 ・個人別に適切な報酬を仮置きし、人件費予算を設定
採用	・採用プロセスおよびインタビューガイドラインの策定	・ジョブの定義 ・価値観、コンピテンシー、専門能力に関する構造的インタビュー
配置	・ジョブを定義する上でのガイドライン設計およびアドバイス ・インタビューガイドラインの設計およびインストラクション	
評価(PM)	・カスケードや能力開発目標を設定するためのガイドラインの準備およびインストラクション	・目標設定領域の課題(レバレッジポイント)定義や関係者の役回りの定義 ・部下のキャリア・能力上の課題の定義
報酬	・職種別報酬制度の設計、システム／テンプレート準備 ・昇給、賞与、昇格決定にまつわる基本ガイドライン準備 ・昇給・賞与ファンド設定 ・各種アドバイス	・昇給、賞与、昇格の部門内の運用ガイド策定 ・ファンド内で昇給・賞与・昇格の決定
教育	・コーチングガイドライン準備およびインストラクション	・能力向上・キャリア開発のためのコーチング
退職	・PIP・退職勧奨ガイドライン準備	・パフォーマンス上の課題の定義 ・モニタリング・コミュニケーション

のほとんどを占めていたと思います。しかし、今後は人事部門とマネジャーの役割分担が変わり、権限が現場に移譲されるとともに、HRBPの支援範囲が広がります。要員計画、人件費予算、タレントマネジメント、報酬マネジメント、パフォーマンスマネジメントなど、すべて現場が決めることになるので、HRBPはそのガイドやアドバイス、場合によっては作業支援なども含めた、人事の重要な意思決定に大きく関わることになります（図表5－4）。

オペレーションの変化に関しては、SSCの機能拡大に尽きます。CoEにしてもHRBPにしても、現在は日々発生する内部手続きやオペレーショナルな問題の解決などに奔走しており、本来求められている事業に寄与するHRの役割を果たすのは難しいのが現実です。そこで彼らが本来の仕事に専念できる時間を捻出するため、SSCでは従来の勤怠管理や給与計算、福利厚生の窓口業務に限らず、幅広い社員からの問い合わせへの対応、基礎的なアナリティクス、SSC自体の自律的な改善など幅広い機能を担うことが望まれます。

全般的なデジタル技術の導入と活用も非常に重要です。どのような分野にしても、データを参照しながら、ファクトに基づいた分析を行い、課題を特定して施策に結び付けることが、物事の改善につながります。この一連の活動の中核となるのがピープルアナリティクスのケイパビリティです。このケイパビリティは現状では希少で専門人材の確保が難しく、個別人事機能への配置は難しそうに思えます。独立機能として設置し、ナレッジを集中化することで能力強化を図りながら、各機能をサポートする方法が効果的かもしれません。

自らの足と目で現場を知ることによる人事が大事なのはもちろんですが、事業地域や事業範囲が拡大傾向にあり、個の多様化が進む今日、それだけでは対応が難しく、デジタル技術の活用が有効となる局面が増えているのです。

第6章

ジョブ型雇用の施策コンセプト

この章では、ジョブ型雇用を実現するために重要な機能領域ごとに、必要とされる代表的な施策とそのコンセプトを紹介します。さらに、施策実行時の実務的なポイントについても触れるため、経営者にとっては自身の範疇を超えた内容も含みますが、現場担当者との間に共通言語を持つ意味においても、概要を把握しておきましょう。

section1

ワークフォースプランニング

ワークフォースプランニングは戦略と人事の結節点であり、「経営や事業に必要な要員を明らかにしたうえで、各種人事施策・方針を立案する」ことです。効果的なワークフォースプランニングの実現には、あるべき姿と現実のギャップを明確にし、その差を埋める施策を統合的に考えなければなりません。この機能は、メンバーシップ型雇用の中ではあまり重視されてこなかったので、ジョブ型雇用実現に向けて、何をしなければならないのか、その全体像を捉え直す必要があります。

ここでは中期のワークフォースプランニングである「人材ポートフォリオ分析と施策方針の立

図表6-1｜あるべき人材ポートフォリオを実現するための施策群

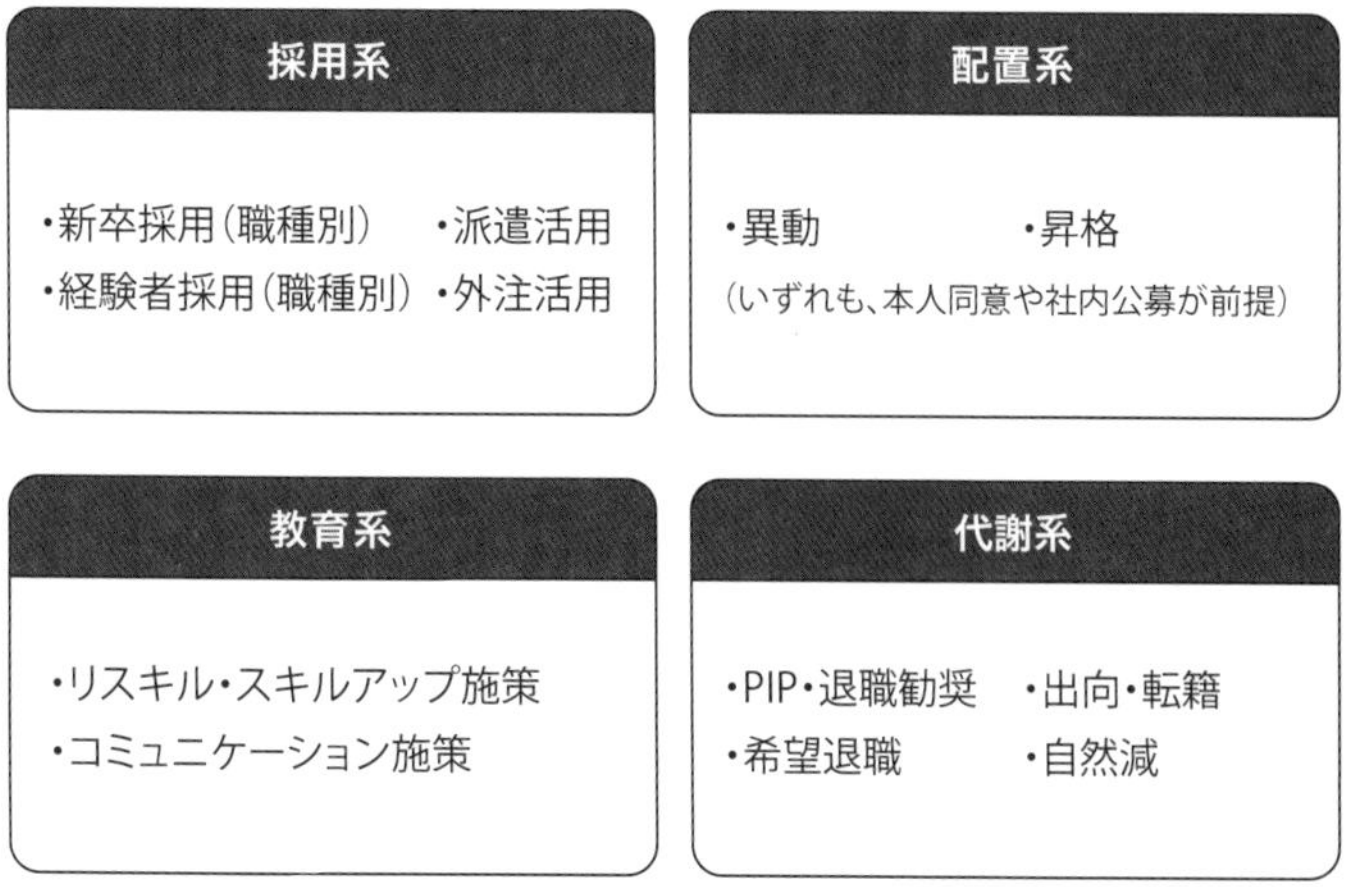

採用系
・新卒採用（職種別）
・派遣活用
・経験者採用（職種別）
・外注活用
配置系
・異動
・昇格
（いずれも、本人同意や社内公募が前提）
教育系
・リスキル・スキルアップ施策
・コミュニケーション施策
代謝系
・PIP・退職勧奨
・出向・転籍
・希望退職
・自然減

案」と、ビジネスプランの一環として毎年作成する「短期の要員計画・人件費予算」について、そのコンセプトを説明します。

中期的な人材ポートフォリオのギャップ分析と人事戦略の立案

中期的な人材ポートフォリオ分析は中期経営計画の一環です。中期経営計画の達成に必要な人的資源を確保するための人事戦略立案のプロセスであり、多くの場合は3~5年程度先を見据えて分析を行います。人の流出入が前提となるジョブ型雇用を効果的に機能させるために、非常に重要なプロセスです。

必要な人材を短期間に外部から確保しようと思っても、必ずしも充足できるとは限りません。そこで、確保しきれなかった分を、既存社員のリスキルやスキルアップで補うケースもありますし、余剰が生じる場合には、数年間という時間をかけて、要員数を減らす必要があるかもしれません。

そうした対策を適切に行うには、中期的な視野で人材ポートフォリオの状況を把握する枠組みを設定し、戦略から導き出された将来的に必要となる要員数と現状の要員数の差を確かめ、この差を埋めるために必要な施策の組み合わせやアプローチを定義していきます。

具体的な手段としては、図表6-1のような採用系、配置系、教育系、代謝系といった施策を組み合わせて、人材ポートフォリオのギャップを埋めていくことになります。

ステップ1　枠組みの設定

人材ポートフォリオのギャップ分析ではまず、要員の過不足を把握するための枠組みを設定します。通常、横軸に「職種」、縦軸に「職位レベル（≒ジョブグレード）」（186ページ参照）に基づく階層を設定し、図表6-2のような碁盤上のマス目を用意します。

横軸の職種は、仕事に必要とされる専門の能力や知識を類似性の観点から分類したものです。一般的には、個々人がキャリア形成をする領域で、大まかに定義することも、細かく定義することも可能です。

図表6-2｜人材ポートフォリオ分析の枠組み

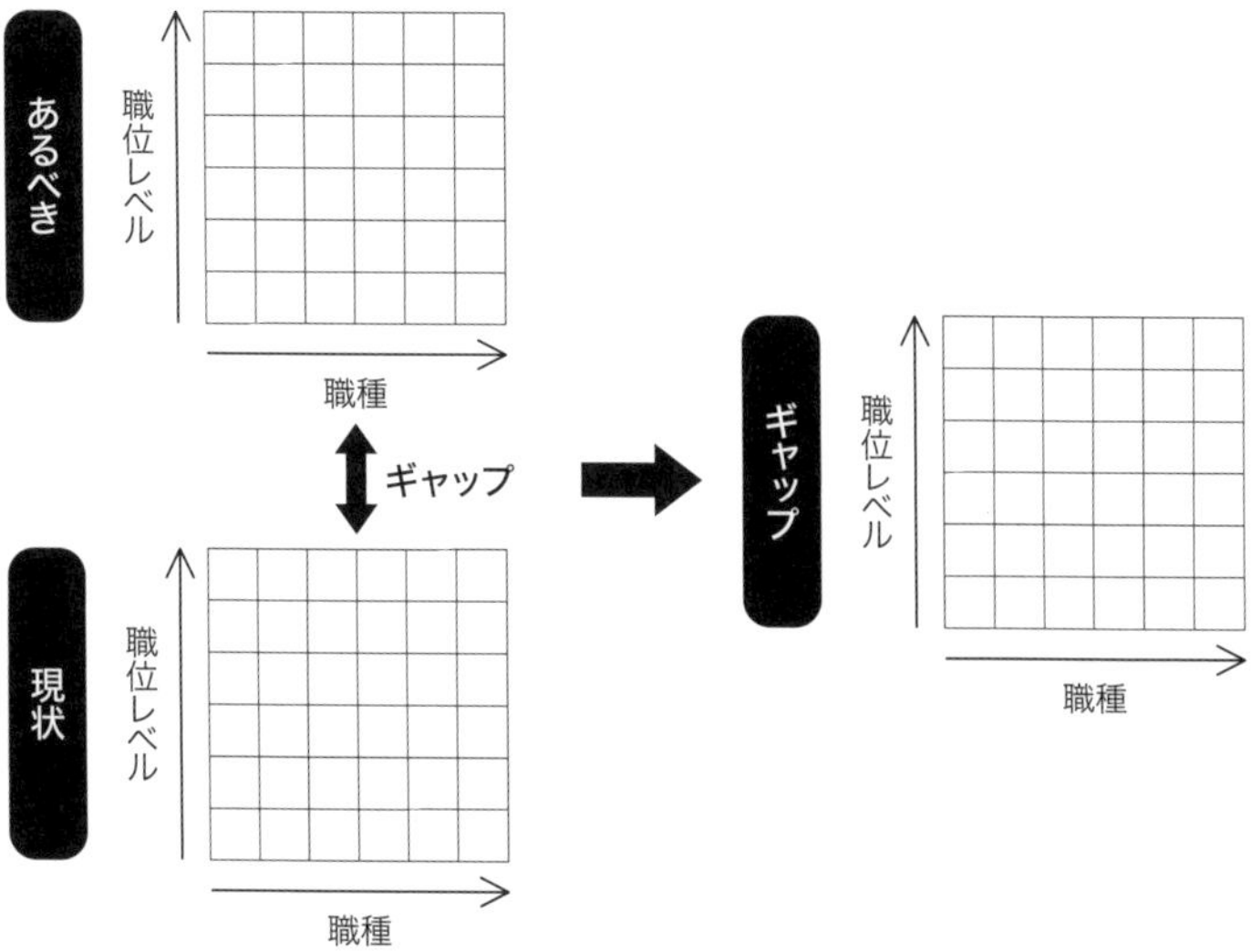

図表6-3｜職種・職位レベル・ジョブの関係

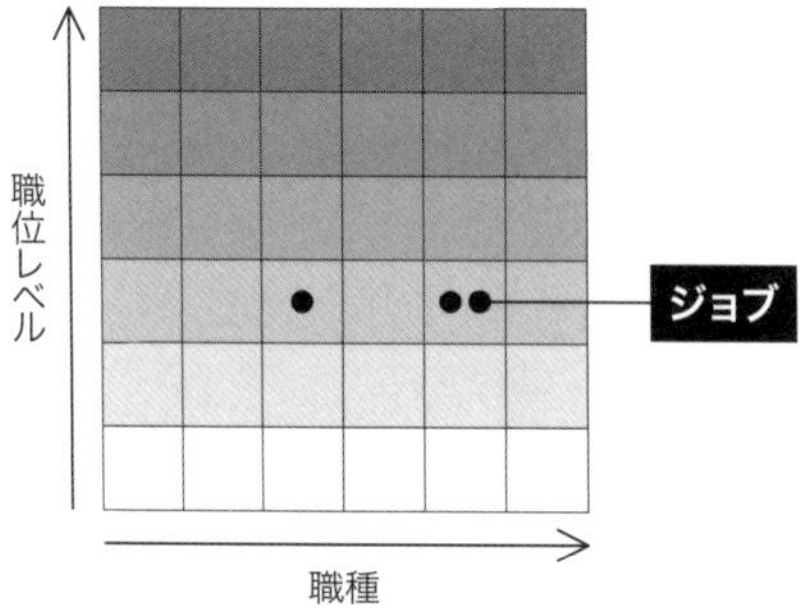

この枠組みの中で、一つひとつのマス目はジョブと捉えることができます。ただし、職種を大まかに分けている場合は、図表6‐3のように一つのマス目に複数のジョブが存在する場合や、反対にジョブが存在しない場合もあります。一方、縦軸と横軸を限りなく細かく分けていくと、マス目とジョブは基本的に同じものを指すことになります。

職種（横軸）も職位レベル（縦軸）も、会社独自の基準で設定することは可能ですが、施策の立案上、各マス目やジョブと市場価値を結び付けられるほうがいいため、両軸共にコンサルティング会社が提供するマーケットデータの体系との整合性を考慮して、策定するのがいいでしょう。

例えば、マーサーにおいては「ジョブ・ライブラリー」（図表6‐4）として、職種が体系化されており、その枠組みの中で2万6054のジョブが定義されています（2021年3月時点）。職種はジョブファミリー、サブ・ジョブファミリー、スペシャライゼーションの3つのレベルで整理されており、ジョブファミリーレベルは、財務、人事、IT、法務、マーケティング、営業など大機能レベルで約30種類。サブ・ジョブファミリーレベルは、人事であれば、報酬、採用、人材開発など中機能レベルで約10種類あります。そして、スペシャライゼーションはそれらをさらに細かく分類したもので、トータルで約2800種類存在します。

一方、縦軸の職位レベルは、キャリアストリームとキャリアレベルからなります。キャリアストリームとは、エグゼクティブ、マネジメント、プロフェッショナル、パラプロフェッショナル（サポート）という区切りで、キャリアや役割の大きな類型を示すものです。また、各キャリアスト

図表**6-4**｜職種の体系

ジョブファミリー
（全32種）
大機能レベル
Administration, Facilities & Secretarial
Communications & Corporate Affairs
Creative & Design
Customer Service
Data Analytics/ Warehousing
Engineering & Science
Finance
General Management
Human Resources
IT, Telecom & Internet
Legal, Compliance & Audit
Production & Skilled Trades
Project/Program Management
Quality Management
Sales, Marketing & Product Management Management
Supply Chain
サブ・ジョブファミリー
（全230種）
中機能レベル
Human Resources Generalists
Mobility
Compensation & Benefits
Human Resources Operations
Payroll
Employee/Labor Relations & Diversity
Talent Acquisition
Talent Management & Organization Development
Training & Development (Internal)
スペシャライゼーション
（全2,834種）
小機能レベル
Compensation
Executive Compensation
Benefits
Total Rewards
Work/Life & Wellness
Health & Welfare Benefits
Absence/ Leave Management

出所：マーサー「ジョブ・ライブラリー」

リームは、それぞれが4～6段階のキャリアレベルに分かれ、各キャリアストリームにおけるキャリアレベルの数をすべて合算すると20となります（図表6－5）。

キャリアレベルとは「あるキャリア（≒同じ職種）における役割の大きさのレベル付け」ということもできますし、「あるキャリア（≒職種）におけるキャリア到達度」を示すものともいえます。

マネジメント職でいえば、チームリーダー、マネジャー、シニアマネジャーというラダー（はしご）であり、プロフェッショナル（総合職）でいえば、エントリー、エクスペリエンスド、シニア、スペシャリスト、エキスパート、プレエミネントというラダーになります。なお、職務評価を行うことで、それぞれのキャリアストリームにおけるキャリアレベルの相対的な位置付けを明確にすることができ、例えば、マネジャーとスペシャリストの役割の大きさは概ね同様になります。イメージ的には、日本でいう「職層」、つまり、経営職層、管理職層、監督職層、一般職層と考えるとわかりやすいかもしれません。より厳密にいうと、それぞれの職層をさらに2～3段階分けたものがキャリアレベルのイメージに近く、部下を持たない専門職でもその価値が高い場合は、管理職層、経営職層のキャリアレベルに位置付けられることがあります。

個々のジョブは「職種（２８３４スペシャライゼーション）×職位レベル（20キャリアレベル）」のマス目のいずれかに位置付けられますが、ある職種と職位レベルの組み合わせではジョブが設定されないケースもあるため、トータルで2万６０５４種類となります。

これらの整理された職種、職位レベル、ジョブの体系をマーサーではジョブ・ライブラリーと

図表6-5 | 職位レベルの体系

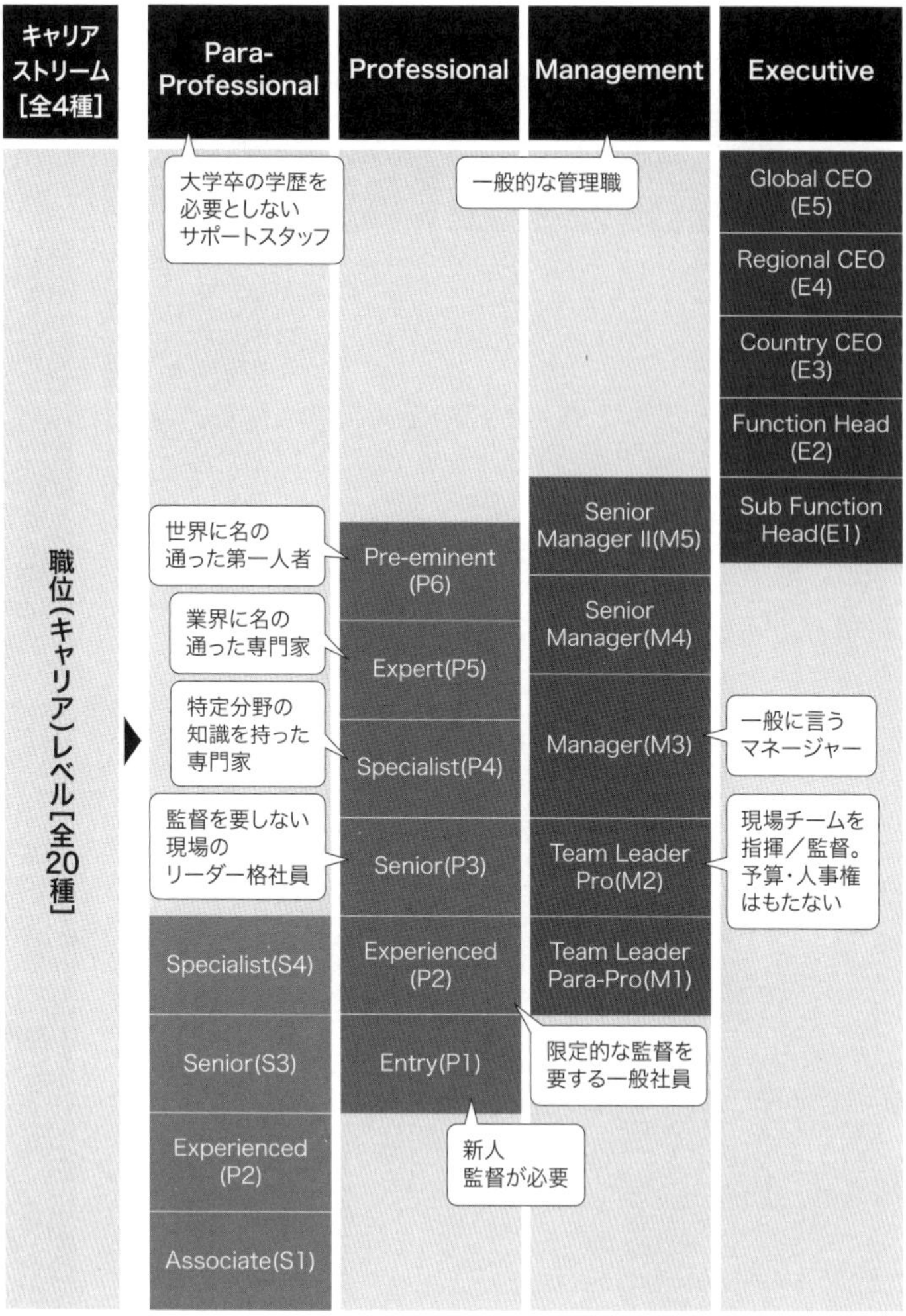
キャリアストリーム[全4種]
Para-Professional
Professional
Management
Executive
職位(キャリア)レベル[全20種]
大学卒の学歴を必要としないサポートスタッフ
一般的な管理職
Global CEO (E5)
Regional CEO (E4)
Country CEO (E3)
Function Head (E2)
Sub Function Head(E1)
Senior Manager II(M5)
Senior Manager(M4)
Manager(M3)
Team Leader Pro(M2)
Team Leader Para-Pro(M1)
世界に名の通った第一人者
Pre-eminent (P6)
業界に名の通った専門家
Expert(P5)
特定分野の知識を持った専門家
Specialist(P4)
監督を要しない現場のリーダー格社員
Senior(P3)
Experienced (P2)
Entry(P1)
一般に言うマネージャー
現場チームを指揮／監督。予算・人事権はもたない
Specialist(S4)
Senior(S3)
Experienced (P2)
Associate(S1)
限定的な監督を要する一般社員
新人
監督が必要

図表6-6 | マーサーの職位レベルを簡易化（例）

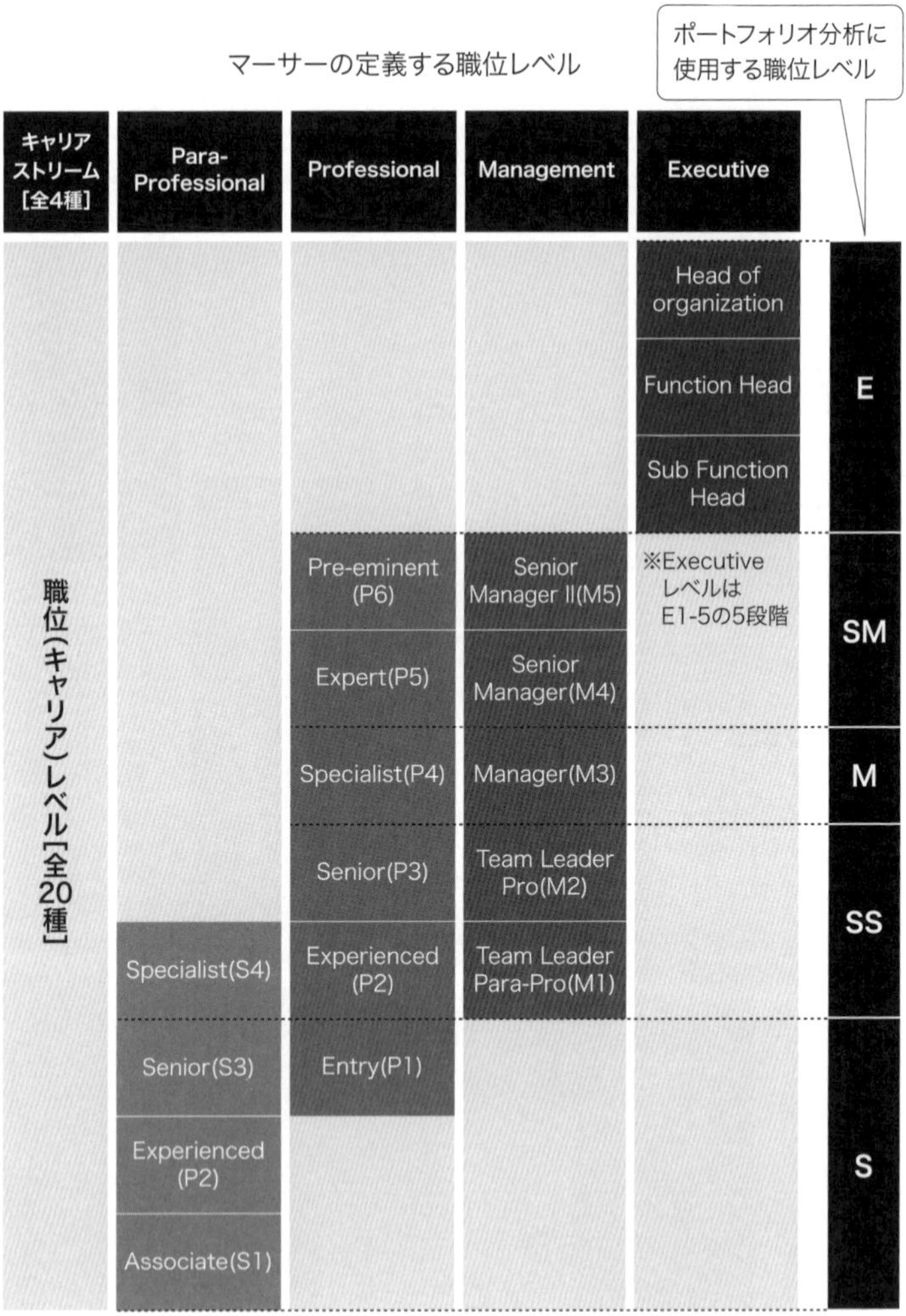

ポートフォリオ分析に

キャリアストリーム［全4種］	Para-Professional	Professional	Management	Executive	
職位（キャリア）レベル［全20種］				Head of organization	E
				Function Head	
				Sub Function Head	
		Pre-eminent (P6)	Senior Manager II(M5)	※Executive レベルは E1-5の5段階	SM
		Expert(P5)	Senior Manager(M4)		
		Specialist(P4)	Manager(M3)		M
		Senior(P3)	Team Leader Pro(M2)		SS
	Specialist(S4)	Experienced (P2)	Team Leader Para-Pro(M1)		
	Senior(S3)	Entry(P1)			S
	Experienced (P2)				
	Associate(S1)				

呼び、個々のジョブに対して、標準的なジョブディスクリプション、標準的な職務評価結果（役割の大きさ）、労働市場における報酬水準データ、必要なコンピテンシーや知識が規定されており、ジョブ型雇用のプラットフォームとして用いることができます。

なお、実際にポートフォリオ分析にマーサーのジョブ・ライブラリーを使用する際は、ジョブ・ライブラリーで規定されている職種、階層レベルをそのまま使用すると細かくなり過ぎるため、職種も職位レベルもグループ化して区分数を減らし、シンプル化した枠組みで分析を行うことをおすすめします（職位レベルのグループ化の例として図表6－6）。

ステップ2　あるべき要員数の定義

次に3～5年後のあるべき要員数を定義します。

はじめに中期経営計画の全体像を確認しながら、必要な情報を抽出・整理します。最終年度の既存ビジネス、新規ビジネスの収益規模などの主要財務目標、そしてその目標を達成するための鍵となる機能や組織を定義するとともに、各組織における課題を明確にします。

例えば、従来BtoBのビジネスを営んでいた企業が事業領域の変更を行って、BtoCビジネスへの参入を考える場合には、自社に存在しない消費者向けのセールスマーケティング能力をどう獲得していくのかが課題となるでしょう。

続いて必要な人材の量的・質的なあるべき姿を定義します。量的な面では、部門別・職種別・職位レベル別に中期経営計画の実現に必要な大まかな要員数を算定します。算定の手法は事業や機能によって異なりますが、例えば、BtoC向けに新たにセールス機能が必要になった場合であれば、想定される収益規模の実現に必要な代理店数や小売店数を推定したうえで、一人当たり担当可能な店舗数を仮置きし、セールスの人数を算定するといった手法が考えられます。

同様に、それぞれの部門や職種でミッション達成のためのドライバー（前述の例であれば、収益規模、代理店数、小売店数）を考察し、将来のあるべき人員数を算定していきます。また、上級管理職を中心とした組織のラインマネジャーについては、多くの場合、想定される組織に必要なマネジメントポジション数を概算し、必要な人員数とします。

要員数だけでなく、質的な変化も定義する必要があります。販売チャネルのうち、特にオンライン販売を強化するのであれば、小売業界やECビジネスに習熟したセールスマネジャーと、オンラインマーケティングや統計データ解析スキルを備えたマネジャーを確保しなければなりません。機能やミッションによって求められるスキルはさまざまですが、量的な観点だけではなく、質的な観点からの定義も非常に重要です。

ステップ3　現状要員数の定義

次のステップは、現状の把握です。部門、職種、職位レベル別に人材ポートフォリオ分析をする場合、それほど難しくないはずです。ただ、気をつけるべき点が2つあります。

一つは、一人が複数の職種に従事できる場合です。現在、中心的に担っている職種でカウントするのが一般的ですが、もっとも希少性の高い職種でカウントする方法や、個人の希望に沿った職種でカウントする方法もあります。ただ、人材ポートフォリオ分析で算出するギャップは今後の中長期の大方針設定のためのものであり、非常に高い精度が求められるわけではありません。また、現代の変化の速さを考えると不確定要素も多く、なおさら微細な精度を求めても仕方がない面もあります。厳密性にこだわり過ぎず、現実的でわかりやすいルールを決めればよいでしょう。

もう一つは、分析の実務として、単純に「現状の要員数」をそのままベースとしてしまっていいのかという問題です。経験則でいうと、ひと手間加えるほうがベターです。

というのも、現状の要員数には、定年退職者などこれから確実に辞める人も含まれています。そのため、単純にあるべき要員数から現状の要員数を差し引くと、差し引き後のギャップが少なめに見えてしまう可能性があります。また、今後、数年間で能力向上が図られ、上の階層に昇格する人数が反映されていないという問題も発生します。

これらを踏まえると、現状の要員数をベースとしつつ、退職トレンドと昇格トレンドが持続する仮定の下で、比較する年度における「成り行きの人数」を算出して、あるべき要員数とのギャップを出すのがいいでしょう。もちろん、これからの退職者数や昇格者数もゼロベースで検討する場合は、あるべき要員数から現状の要員数のギャップを施策立案のベースとしてかまいません。

ステップ4　ギャップ分析と施策方針の立案

このステップでは、あるべき要員数と現状の要員数の差を、どのように解消するか検討します。「セールスマネジャーが○○人、マーケティングスタッフは△△人が量的に不足していて、なかでもECビジネスを構築する能力、オンラインでのマーケティング能力、データ解析スキルを持つ人員を獲得する必要がある」といったように、ギャップ分析は量的・質的の両面から行います（図表6-7）。

そして、そのギャップをどのように補填していくかについて、リクルーティングや人材開発担当などの専門家の力を借りながら、3~5年のスパンで施策を検討します。ギャップを埋めるためにとられる施策は、163ページ（図表6-1）と同様に、以下のいずれかになります。

採用系：新卒採用（職種別）、経験者採用（職種別）、派遣活用、外注活用
配置系：異動、昇格（本人同意や社内公募が前提）
教育系：リスキル・スキルアップ施策、コミュニケーション施策
代謝系：PIP・退職勧奨、希望退職、出向・転籍、自然減

図表6-7｜人材ポートフォリオにおけるギャップ分析イメージ

人材ポートフォリオのAs-IsとTo-Be

現状

	IT	事業開発	オペレーション
部長レベル	1	1	10
課長レベル	5	3	100
一般	30	20	400

あるべき

	IT	事業開発	オペレーション
部長レベル	3	3	5
課長レベル	15	10	80
一般	80	30	300

ギャップ分析(＝あるべき－現状)

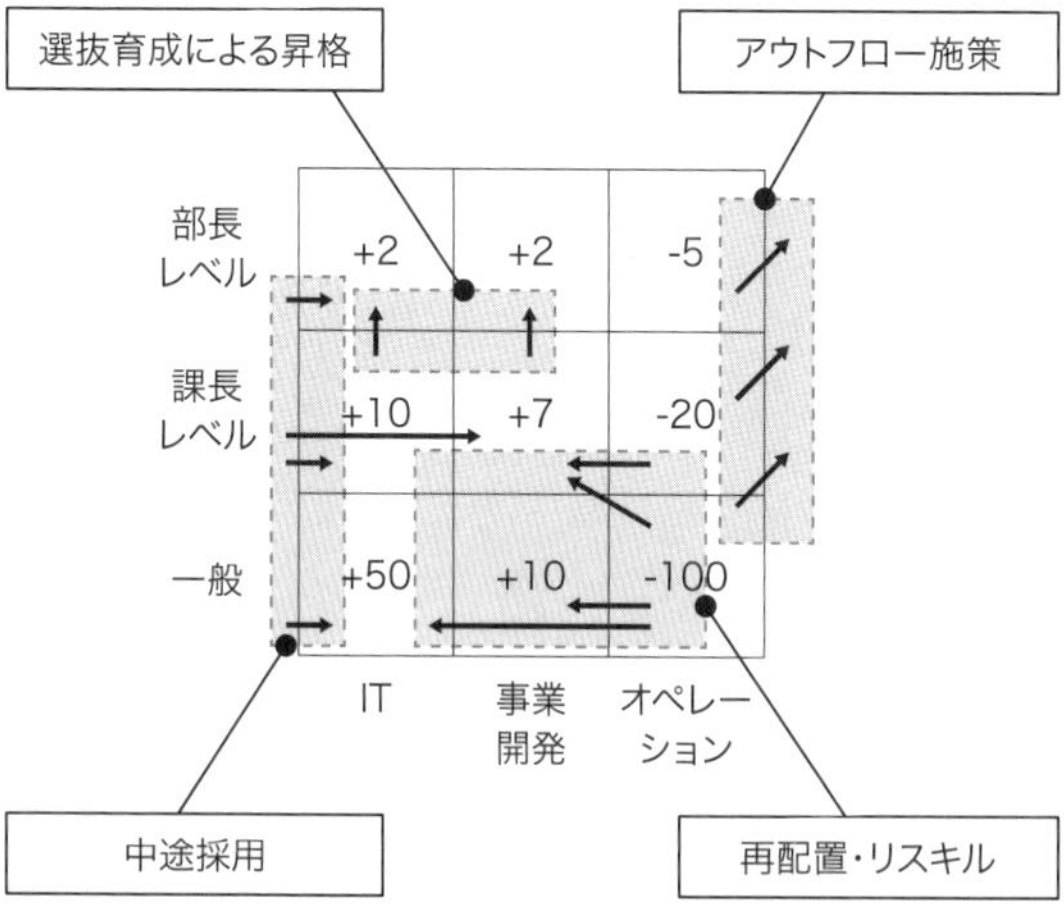

この他、人材確保やリテンションを目的として、報酬施策を検討することもあります。

要員の不足に対しては基本的に採用系の施策を実施しますが、状況によって対応が変わってきます。例えば、必要な人材群については継続的に採用を行っていきますが、デジタル関連やグローバル関連の業務については十分な人数を採用できないケースが多いと思われます。そのような場合は、中核になる人材を採用し、そこに社内からラーニングアジリティが高い若手の人材を、本人同意のうえで配置する方法が考えられます。

必要なタレントをどうしても採用できない場合や短期的な業務の場合は、派遣社員や外注の活用も選択肢になります。

また、全体の要員には余剰があるものの、一部の職種では大幅に要員が不足する場合、配置系、教育系の施策を組み合わせて対応する方法があります。余剰している職種の要員をリスキル・スキルアップして、不足している職種に配置換えするのです。

例を挙げると、これまで製品別の営業中心だった会社が、統合的なソリューション営業を主体とする会社に変革するようなときは、リスキルプログラムを実施して、再配置する方法が考えられます。また、メンバーシップ型雇用からジョブ型雇用に変革する企業では、強力なＨＲＢＰを多数そろえる必要がありますが、ビジネス部門や人事部門の中央人事、部門人事のスタッフがリスキルプログラムを受けたうえでＨＲＢＰに異動するという方法もあるでしょう。

一方、中期経営計画で一定階層以上の人員が不足し、それ以下では充足している、あるいは採用可能なケースでは、下の階層の要員を早急に育成して昇格させ、不足している階層を充足させることが有力な施策オプションとなります。この場合は、本人たちにコミュニケーション施策を行い、場合によっては、従事すべき業務経験や受けるべき教育研修などを規定して、実行していきます。

反対に余剰人員がいる場合は、代謝も考えなければなりません。単純に大量の余剰人員がいる場合は希望退職という選択が考えられますし、個々のパフォーマンスが問題で機能していないケースなどではＰＩＰを行い、必要に応じて退職勧奨を行います。本人が退職したくない場合は本人同意のうえで、業務内容がより平易で相対的に報酬の低い仕事に就けることも選択肢の一つとなります。

中期的なポートフォリオ分析の意義

これらの中期的な人材ポートフォリオと、そこに至るまでの施策の方向性を論じることで、「採用の規模や重点領域」「リスキルの重点領域や異動の規模・時期」「必要な代謝規模」「外注の利用」などの施策の必要性や方針について、関係者の間でコンセンサスがとれます。コンセンサスがあれば、毎年、具体的な施策の立案や遂行をしやすくなり、人事施策の実効性が高まります。

ポートフォリオ分析はあくまで概観をつかむことが目的なので、精緻に行う必要はありません。むしろ、変化が激しい時代に、細か過ぎるプランを立てると融通が利かなくなる可能性があります。

なお、中期的な人材ポートフォリオ分析と施策立案の主役は、現場のビジネスリーダーです。事業サイドでなければ立案は困難です。人事部門としては、CoEがガイドラインやツールを策定・配布し、HRBPがそれらをベースにビジネスリーダーのプラン立案をサポートする役割を担います。大きな改革となりますが、中期経営計画の一部、ないしは中期経営計画に連続する作業として位置付けることが、現場へのスムーズな導入につながります。

ジョブ型雇用における人材の確保と余剰人員の削減は、戦略目標の達成のために不可欠であり、努力目標ではありません。必ず実現するという覚悟のうえで、実効性の高い施策を立案する必要があります。

ビジネスプランの一環としての要員計画と人件費予算

中期的な人材ポートフォリオ分析とそこから導き出された人事施策方針に則り、毎年の事業計画、予算、組織編成の一部として、要員計画と人件費予算を立案します。ジョブ型雇用における要員計画、人件費予算の最も大きな特徴は、現場からのボトムアップの要素が強いことです。

メンバーシップ型雇用下における日本企業の要員計画や人件費予算は、一部の組織を除くとかなり大まかなものでした。人の出入りがなく、既存社員の中でやりくりする前提なので、細かな要員計画や人件費の予算を立ててもあまり意味がないからです。

一方、ジョブ型雇用では、戦略から組織・ジョブを定義し、そのジョブを充足するために要員を

図表6-8｜メンバーシップ型雇用とジョブ型雇用における要員計画の違い

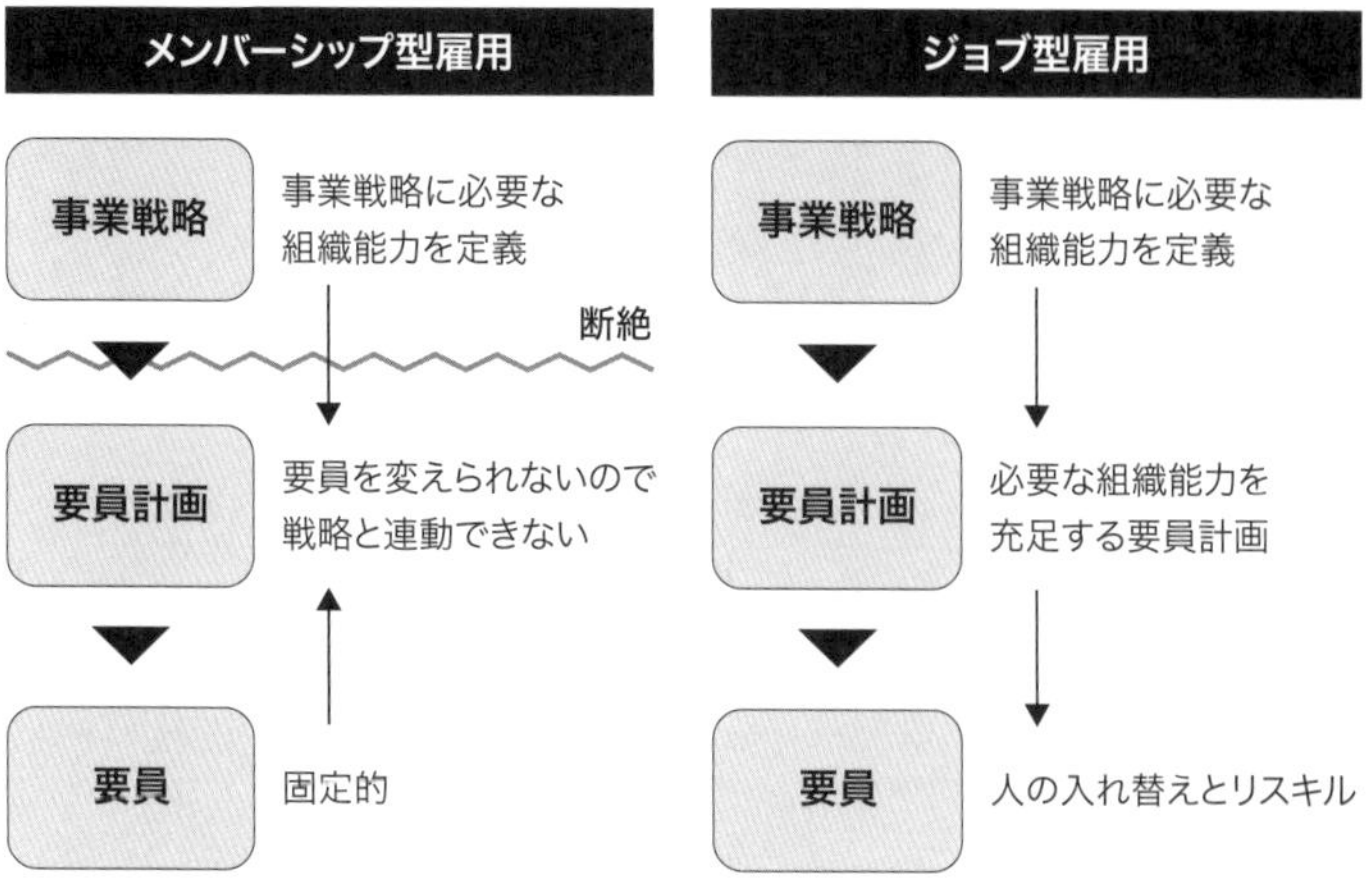

確保するという考え方のため、ボトムアップによって要員計画や人件費予算を精緻に立てる必要があります。人の流動性を活用して事業に必要な組織能力を確保するのです。

メンバーシップ型雇用とジョブ型雇用の要員計画の考え方の差は、こうした人の出入りに対する前提の違いによるものです(図表6－8)。

続いて、ジョブ型雇用では、要員計画や人件費予算をどのように組み立てるのか、具体的に確認しましょう。

まず、ビジネスプランのコア部分として、次年度に目標とする収益額や利益額、そして、目標とする収益・利益を上げるために必要な強化すべき機能を定義します。

次に既存の人員に加え、職種別にどの程

図表6-9｜要員計画と人件費予算の立案（模式図）

ベンチマーク	想定昇給率	昇給額	新基本給	標準年収
XXXXXX	XXXXXX	XXXXXX	XXXXXX	XXXXXX
XXXXXX	XXXXXX	XXXXXX	XXXXXX	XXXXXX
XXXXXX	XXXXXX	XXXXXX	XXXXXX	XXXXXX
⋮	⋮	⋮	⋮	⋮
XXXXXX	0	XXXXXX	XXXXXX	XXXXXX
XXXXXX	0	XXXXXX	XXXXXX	XXXXXX
XXXXXX	XXXXXX	XXXXXX	XXXXXX	XXXXXX
		昇給額の合計で昇給総額をキャップ		総額人件費の代理指標としてモニタ

度の人員が必要かを検討してリスト化します。同時に各個人の昇給額や新規採用社員の基本給なども、ジョブ別の市場価値や平均的な市場の昇給率をベンチマークに、社内の昇給ガイドラインを参照しながら、仮設定します。（図表６－９）。

この時点で来期の給与・賞与の推定総額が把握できるので、そこから収益に占める人件費の割合や予想される利益額を算出し、仮目標とした利益額と比較します。その結果を基に、要員数や個別の報酬額、場合によっては収益額を調整して、最終的な収益・利益計画、要員計画、人件費予算を立案します。

このようにボトムアップで要員計画や人件費予算を立てていくメリットは、その検討過程を通じて、現場のビジネスリーダー

	状況	職種	個人名	基本給
	既存	XXXXXX	XXXXXX	XXXXXX
	既存	XXXXXX	XXXXXX	XXXXXX
	退職	XXXXXX	XXXXXX	XXXXXX
	⋮	⋮	⋮	⋮
	新規	XXXXXX	XXXXXX	XXXXXX
	新規	XXXXXX	XXXXXX	XXXXXX
合計	XXXXXX	XXXXXX	XXXXXX	XXXXXX

が戦略や事業方針、そのＫＰＩ（重要業績評価指標）たる収益額や利益額と、要員数や人件費を具体的に結び付け、現実的なビジネスプランを立案できることです。また、採用すべき人材や必要な昇給総額も明確になります。

ジョブ型雇用では、マネジャーが昇給ファンドや賞与ファンドを配分して個人の処遇を決定します。昇給や賞与支払いタイミングでの組織業績はそれらのファンド総額に影響を及ぼすものの、ボトムアップアプローチで事業遂行に必要な要員数、昇給総額、賞与総額を予算化し、事業に必要な人件費をあらかじめ明確にすることで、人材確保やリテンションを効果的に行える財源を確保するのです。

効果的なワークフォースプランニングに向けた課題・留意点

課題1　組織能力の不足

中期的な人材ポートフォリオ分析と施策方針の立案も、ビジネスプランの一環としての短期的な要員計画と人件費予算も、メンバーシップ型雇用では、ビジネスリーダーも人事部門も経験したことがないタイプのプランニングです。

ポートフォリオ分析では、中期的に必要な人材を想定する点が最も難しい部分でしょう。力を入れる商品、サービスやビジネスモデルを示し、収益規模や利益額を大まかに仮設定するだけでなく、必要な人材像にまでつなげるには、かなり具体的な将来の青写真が必要です。

要員計画と人件費予算についても、ハードルは高いです。例えば、ほとんどの場合、ビジネスリーダーは今まで部下の報酬額すら知らなかったわけです。それなのに自ら部下の昇給額を設定し、さらに新たに採用する人材の職種や報酬水準まで決めなければならなくなります。収益・利益の目標達成ができないときは、どこを削るべきかを考え、場合によっては、雇用調整を含めた計画を立案しなければいけません。今までは業務の指示と品質管理をしていればよかったわけですが、急激にビジネスに責任を持つ立場になるのです。このような、事業をリードする責任を日本企業の多くの管理職は負った経験がありません。

また、近年、人事領域においてもデジタル技術を活用し、問題を特定して施策を立案するピープルアナリティクス（282ページ）が用いられつつあります。欧米の多国籍企業ではピープルアナリティクスの導入が進んでいて、ワークフォースプランニングの分野での活用も期待されています。しかし、日本企業でこの領域に経験のあるマネジャーや人事部門スタッフは皆無に近いでしょう。ワークフォースプランを立案するためには、ビジネスリーダーおよびそれを支援するためのビジネスパートナーのケイパビリティトレーニングのプログラムを開発、実行するとともに、CoEとしてガイドラインやツールの整備を進め、業務基盤を整えることが不可欠です。

―課題2― 過剰品質の追求

人材ポートフォリオ分析では、あるべき要員数と現状の要員数とのギャップを埋めるために、さまざまな人事施策を立案しますが、その際、いくつもの不確定要素が出てきます。なかでも、中期的な収益額や目標とする利益額を想定したうえで、必要とされる要員構成を量的・質的な面から推定するのは、不確実性が高いもののうえに、さらに推測を重ねるということです。

一般に日本企業はアウトプットに対して極めて高い品質を求める傾向があり、不確定要素が高いものについても、必要以上にコストをかけて精度を高める努力をするか、不完全なものしかできないならやらない、といった極端な判断を下しがちです。しかし、現実に把握すべきなのは、「デジタル系の高度専門技術者が、現在は0人だが3年後の事業開発の規模を考えると50人は必要」という程度の大まかな目安であり、数名の誤差が実際の施策に大きな影響を与えるわけではありません。

また、あるべき要員数は個別の企業を取り巻く事業環境や戦略の方針・シナリオの転換に伴って増減します。そのため、細かな人数調整は毎年のビジネスプランや日常的なビジネスオペレーションの中で行っていくのが現実的です。大事なのは、一定の不確実性がある中で、ある種の職種が大幅に不足する、もしくは余剰するという見通しを持ち、それに対して中長期的に準備することです。

ですから、予測の精緻化に無駄にコストをかけるのではなく、自社に将来的に求められる組織能力や人的資源面での現状とのギャップを認識し、人事施策方針に反映することこそが重要なことを忘れないでください。人材確保には時間がかかるので、ギャップが現実化してからでは、間に合わないというリスクに直面する可能性があります。

このように人材ポートフォリオ分析に過度な品質を求めるのは得策ではありません。また、高品質にできないのであればやらないというものでもないのです。

—課題3— ギャップ補填の打ち手に対する高いハードル

日本企業にとって一般的に経験が不足しているのは、ＰＩＰや退職勧奨、リカレント教育に位置付けられるリスキル施策でしょう。これらを苦手とするために、ワークフォースプランは無意味である、ひいてはジョブ型雇用は日本に合わないといった判断を下すのは間違いです。

実は、日本においてもＰＩＰと退職勧奨は外資系企業では行われています。また、わざわざ表に出さないだけで、すでに行っている日本企業もあります。勇気をもって取り組めば、ハードルは乗り越えられるはずです。もちろん、慎重に進めなければなりませんし、どうしても辞めたくない人を解雇することは極めて困難です。しかし、ＰＩＰや退職勧奨は、適宜、適切に行えば一定の効果が望めるので、その覚悟と努力が必要です。

リスキル施策の実行においても経験の少なさが障害になるかもしれません。リスキルプログラムの準備には大きなコストがかかるため、ポイントを絞って行うことが大切です。事業や機能の変革によって、多くの社員が特定の違う職種に転換しなければならない場合、リスキルプログラムの提供は合理的です。

ただし、現実的にはリスキルの効果が上がりやすい人材群とそうでない人材群が存在します。ラーニングアジリティが高い人はリスキル効果が上がりやすいのです。加えて、柔軟性が高く、基礎的な論理的思考力、コミュニケーション能力が高ければ、職種転換の成功確率はかなり高くなります。このような人材群のリスキルは優先順位を上げるべきでしょう。とはいえ、リスキルプログラムの受講者を、初めから成功確率の高い人材のみに絞るのは現実的ではありません。プログラムを受けてもらったうえで、職種転換が難しい社員には定型的な業務に就いてもらったり、退職勧奨を行ったりすることも必要になるでしょう。

リスキル支援は積極的に取り組むべきですし、確実に効果は上がりますが、対象者によっては違う方法で対応する必要があります。すべてを教育で変えるのは困難であることも認識すべきです。

〔参考〕ジョブグレードと職位レベルの関係

本書では説明の便宜上、職位レベルとジョブグレードを、「役割の大きさ」を示す概念として、概ね同じような意味合いで使用していますが、厳密には以下のような差異があります。

● **ジョブグレード**

個別ジョブの大きさを測定・定量化し、それを社内で使用する等級として括ったもの。何らかの形で報酬に結びつけることがほとんど。ジョブグレードの根拠となる役割の大きさを、コンサルティング会社が提供する職務評価ツールで精緻かつ定量的に測定する場合は、会社を超えた比較が可能となる（職務評価ツールで算出されるスコアは絶対評価のため）。

● **職位レベル**

個別ジョブの社内的な位置付けを、キャリア上の大きな区分（経営・管理・専門・一般）ごとに、役割の大きさ（またはキャリアの到達度）のラダーとして示したもの。社内のジョブを職種と掛け合わせることで体系的に示す。その性質上、個別ジョブの社内的な位置付けを相対的に示す側面が強く、職務評価ツールで役割の大きさを定量化すると、同じキャリアレベルの同じ内容の仕事でも、会社や事業の大きさによって、職務評価結果には差が出ることがある。その意味で、個別ジョブの役割の大きさを、社内の相対的な位置付けで示したものともいえる。

section2

リクルーティング／タレントマネジメント／人材開発

リクルーティング、タレントマネジメント、人材開発は、いずれも人材を確保するための機能です。リクルーティングは外部人材の選別と登用、タレントマネジメントと人材開発は内部人材の強化と登用を通じて、経営や事業に必要な人材を充足します。

ここでは、ジョブ型雇用において進めなければならない「職種別採用の実現と中途採用の強化」「キャリア自律の促進と社内労働市場の確立」「サクセションマネジメントと選抜教育」について、それぞれメンバーシップ型雇用で行われてこなかった事柄（差分）に焦点を当てて解説します。

職種別採用の実現と中途採用の強化

ジョブ型雇用を導入すると、採用領域において2つの大きな変化が訪れます。最も大きな変化は職種別採用、そしてもう一つは中途採用者の増加への対応です。この変化に応じて、採用業務も変化しなければなりません。取り組みのポイントは3つです。

取り組みのポイント1

募集時の職種設定

職種別採用のためには、まず職種を設定する必要があります。つまり、募集の際の職種の体系を決めなければなりません（職種の基本的な概念については164ページ）。

実際にジョブ型雇用を導入した先行企業の事例を見ると、新卒と中途では採用の体系を変えていることが多くなっています。ここではその先例にならって解説します。

なお、ジョブ型雇用になると、新卒採用は重要でなくなるのではないかという意見もありますが、おそらくそうはなりません。新卒者数が限られる中で、景気が極端に悪くならない限り、人口動態から見て、優秀な若年者を採用したいという企業の考えは変わらないと思われるからです。ただし、ジョブ型雇用になると離職者も増えるため、結果として中途採用の重要性は増すでしょう。

新卒採用のポイント

ジョブ型雇用においては本人がキャリアを選択するので、採用するタイミングで従事するジョブが決まっているのが通常です。

しかし、新卒者の場合、専門性が固まっていないことが多く、また本人がジョブ単位で志望を特定することが難しいため、通常は職種設定を大きな括りで行います。

ジョブ・ライブラリー（166ページ）でいえば、事務系ならジョブファミリーレベルでの設定がほとんどです。ただし、研究や開発など、大学や大学院での研究内容がかなり重視される分野では、サブ・ファミリーレベル、場合によってはジョブレベルで募集をかけることが多くなります。

参考までにですが、大手の日本企業の中で、最も社員のキャリア自律が進んでいる一社であるソニーグループ株式会社の2021年向け新卒採用ホームページをのぞいてみると、事務系は5コース、技術系は65コース（9分野）に分かれています。技術系以外は大きな括りの職種設定で採用活動をしていることがわかります。

外資系企業の中には、新卒採用を行うのは営業、マーケティング、製造、研究開発、システムエンジニア、コンサルタントなど、多くの社員を抱える機能や職種に絞り、募集が若干名の部署については中途採用か社内公募ですべてまかなっているところもあります。採用する職種数を絞れば、採用業務の負荷を軽減できるメリットもあり、この方法は一考に値するでしょう。

また、現在の学生の意識や大学教育の状況から、職種別採用への応募を躊躇するケースも多いようです。その対策として、学生が応募職種を相談できる窓口を設定したり、職種を限定しない採用枠を設定したりするなどの工夫をしている企業もあります。こちらも検討する価値がありそうです。

中途採用のポイント

中途採用については、メンバーシップ型雇用を採用している日本企業でも、職種別採用を意識した運用をしているため、一部の領域を除けば大きな変化はありません。したがって、中途採用の募集時の職種設定はシンプルで、現に不足しているジョブそのもの、ないしはそのジョブの職種を公開して募集をかければ十分です。その際、ジョブや職種の粒度はかなり細かなものになります。

また、中途採用では、エージェントや候補者にジョブディスクリプションを公開する必要があるので、必ず作成するようにしてください。その際、採用時に必要に応じて作成するのか、それとも、あらかじめ全社的にすべてのジョブディスクリプションを体系的に整備しておくのかは重要な論点です。

ジョブディスクリプションの整備が進めば、サクセションマネジメント、社内公募、昇格判定など、さまざまな用途に応用が可能です。理論的にはすべてのジョブディスクリプションを体系的に整備すべきですが、全ジョブにつじつまのあった品質の高いジョブディスクリプションを作成するのは容易なことではありません。コストもかなりかかります。また、ジョブディスクリプションの整備状況があまりよくない会社でも、ジョブ型雇用を運用できているところもあるため、慎重な検討が必要です。ちなみに、ジョブ型雇用を採用している外資系企業でも、職務に対する体系的で詳細なジョブディスクリプションの整備率は現状では50％程度です。

column

人材ポートフォリオとジョブディスクリプションの関係

164ページでお話ししたとおり、人材ポートフォリオの職種×職位レベルで表される一つひとつのマス目には、1つまたはいくつかのジョブが定義されます。このジョブが、ジョブディスクリプションに記載される個別のジョブとなります。次ページに、ジョブディスクリプションのサンプルを掲載しました。

ジョブを詳細に定義する場合は、「使命・責任範囲」「レポートライン」「期待成果」「主な業務」「必要な能力（コンピテンシー・専門知識・専門スキル）」「必要な業務経験」「学歴・資格」などを明確化して規定します（これらは一例でしかなく、さまざまなフォーマットが存在します）。

なお、先ほどのマーサー社のジョブ・ライブラリー（167ページ）で、最も細かな職種分類であるスペシャライゼーションをキャリアレベルごとに定義したものと、詳細に定義した個別のジョブは概ね同じです。

図表6-10 | ジョブディスクリプションのサンプル

ジョブディスクリプション

ポジション名：人事企画マネージャー

使命・責任範囲：

企業価値向上に向けて、人材マネジメント方針に基づき、報酬（給与・福利厚生）政策および制度の設計・運用を行い、事業運営を支援すべく、求められる人材の確保や個人に対する適切なインセンティブ提供に向けたマネジメント基盤を提供する

期待成果：

- 事業運営、個人の納得感の双方の観点からバランスの良い報酬の配分
- 優秀人材の確保・リテンション
- 事業運営の助けとなる報酬観点からのインセンティブ提供

主な業務：

企画・問題解決

- ・報酬制度（給与・福利厚生）運用に関する現状問題点の把握と解決策の立案
- ・従業員のエンゲージメント、従業員満足度向上に向けた施策立案・実施に関与
- ・経営方針・事業方針と整合した報酬政策・報酬制度の策定
- ・給与・福利厚生に関する従業員向けコミュニケーション業務

オペレーション

- ・年間運用スケジュールの策定
- ・給与計算、福利厚生の運用
- ・報酬制度（給与・福利厚生）に関する外部ベンダーの管理

計画・管理

- ・報酬制度（給与・福利厚生）の年間業務計画の策定・管理
- ・人件費、福利厚生関連の費用予算の策定・管理

人材・組織マネジメント

- ・担当グループ内の役割分担、配置の決定
- ・担当グループ内の人材育成（OJT中心）の実施
- ・担当グループ内のパフォーマンスネジメント・コーチングの実施

必要な業務経験、学歴・資格：

- 人事分野における6年以上の幅広い経験
- 人事企画における3年以上の経験
- 学士。特に経営学、商学分野で人事・組織領域またはそれに準ずる専攻がより望ましい

取り組みのポイント2

母集団形成と候補者へのアプローチ

新卒採用のポイント

インターンにしても、本採用の選考にしても、Ｗｅｂサイトをベースに募集している企業が多いと思います。理科系の学生については、大学、学部、研究室とのリレーションから採用しているケースもあるでしょう。

今後もこの2つのアプローチが中心であることに変わりありません。ただ、専門性が極めて高い職種については、後者のリレーションベースの採用を強化していく必要があります。例えば、デジタル人材といっても、プログラマー、セキュリティの専門家、データアナリストなどさまざまです。企業によっては、マクロ経済的なアプローチで需要予測を行う専門家を求めているケースもあれば、グローバルファイナンスの素養を持つ人材を求めているケースもあります。このようなアカデミックまたは体系的な専門知識・スキルが必要となる職種の候補者を確保するには、一般的なＷｅｂサイトを通じた募集活動では不十分です。それらの職種に必要な知識・スキルを学んでいる可能性が高い学生がいる大学、学部、研究室に積極的にアプローチすることを考えるべきでしょう。

メンバーシップ型雇用では、どのようなジョブに就くことになるかわからないため、理系の学生に対しても専門分野や研究室のレベルを考慮してアプローチするケースは必ずしも多くありません。

しかし、会社サイドが求める高度な専門性を有する学生を職種別採用するのであれば、候補者が限られるため、学校側、特に研究室との能動的なリレーションづくりが重要です。

中途採用のポイント

中途採用については、母集団形成と候補者へのアプローチとも、これまでと大きな変更はありません。ただし、ジョブ型雇用になり中途採用が増えると、リクルーティングエージェントフィーの負担が大きくなるため、特に若年層に対しては、ダイレクトリクルーティングの手法を積極的に活用する努力が必要でしょう。

取り組みのポイント3

選考方法の刷新・改良

新卒採用のポイント

選考方法に関して最も変化するのは、新卒採用の主体が人事部門から、実際に新卒者を受け入れる各部門に変わることです。もちろん、効率的な採用活動を行うために、活動の枠組みは人事部門が準備すべきですが、選考方法や選考基準の設計や面接、採否の判断は、受け入れ部門が実施します。

一括採用では、論理的思考力、コミュニケーション能力、リーダーシップ、積極性、協調性、柔軟性などの基礎的な能力、行動傾向に対する総合的な判断で採用してきました。これらの重要性は依然として高いのですが、職種別採用ではそれらに加えて、求める分野における専門知識やスキルも評価します。基礎能力や行動傾向についても、その職種に向いているかという観点から採用評価上の重みが変わるでしょう。その意味で、職種に必要な要素を最もわかっている受け入れ部門が採否の判断を行うべきなのです。

選考方法を刷新させるポイントは、各受け入れ部門に適切な人材をアサインしてもらい、新卒採用プロジェクトのメンバーの充実を図ることです。そのうえで、職種別に選考基準を明確化し、さまざまな観点からその充足度を評価できる選考プロセスを企画、実施します。

中途採用のポイント

ジョブ型雇用への切り替えにより中途採用が増えるため、選考プロセスを改良する必要があります。

メンバーシップ型雇用を長らく行ってきた日本企業では、中途採用の規模が限られてきたため、人材の見極めは不得手です。新卒採用がメインだったため、複数の応募者の中で相対順位を付けて合否を決める手法が中心で、1対1の絶対評価に慣れていないのです。その結果、経歴を重視して活躍できない人材を採用してしまったり、基準が厳しくなり過ぎて採用できなかったりする問題がよく発生しています。

中途採用の場合は、基本的に一人ひとりを時間差で合否判定し、相対比較が難しいため、ポイントは「要件の明確化」「インタビュースキルの改善」「リファレンスの活用」の3つに集約されます。

一つめの要件の明確化は、募集の際に作成したジョブディスクリプションを整理し直すことで可能なはずです。このジョブを担うのに特に重要な能力は何か、どのような分野の知識や見識が欲しいのか、どのような実績が欲しいのか、必要な業務経験は具体的には何か、といった事柄について、要件を具体化します。

二つめのインタビュースキルの改善では、面接官が「ＢＥＩ」と「シミュレーション」という2つの手法を使える必要があります。

ＢＥＩとはBehavioral Event Interviewの略で、日本語では、行動探索型インタビューあるいは行動観察面接と訳されることが多いようです。例えば、応募者が現在の仕事で経験したイベント（出来事）を特定して、何を考え（＝思考傾向）、何を実行していったのか（＝行動傾向）を、順を追って確認し、必要な能力があるか、再現性がありそうかを評価します。

ポイントは、事実に関する情報をできるだけ細かく聞いていくこと。ある出来事における実際の行動や思考を、順を追って詳細に確認します。この手法の優れたところは、インタビューアーのスキルが高ければ、思考力、コミュニケーション能力、ベースとなる価値観などを幅広く評価できることです。反対に難点は、インタビュー自体が難しくトレーニングが必要なこと、またすべての情報が本人から得た間接情報になるため、それに起因した判定ミスが起こる可能性があることです。

一方、シミュレーションは、課題設定、論点設定、状況設定を行い、その場で応募者の思考を確認するものです。「現在、率いている組織における問題と、そう考える理由を挙げなさい」「〇〇業界が低成長になっている理由はなぜか」といった質問を行い、主張や論理展開を見ることで、基礎的な能力レベルや関連分野の知識レベルを確認します。この方法の優れたところは、基本的な思考力やコミュニケーション能力の評価を、直接的な情報から判断できることです。一方、課題はそれ以外の能力を確認しにくいこと。特にピープルマネジメントの能力（メンバーのパフォーマンスを引き出したり、エンゲージメントを高めたりする能力）や価値観そのものの確認は難しくなります。

三つめのポイントとなるリファレンスの活用は、現職またはそれ以前の職場の第三者から応募者の評判を確認することです。日本企業ではあまり実施されていませんが、外資系企業では非常によく活用されている手法です。率直な意見を聞かせてくれる情報の入手先さえ見つけられれば、効果は絶大です。

採用判断の精度を上げるためには、複数の判断基準を持つことが鍵です。今回の例でいえば、BEI、シミュレーション、リファレンスはそれぞれに強みも弱みもあります。複合的な手段を用いて、相互の弱いところを補い、中途採用の成功率を上げるべきです。

採用を失敗するリスクを避けるために採用基準を厳しくし過ぎるのも考えものです。採用基準のハードルは上げれば上げるほど採用ミスは減りますが、優秀者を落としてしまう可能性や採用コストも上がります。反対に採用基準を下げ過ぎると、採用ミスが起こる確率が高まります。

品質管理の世界と同じで、コストをかければかけるほど不良率は下がりますが、不良率をゼロにしようとすると、許容範囲を超えてコストが高騰してしまいます。複数の視点から候補者を評価する工夫はすべきですが、最後は勇気を持って決断する必要があります。

キャリア自律の促進と社内労働市場の確立

ジョブ型雇用では、個人にキャリア選択における自由と自己責任が与えられ、自らが望むポジションの獲得に挑戦する機会が提供されます。ただ、実際にその利点を生かすには、社内労働市場の確立が必須です。そのためには、異動システムを変える必要があります。

取り組みのポイント1 本人同意を原則とした異動オペレーション

キャリア自律および社内労働市場の確立に向けて、はじめに必要なのは、すべての異動を原則として本人同意で実施することです。異動を会社裁量で行っている限り、キャリア形成の責任を会社が持ち続けることになります。個人のパフォーマンスが低いときの責任も、一端は会社にあることになり、〝不活性な中高年〟の問題の解決を難しくします。

本人同意よりさらに望ましいのは、社内公募などによる本人の自発的な異動です。しかし、メンバーシップ型雇用を行っている多くの日本企業にとって、これは非常に難しく感じるはずです。長年、異動は会社の意思でできるという前提で人事オペレーションを行っているため、それができない状態を想像できないからです。

欠員が出たときは、これまでは比較的人員に余裕のある部署からの人事異動によって対応してきましたが、今後は中途採用と社内公募を同時並行で進めるというプロセスをとります。このプロセスが整備されれば、通常の欠員はカバーできるでしょう。

それでも、不人気なジョブで欠員が埋まらないときは、正攻法でいえば、ジョブデザインを工夫して、より魅力的なジョブにつくり替えます。また、短期的には、上司やそれに準じる社員が欠員分を兼任し、派遣社員や外注を活用しながら、中途採用で埋まるのを待つのも一つの方法でしょう。

一方で、一般的に不人気なジョブだからといって、本人同意の異動は難しいと決めつけないことも大切です。例えば、そのジョブを担うには経験が少なくても、チャレンジの場として挑戦させるという建付けにすれば、若手社員が異動に同意する可能性があります。また、現在キャリアに行き詰まっている人に、視点を変えるために違う経験をする場と位置付ければ、本人の同意を得られるかもしれません。

なお、「会社裁量の異動により、幅広い視野や経験を得て活躍した社員は数多くいる。そのような可能性がなくなるのは問題ではないか」という指摘もあるでしょう。しかし、会社として次世代のゼネラルマネジャー候補と認めるハイポテンシャルな人材には、後述のサクセションプログラムで経験を積ませれば済みます。あるいは個人に対するキャリア教育の一環としてゼネラリストタイプのキャリアを提示し、個人の意思として選択すればよい話です。

また、繰り返し述べているように、パフォーマンスの低い社員に対しては、今後は異動ではなくＰＩＰを実施します。できるだけ早い段階で本人に改善を促し、難しい場合は降格、または退職勧奨をするのが基本的な考え方です。雇用の流動性が高まりつつある中、本人にとっても、合わない仕事を続けるより、早いうちに外部に新たな機会を求めたほうがいいのではないでしょうか。

いずれにしてもポイントはすべての異動を本人同意にすることですが、本人同意あるいは社内公募による異動では、一度に大人数の異動が困難なため、ゼネラルローテーション的な定期異動は難しくなります。

ジョブ型雇用での昇格以外の異動としては、主に次のようなものがあります。

- 戦略的な意図に基づいた、会社リード、本人同意の異動（特に重要なポストへの起用が対象）
- 次世代リーダーとしてゼネラルマネジャーを育成するための会社リード、本人同意の異動（後継者育成）
- 増員や欠員を契機にした社内公募・中途採用
- 増員や欠員を契機にした会社リード、本人同意の異動ジョブ型雇用に向かう各社は、これら4つを可能とするオペレーションをデザインする必要があります。そこには、配置オペレーションはもちろんのこと、人材開発も含まれ、公募後のポストで必要な知識を自発的に獲得できるようにeラーニングの活用や拡大なども必要となります。

ただし、ＰＩＰや退職勧奨を行うとはいっても、現在のところ、解雇へのハードルは高く、パフォーマンスの低い社員に対する現実的な最後の砦は、難易度がより低い業務への配置換えや降格である事実に変わりはありません。したがって、必要に応じて会社主導の異動ができる配置の権限も会社に残すべきですが、あくまで最終局面でしか使わない運用が望まれます。

取り組みのポイント2

社内公募の活性化

キャリア自律の促進と社内労働市場の確立のためには、社内公募の活性化が不可欠です。しかし、メンバーシップ型雇用の企業で社内公募制を導入したものの、応募者が少なく、意味がなかったという話をよく聞きます。一方で、社内公募が順調に活性化している企業もあります。

社内公募が活用されない理由は、「個人がキャリア自律していない」「公募しているジョブに魅力がない」「現在の上司や部署に遠慮がある」「不合格になるかもしれない」のどれかであることが多く、これらを避けるための工夫が重要です。

個人がキャリア自律のために努力している会社では、多かれ少なかれ、トップマネジメントがキャリア自律を促進するメッセージを発信し、キャリア教育を実施しています。個人にとって会社はキャリアを形成していくための場であり、それを積極的に活用して外に機会を求めることがあってもよいといったことや、就労期間の長期化により、自らキャリアプランを考えていかないとリスクが高くなる、といったことを教育していくことが重要です。社内公募にチャレンジするメリットを理解してもらうために、実際に優秀な若手社員が社内公募で抜擢されたといった象徴的な成功例を見せることも大事でしょう。

では、公募しているジョブに魅力がないケースでは、どうすればよいのでしょうか。取り組みのポイント1（199ページ）でも述べましたが、最も効果的なのはジョブデザインの変更です。魅力がない理由は多くの場合、裁量権が小さかったり、将来のプラスになりにくかったりするためです。そこで、例えば、公募するジョブに、プロセスの改善により生産性を向上することをミッションとして含めたり、RPA（Robotic Process Automation/ロボティック・プロセス・オートメーション）の導入を前提として、新しいことへのチャレンジを求めたりするなど、ジョブに魅力を持たせるような工夫を行っていく必要があります。

現在の上司や部署への遠慮が公募への妨げとなる問題はどのように解決すればよいでしょうか。この問題は公募プロセスやルールを工夫することで十分に解決可能です。社内公募への応募は厳秘とし、募集部門と人事部門のみがその情報を知り得るようにしたうえで、合否判定に現所属部門は関与できないルールにします。社内公募が活発なほとんどの企業では、公募時、所属部門はその事実を知らされず、合格後に、本人が社内公募に応募し合格したことを初めて知ることになります。

もう一つ大事なのは、現所属部門の権限として、本人が望む異動は、慰留はしてもよいが、拒否はできないとするべきです。もちろん、引き継ぎ期間を設けるなど移行措置は必要ですが、最長でも何カ月などの期限がないと異動が実現しません。現在の部署に残らなければならない可能性が少しでもあると、気まずい状況を避けようとして社内公募に二の足を踏むことになります。

同様に、不合格になるかもしれないという不安についても、応募情報を厳秘とすることで軽減できるはずです。仮に不合格となっても、現在の部署の仲間に知られずに済むので、支障なく業務を継続することが可能でしょう。

取り組みのポイント3

PIP・退職勧奨

ここでは実際にPIPや退職勧奨を行う場合の注意点を解説します。はじめに、解雇、PIP、退職勧奨、それぞれについて改めて定義しましょう。

解雇は、会社が一方的に社員との雇用契約を解除することです。日本の法律でも解雇ができないわけではありませんが、解雇の要件を満たすハードルが高く、通常は難しいことはすでにお話ししたとおりです。

PIPはパフォーマンスの低い社員の改善を図る一連の活動です。PIPの対象者は、直属のマネジャーと改善計画を立案のうえ、実行し、改善状況を定期的にモニタリングします。目標の内容は定量的なＫＰＩを設定することもあれば、望ましい行動や禁止すべき行動を規定することもあります。

退職勧奨は任意での退職を勧める行為です。通常、ＰＩＰを実施したうえで、パフォーマンスの改善が見られない場合に、やむを得ず行うことになります。

ＰＩＰも、退職勧奨も、それ自体は法律による規制はありません。そのため、実施自体に問題はありませんが、その過程で行き過ぎた行動があると、事実上の退職の強要であると判断されて問題になる可能性があります。その点は慎重に行わなければなりません。

ＰＩＰの実施は対象者の選定から始まります。この選定を上司による評価結果のみで行う会社がありますが、お勧めできません。ＰＩＰひいては退職勧奨まで実施される可能性を考えると、上司は厳しい評価を避ける可能性がありますし、特にメンバーシップ型雇用の経験が長い管理職からすると、この決断は非常に重いものです。上司一人に責任を負わすには酷な面があります。その意味で、より上位のマネジャーや関係者を含めた合議の場で、相対的なパフォーマンスの確認をしながら、ＰＩＰ対象者を決める必要があります。

そしてＰＩＰの際は、しっかりとした改善計画の立案が重要です。本人のパフォーマンスを低位に押しとどめている原因を明らかにし、それを本人にも伝えたうえで、定量的にも、定性的にも、具体的な改善目標を記載する（伝える）必要があります。例えば、成果を継続的に上げることのできない営業担当者がＰＩＰの対象になった場合、ターゲットとなる売上の数値をＰＩＰの目標に立てるだけでは不十分です。見込み顧客数が足りないのか、訪問数が足りないのか、それともコミュニケーションスキルが足りないのか、根本的な態度の問題なのか、数字が上がらない真の原因はいろいろとあり得るはずです。それをきちんと分析したうえで目標を設定します。

また、モニタリングはあまり間を空けずに行うようにします。モニタリング・レビューをしたときも、きちんと書面として記録を残すべきです。対象者の改善に有効であるとともに、万一、訴訟になった場合に、適切な手続きを行っていた証拠になるからです。

ＰＩＰの期間は会社によりますが、３カ月～1年程度のことが多く、期間が延長されることもあります。

残念ながらＰＩＰを行ってもパフォーマンスの改善がなく、今後も改善を見込めないと判断したときは、退職勧奨や降格・降給となります。退職勧奨の際は、会社としては退職を勧めるが、選択は任意であることを、本人に明確に伝える必要があります。ただし、過去の判例では、「不当な心理的圧力を加えたり、又は、その名誉感情を不当に害するような言辞を用いたりする」（東京地方裁判所、平成23年12月28日）ことは違法とされています。言葉遣いやコミュニケーションの頻度、コミュニケーションの環境などには気をつける必要があります。

また、退職勧奨を行う場合、対象者が円滑にセカンドキャリアに踏み出せるように、割増退職金や再就職支援を積極的に検討すべきです。どうしても本人が退職したくないケースでは、配置換えやそれに伴う降格を検討することになりますが、そのことを退職勧奨時に伝えると不当な心理的な圧力と判断される可能性もあります。リスクの低いコミュニケーションの取り方を弁護士などの専門家に相談することをお勧めします。

なお、退職勧奨は通常、直属の上司が行いますが、HR部門の役割も小さくありません。退職勧奨を実施する上司に対しては、コミュニケーションの取り方のアドバイスや場合によっては仲裁の役割を果たすなど、十分な準備、ガイド、サポートが必要です。

サクセションマネジメントと選抜教育

ジョブ型雇用におけるキャリア形成は、基本的には自律的に行われるものですが、この考え方を採用すると個人は専門キャリアを選択する傾向が強くなり、ゼネラルマネジメント能力を持つ、次世代のリーダー候補が輩出されにくくなります。そこで、いわゆるサクセションマネジメントの重要性が増します。

サクセションマネジメントは、ジョブ型雇用を採用している欧米企業でスタートしたものですが、メンバーシップ型雇用の日本企業でも、導入しているところは少なくありません。しかし、ジョブ型雇用におけるサクセションマネジメントは、構造的に必要性の高いゼネラルマネジャーを計画的に育成するための施策であり、メンバーシップ型雇用で行われるものとは、会社にとっての重要性や真剣度が違います。

以下に、典型的なサクセションマネジメントの基本形を簡単に説明したうえで、ジョブ型雇用として実効性が高いサクセションマネジメントを行うための取り組みについて見ていきます。

取り組みの前提　サクセションマネジメントの基本形（典型例）

サクセションマネジメントは、将来のトップマネジメント層の候補者を計画的に輩出するための施策であり、それを支えるしくみです。主要な構成要素は次の6つです。

①タレントレビュー（方針決定機関）
②後継者管理（情報整理のしくみ）
③ハイポテンシャルプール（情報整理のしくみ）
④計画的配置（施策）
⑤選抜教育（施策）
⑥アセスメント（施策）

それぞれについて見ていきましょう。

図表6-11　タレントレビューの概要

タレントレビューでは、サクセションプランの実行状況を確認し、配置、育成等の必要な施策を検討する

目的

- 優秀人材の特定と開発
- 特にキーポジションを担いうる候補者の計画的な輩出

議題

- キーポジションに関するサクセサーの明確化および合意形成
- 各階層での優秀人材（ハイポテンシャル）の明確化および合意形成
- サクセサーあるいはハイポテンシャルを育成するにあたって有効な施策（配置および育成施策等）の検討

参加者

- 関係部門のトップ、キーマネジャー、CHROを含む経営幹部数名、本社人事、HRBP等

※どの階層のレビューをするかによって参加者を調整

主なツール（例）

- 人材プロファイル
- ポジションプロファイル
- サクセションチャート
- 9ブロック

①タレントレビュー

タレントマネジメントの心臓部です（図表6－11）。タレントレビューの参加者は、重要ポストやリーダー候補となるハイポテンシャルな人材を一人ひとりレビューし、パフォーマンス、コンピテンシー、過去の業務経験などの強み、課題を確認したうえで、今後どのような方針でその個人を育成するのか協議し決定します。場合によっては、候補者自体を見直すこともあります。関係マネジャーや人事部門はここで決定された方針を尊重して、異動を含めた人事運用を行います。

　タレントレビューの会議体は多くの場合、多階層化されています。ある欧米の多国籍企業を例にとると、タレントレビューは、グローバルレベル、リージョンレベル、カ

図表6-12｜サクセションチャートによる後継者管理

後継者管理の観点として、ポジションプロファイルと人材プロファイルを活用し、候補者の要件の充足度合いをモニタリングする

ポジションプロファイル／人材プロファイル

ポジションプロファイルと人材プロファイルは、マッチングさせるためフレームは整合的に作成

(内容例)

ポジションプロファイル	人材プロファイル
求められる業務経験・エリア経験・職種経験	過去の業務経験・実績
求められるコンピテンシーレベル	現状のコンピテンシーレベル
求められる知識・スキル	現状の知識・スキル
役割・責任範囲・ケイパビリティ	本人のキャリア意向

(見本)ポジションプロファイル

基礎情報

ジョブ名	経営企画MGR
ジョブレベル	MGR2
勤務地	東京
現任者	マーサー太郎
レポートライン	経営企画部長
ミッション	XXX
期待成果	XXX
主な業務	XXX

求められる経験領域

経営企画	高
……	……
研究開発	中
生産	NA

経験が望ましいポジション

経験が強く望まれるポジション	経営企画スタッフ
	予算編成スタッフ
	管理会計スタッフ
	営業企画スタッフ
	……

求められるコンピテンシー

戦略立案	高
実行力	中
……	……
コーチング	中

(見本)人材プロファイル

基礎情報

社員番号	435767
名前	マーサー太郎
ジョブ	経営企画MGR
組織	経営企画本部
マネジャー	経営企画部長
入社日	……
在任期間	……
勤務地	……

職務経歴

2021/4〜	経営企画MGR
……	……
……	……
1998/4〜2002/9	……

経験領域

経営企画	高
……	……
研究開発	中
生産	NA

コンピテンシー

戦略立案	高
実行力	中
……	……
コーチング	中

評価結果

FY2020	S
……	……
FY1998	A

9Box／リテンション

Performance	H
Potential	H
Attrition Risk	M

デベロップメント

キャリア志向	XXXXXX
強み	XXXXXX
課題	XXXXXX
強み	XXXXXX

サクセションチャート

各ポジション後継者を順位付けし、ポジションの空き状況や後継者情報を可視化

(項目例)

サクセションチャート
キーポジション名
現職者名
最有力候補者／緊急代替候補者
サクセサー (即就任可能〜5年までのサクセサーを指名)
外部候補

(見本)サクセションチャート

キーポジション	現職者	最有力候補者	緊急代替候補者	サクセサー			外部候補
				1年以内	1〜3年	3年超	
XXX	XXX	XXX	XXX	XXX	XXX	XXX	XXX
XXX	XXX	XXX	XXX	XXX	XXX	XXX	XXX
XXX	XXX	XXX	XXX	XXX	XXX	XXX	XXX
XXX	XXX	XXX	XXX	XXX	XXX	XXX	XXX
XXX	XXX	XXX	XXX	XXX	XXX	XXX	XXX

ントリーレベル、ビジネス／ファンクションレベルの4階層で実施されています。また、グローバルレベルのタレントレビューは会社としての指名委員会に直結しています。

②後継者管理

②の後継者管理と、次の③ハイポテンシャルプールはタレントレビューの実施を支えるために情報を整理するしくみです。後継者管理では、ポジションプロファイル（ポジションの要件）と人材プロファイル（個人の人材情報）を確認しながら、重要ポストの後継候補者を想定される就任可能時期（現在、1年以内、3年以内、5年以内など）に分けて整理をし、サクセションチャートとしてまとめます（図表6－12）。

これはポジションを起点にしながら、特にリテンションや成長が重要になる人材を特定する試みといえます。なお、サクセションチャートのドラフトは直属上司が行い、タレントレビューの場で、関係者間でコンセンサスをとるのが通常です。

③ハイポテンシャルプール

各階層における優秀で今後成長が期待される個人を特定します。一定以上の階層で行うことが多くなっています。この特定には9ブロック（図表6－13）がよく使用されます（なお、9ブロックは米国GE社によって提唱された概念です。また、近年は9ブロックを使用しない方法も用いられ

図表6-13 ｜ 9ブロックとハイポテンシャルプール

9ブロック

・「実績」と「ポテンシャル」を基軸に、将来の幹部候補＝ハイポテンシャル人材を見極め
・円滑な実施には上司の「目利き力」と人事部門のケイパビリティが必須

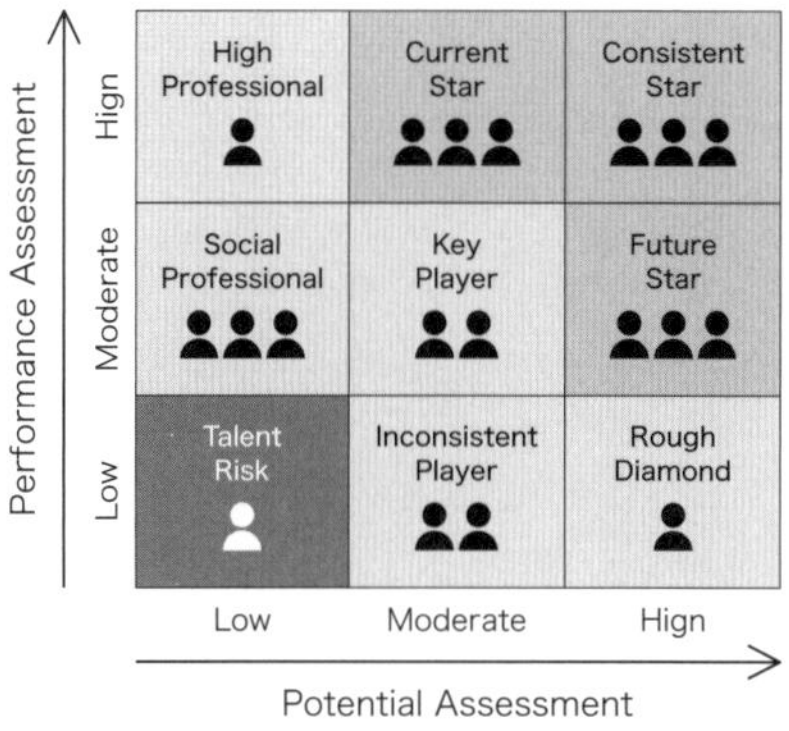

ハイポテンシャルプール

・プールした人材へは育成機会を傾斜配分
・円滑な運営には、人事権の明確化や人材情報のデータベース管理が必須（特に、対象範囲が広がるほど）

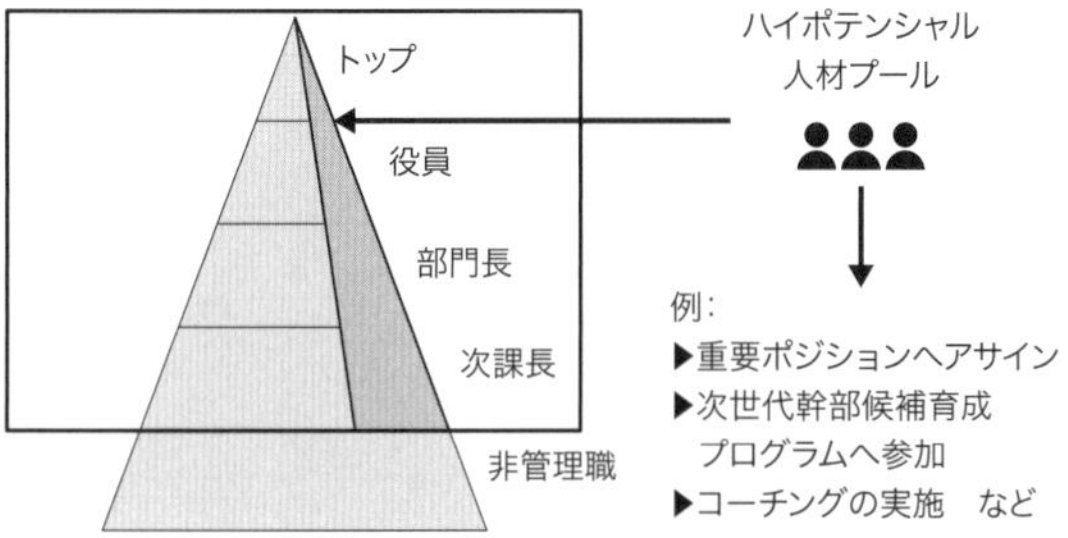

ています）。

９ブロックでは、縦軸は現在のパフォーマンス、横軸に将来の可能性を示すポテンシャルをとり、その二つの視点から人材をプロットします。縦軸は、現在または直近2、3年の業績評価とすることが多いですが、ポテンシャルは将来性であり、早期の昇格可能性が高いか、成長余力や基礎的な能力・資質が高いか、というあたりを総合判断することが多いように思います。

右上の３つのブロックに位置付けられた人材はハイポテンシャル人材であり、①で特定した重要ポストの後継候補者とともに、タレントレビューの場でどのような育成を行うべきか、特に、④計画的な配置について十分な検討を行います。②の特定されたハイポテンシャルな人材は、①の候補者の潜在的なプールであるとともに、⑤の選抜教育の対象者になることもあります。

④計画的配置／⑤選抜教育／⑥アセスメント

いずれも、後継者やハイポテンシャルな人材に対する施策であり、その中で④の計画的配置は能力開発の切り札的存在です。能力開発をするための計画的な配置を行うには、２つの重要な事項があります。

一つはシナリオを作り、それを実行していくことです（図表６-14）。

将来のトップ候補としてのＧＭの育成と考えると、例えば、複数の事業を経験したほうがよいでしょうし、ＧＭになる前にいくつかの重要な職種・機能を経験したほうがよいでしょう。また、今

図表6-14 ｜ 計画的配置を行う際のシナリオ設計

事業
- どの事業分野・範囲で業界情報や専門知識を習得させせるか？

職種・機能
- どのような専門能力・スキルの組み合わせで伸張させるか？

地域（海外経験）
- グローバルのビジネスルールや知見をどのように習得させせるか？

ポジション・権限
- どのようなリーダー経験をさせせるか？
- どの程度リスクを取らせるか？

期間・成果
- どのくらいの期間を見積もるのか？
- どういった成果を達成させるのか？

OJT・OFF-JT
- どのような支援を提供するのか？

後の事業展開を考えると海外事業の運営経験は必須であり、2つ以上の地域を知っているに越したことはありません。併せて、ポジションや期間・期待成果、会社として行う支援を検討すべきでしょう。

なお、会社によって差はありますが、計画的配置を行うために対象者、特にトップマネジメント候補者に対する人事権（特に配置）は、トップマネジメントや人事部門が持つことが望ましいと考えられます。

計画的な配置で重要なもう一つの視点はタフアサインメント（厳しい環境での業務経験の付与）をいずれかのタイミングで行うことです（図表6－15）。

タフなアサインメントを通じ修羅場を生き残ることで、通常獲得が難しいスキルやコンピテンシーを得ることができます。

図表6-15 タフアサインメントのテーマ

各テーマとも、非連続な経験を通じて成長を促す点で共通している

テーマ	獲得スキル・コンピテンシー
ビジネスの立て直し	不確実性下での意思決定力／組織力学への理解／経営視点／ストレス耐性／自信 等
JV・M&A	折衝・交渉力／コミュニケーション／貫徹する強い意思 等
新規事業立上げ	貫徹する強い意思／自主性／責任感／経営視点 等
特命プロジェクト	戦略思考／チームワーク／経営視点／政治力学 等
異文化経験	コミュニケーション／異なる価値観への許容性／環境適応力 等
キャリア転換経験	内省／経営視点／志・情熱 等
スタッフ部門経験	戦略思考／経営視点／計数管理／政治力学 等
危機的状況の経験	変革マインド／柔軟性／責任感／真摯・誠実さ／リスク感度 等

⑤の選抜教育は、そこでの経験による能力向上も重要ではありますが、より現実的には、「対象者に会社からの高い期待を間接的に伝え、その後のモチベーションにつなげること」「ハイポテンシャル人材と同じ時間を過ごすことで気づきを与えること」「社内のハイポテンシャルな人材同士のネットワークをつくり上げること」などが現実的な効果です。

⑥のアセスメント（図表6－16）は主として後継者やハイポテンシャルな人材の選抜や起用の際の参考情報として行うものであり、指名委員会やタレントレビューに提出されます。

図表6-16 | アセスメント手法の代表例

アセスメント手法		要素／概要	Personality & Values	Compe-tencies	Perfor-mance	Potential
Self Report 自己（上司）申告	Career Profile	・過去のキャリア実績や功績、人事評価結果、上司による推薦コメント等をプロファイル			✓	
	Personality Test	・Webによるテストで個人の動機・志向性、困難な状況に置かれた際のリアクション傾向を把握	✓			
Assess by Others 第三者によるアセスメント	BEI	・行動探索型インタビュー ・思考・行動特性を分析し、個人の強み・弱みや能力開発について報告	✓	✓		✓
	360度評価	・Webによる上司・部下・同僚からのマネジメント・組織行動評価。個人評価とのギャップも把握 ・インタビューも可能	✓	✓		
Observations 観察プログラム	オープンプレゼン	・自社のビジョン策定や経営課題を題材としたプレゼンを実施。プログラム参加者＋コンサルタントがアセスメントを実施	✓	✓		
	GD	・テーマ設定して、参加者間で1つのゴールに到達するように討議。思考能力やコミュニケーションスキルの高さ等を把握		✓		

取り組みのポイント1

実効性のあるタレントレビューの実施

サクセションマネジメントを導入している日本企業でも、心臓部であるタレントレビューがしっかりと行われておらず、候補者の強みや課題が曖昧なため、必要な経験の計画的な付与が難しく、十分にレベルアップを図ることができていないことも多いようです。

こうなってしまう原因はいくつかあります。以下に、考えられるものを挙げてみました。

●タレントレビューをやることで、トップの専決事項であった「トップマネジメントの後継候補者の選定」や「役員の選任」にトップ以外が関わることがはばかられる。
●トップマネジメントや事業責任者のタレントレビューについての理解や関心が低い。
●人事部門自体にタレントレビューを運営した経験が少なく、その効果に確信がない。また、会議体の設計や進行に自信がない。

その結果、まずはサクセションマネジメント機能を社内に半ば強制的に取り入れるために、サクセスファクターズやワークデイなどのHRのクラウドシステムを導入して、形式上は後継候補者やハイポテンシャルプールを各部門で選抜しているものの、肝心のタレントレビューの品質が上がらず、計画的な配置につながらなかったり、実際にはきちんとタレントレビューが行われていなかったりすることが起きています。

これらの問題の多くは、トップマネジメントや役員クラスのマインドセットや理解度に起因していて、解決はかなり難しいと言わざるを得ません。多くの企業のトップマネジメントや現役員はサクセションマネジメントによって輩出されたわけではないので、本人たちがその必要性をあまり感じないのも理解できます。トップマネジメントからすれば、自らの人事権を制限されるようなしくみであり、自分が後継者管理とハイポテンシャルプール形成を通じて人材情報を把握できていれば十分と考える可能性もあります。

さらにいうと、メンバーシップ型雇用では、ゼネラルマネジャーがある程度自然に育成されていくので、過去の経験に基づきそこまで必要性を感じないという面もあります。ただ、ジョブ型雇用においては、優秀なゼネラルマネジャーを積極的に育成する必要があり、今後、その重要性は増すばかりです。

多くの場合、トップマネジメント層も、人事部門のスタッフも、本来のタレントレビューの経験はあまりないように思えます。ですから、経験を目的として、パイロット的に何回かタレントレビューを実施することが突破口になるかもしれません。最初は部門レベル、具体的には部門長の後継候補者や部長クラスのハイポテンシャルな人材について議論してみるのはどうでしょうか。若手の優秀な人材の発掘を目的とした、もう1つ下のレイヤーでも構いません。

タレントレビューは人事制度のようにしっかりとした形があるものではありません。しかし、真剣に議論すれば必ず何らかの気づきがありますし、人事部門のタレントレビューの進行やファシリテーションの能力アップの助けにもなります。

ジョブ型雇用の本格的な始動の準備として、タレントレビューの経験を持つ関係者を増やし、タレントレビューは有意義かつ不可欠である空気を社内につくっていくことが大事です。

取り組みのポイント2　早めの選抜と計画的配置

ジョブ型雇用下でのハイポテンシャルプールへの選抜や後継者管理へのノミネーションは、早めに行うことが肝要です。図表6－17はグローバル企業の経営トップのキャリアですが、地域、事業、機能のそれぞれに対して多様な経験を積み、さまざまな環境下で能力の幅を広げ、多面的に物事を見る機会を与えられています。これらの幅広い経験を相対化することで、新たな環境に置かれた際の状況把握能力や適応能力が増すことも期待できます。

このように多様な経験を積ませるためには、後継候補者やハイポテンシャルとして選ばれた候補者をかなり早い段階から計画的に配置していかなければなりません。ここに掲載している二人は、ともに20代からマネジャー職に就いて組織をリードしており、非常に幅広い経験を積んでいます。

日本の大企業では、マネジャーになるのは例外的に早いケースでも35歳前後、通常は40歳前後で

図表6-17｜グローバル企業の経営トップのキャリア例

グローバルのトップ企業では、若手の頃からリーダーとしてのキャリアを歩み続けている

Ola Kaellenius（スウェーデン人） ダイムラー、メルセデス・ベンツ取締役会会長

- 1995 Senior Manager/Manager, Procurement Mercedes-Benz Cars Engine Emission Management（USA）
- 2002 Director, Procurement Mercedes-Benz Cars Powertrain, DaimlerChrysler AG
- 2003 Executive Director, Operations, McLaren Automotive Ltd., Woking（Great Britain）（34歳）
- 2005 Managing Director, Mercedes-Benz High Performance Engines Ltd., Brixworth（Great Britain）
- 2010 VP, Managing Director, Mercedes-AMG GmbH, Affalterbach（41歳）
- 2013 Member of the Divisional Board, Mercedes-Benz Cars Marketing & Sales, Daimler AG
- 2015 Member of the Board of Management, Mercedes-Benz Cars Marketing & Sales
- 2017 Member of the Board of Management, Group Research & Mercedes-Benz Cars Development
- 2019 Chairman of the Board of Management（50歳）

20〜30歳代にアメリカとイギリスを経験。40歳代初めからドイツでさまざまな経営ポジションを経験

David S. Taylor（米国人） P&G最高経営責任者

- 1980 Production Manager, USA
- 1983 Department Manager, USA
- 1985 Operations Manager, USA
- 1989 Plant Manager, USA
- 1993 Brand Manager, Pampers, USA
- 1996 Marketing Director, Diaper Products, USA（38歳）
- 1998 General Manager, HK and China Hair Care
- 2000 General Manager, Greater China Hair Care and Tissue & Towe（42歳）
- 2001 VP, Western Europe Family Care
- 2003 VP, North America Family Care
- 2007 President, Global Home Care
- 2013 Group President, Global Health & Grooming
- 2015 President & CEO, P&G（57歳）

米国でファンクションを経験後、40歳代初めから異なる事業の経営ポジションを、中国・欧州で経験

す。若い時期から人を選抜することに抵抗があり、仮に選抜してもこの事例のような特別な配置を行うことはほとんどありません。

メンバーシップ型雇用では、人材の流動性があまりないため、時間をかけて後継者を選ぶ余裕があります。全社共通の異動ポリシーに則り、基本的には全総合職に対して公平に職種横断的な異動を行いながら、長い時間をかけて選抜を行います。そのため、特定個人を早期に選抜し、特別な配置計画をもって能力開発すること自体に、社内から公平性を問う声が出てくるかもしれません。

しかし、ジョブ型雇用では人材の流動性が高いことが前提です。素養のある人材を早期に選抜し、本人にも伝えることで自覚を促すとともに、リテンションを図る必要があります。メンバーシップ型雇用ほど内部公平性に敏感な組織ではないため、全体から最も優れた人を選ぶというよりは、要件を満たしている人を選ぶという考え方になじみやすいのだと思います。逆にいえば、本当にベストかはわからずとも、要件を満たす人材を早めに見つけて、リテンションしながら計画的な配置を通じて能力開発を行うのです。

メンバーシップ型雇用とジョブ型雇用の考え方の差は、このようにサクセションマネジメントのさまざまな施策レベルに影響を与えています。メンバーシップ型雇用では緩やかにしかできなかったサクセションマネジメントが、ジョブ型雇用ではより積極的に行われるのです。

欧米の多国籍企業では、ビジネスモデルの変革をリードするグローバルビジネスのリーダーを育てるために、非常に早くから時間をかけて準備をしています。日本企業も後れをとらないように、ジョブ型雇用への移行のタイミングで、後継者育成のタイミングもぜひ早めていってください。これは、ＨＲＢＰのトップやＣｏＥがトップマネジメントを支え、実現していくべきことです。

取り組みのポイント3

アセスメントや選抜研修の登用への活用

サクセションマネジメントが正しく定着してくると、特にトップマネジメント層のタレントレビューは指名委員会との融合が進んでいきます。それに伴い、指名委員を交えてタレントレビューを行ったり、タレントレビューの結果を指名委員に報告したりする機会が増えます。

ここで一つ問題が発生します。最近の指名委員会には複数の社外取締役が加わっていますが、彼らはタレントレビューの対象となっている個人を知らないので、議論への参加や意見を述べることが難しいのです。

この問題への対処法として、一足早くサクセションマネジメントを実施している会社の事例を紹介します。この会社はかなりの有名企業ですが、歴代の経営者の意思決定に問題があり、業績が大幅に悪化し事業再生を行うことになりました。いくつもの改革の中の一つに、経営者に対するガバナンスの変革が目玉として含まれ、指名委員会に複数の社外取締役が入ることになり、組閣の起案は執行責任者であるものの、役員の登用に関しては社外取締役の承認が必要な状態になったのです。

そこで、社外取締役が対象者を知るため、過去の人事評価情報などを閲覧したうえで、社外取締役自身が対象者にインタビューする場を設けました。しかし、それだけでは情報を把握しきれないという懸念もあり、人材アセスメントと選抜研修の活用を始めたのです。

　具体的にはＢＥＩ（１９６ページ）、３６０度評価、シミュレーションアセスメント、グループディスカッションなどさまざまなアセスメント手法を用い、その結果を社外取締役に報告するようにしました。また、グループディスカッションや選抜研修の場を見学できるようにするなど、社外取締役自身が候補者を直接確認できる機会もつくりました。これらの努力は10年近く続けられ、当初のアセスメントでは役員陣の半分程度がＣ評価（役員に不適）でしたが、10年後にはＣ評価の役員は払拭され、事業の完全再生に寄与したように思います。

　サクセションマネジメントの導入と確かな運用は、組織を変え得るのです。

section3

パフォーマンスマネジメント

パフォーマンスマネジメントとは、主に個人のパフォーマンスを最大に引き出すことを目的とします。タレントマネジメントを人材の確保に向けた活動と捉えるなら、パフォーマンスマネジメントは人材の有効活用に向けた活動といえるでしょう。

しかし、その取り組みが、メンバーシップ型雇用では十分な効果を得づらくなっています。ここでは、その原因を明らかにし、ジョブ型雇用におけるポイントを説明します。

パフォーマンスの向上に特化した運用

ジョブ型雇用でも、メンバーシップ型雇用でも、パフォーマンスマネジメントの目的は同じですが、ジョブ型雇用の報酬は市場価値と上司の判断で柔軟に決まるため、メンバーシップ型雇用ほどパフォーマンスマネジメントと報酬の結び付きは固定的ではありません。それに伴い、実務上のポイントは両者で違ってきます。

取り組みのポイント1

「報酬のための評価」からの決別

パフォーマンスマネジメントは、目標管理（ＭＢＯ）の手法を活用した目標設定および結果への評価とフィードバックが主な手段となります。同様にコンピテンシーを活用した能力評価とフィードバックも行われます。もちろん、日々の業務指示やモニタリング、アドバイスは非常に重要ですが、具体的な取り組みのしくみとしては、目標管理とコンピテンシーが中心になります。

パフォーマンスマネジメントの目的には、本来、大きく3つあります。

一つめは、業務活動のマネジメントとコントロールです。具体的には、経営目標を部門ごとの目標に落とし込み、さらに個人の目標へと細分化します。そして、その遂行状況をモニタリングします。

二つめは、人材開発です。コンピテンシーを活用して、その人の強みと課題を明確にして伝え、能力の強化を図ります。

そして、最後の三つめは、昇給・賞与・昇格などの処遇決定への活用です。

ただ、図表6－18に示したように、現実的には三つめの処遇決定に焦点が集まりがちです。特にメンバーシップ型雇用では、部下のキャリアや生活にマイナスの影響を与えたくないという上司の心理が働き、中心化傾向や寛大化傾向が発生します（149ページ）。部下としても、処遇に影響

図表6-18｜パフォーマンスマネジメントに発生している問題の構造

パフォーマンスマネジメント（≒評価制度）と複数の目的をリンクさせたため、機能不全が発生。事実上、評価が処遇（昇給・賞与・昇格）決定のために行われるかのような事態が蔓延している

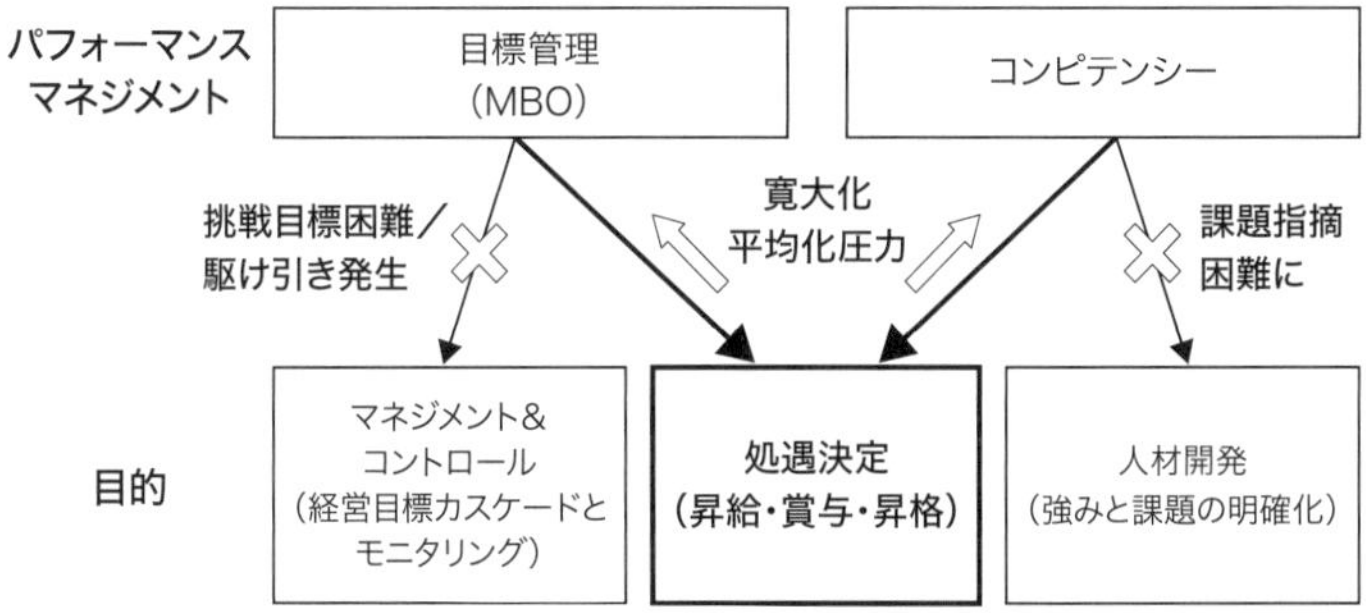

図表6-19｜パフォーマンスマネジメントに対する見方

下記は、「パフォーマンスマネジメントが自社にどの程度の価値をもたらしているか？」の質問に対する回答。フィードバック・コーチングのプロセス」「育成・学習とのつながり」「サクセションとのつながり」についての評価が低くなっている

回答（全体）

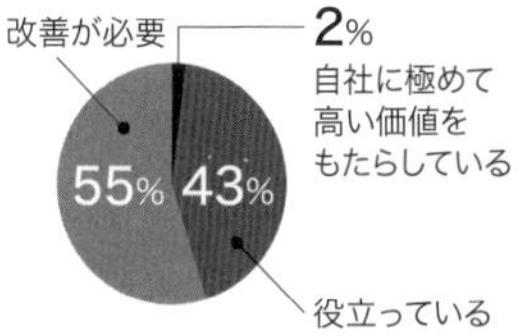

項目別

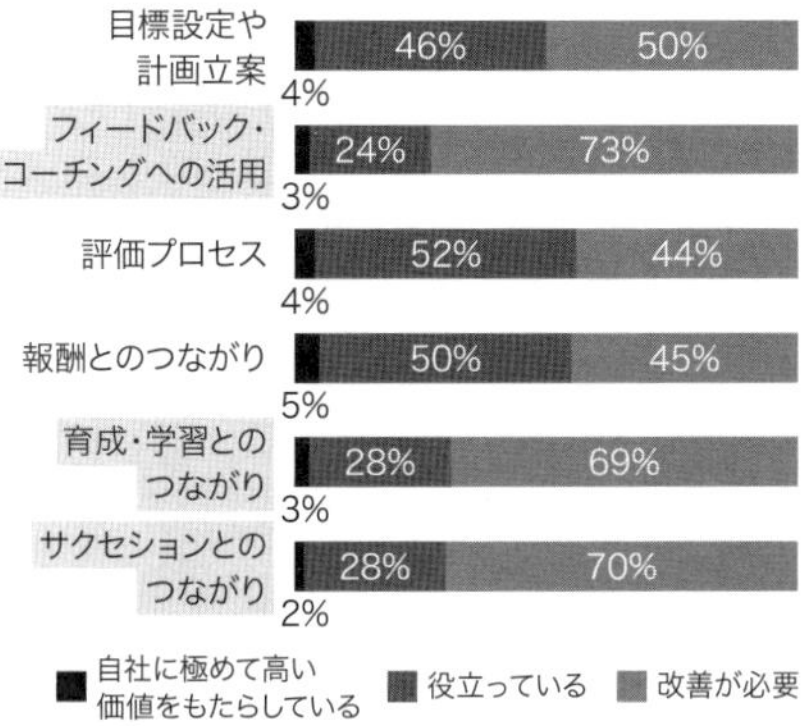

出所：マーサー「2019 Global Performance Management Study Insights and Detailed Report」(n=1,150)

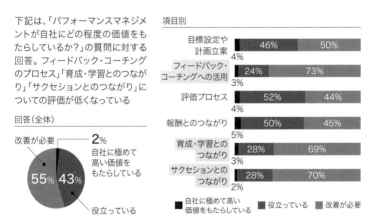

しないように、失敗を避け、挑戦しない傾向を生みます。

このように、評価が昇給や昇格といった処遇と結び付いてしまっているせいで、目標設定の意義が薄くなり、他の2つの目的の達成も難しくしてしまっているのです。

この問題を解決するには、パフォーマンスマネジメントと処遇の結び付きを、より緩やかなものにする必要があります。ただし、その実現には、パフォーマンスマネジメント側を変えるだけではなく、報酬マネジメント側も変える必要があります。具体的には、昇給や賞与の決定は、市場価値を参照しながら、マネジャーが与えられた報酬ファンドの中で金額そのものを柔軟に決定する方式とし、昇格については個人に割り当てられたジョブのサイズで決定する方式とします。

詳しくは、第4節「報酬マネジメント」でお話ししますが、ジョブ型雇用において個人のパフォーマンスを最大化するパフォーマンスマネジメントは、報酬マネジメントの改革とセットであると心得ておきましょう。

取り組みのポイント2

チャレンジを促す工夫

実はパフォーマンスマネジメントに対する問題意識は、欧米の多国籍企業でも高くなっています。図表6－19は各企業のパフォーマンスマネジメントに関しての社員に対する調査結果ですが、「パフォーマンスマネジメントが自社に極めて高い価値をもたらしている」と回答したのはわずか2％

となっています。

背景はさまざまですが、パフォーマンスマネジメントのしくみにおいて不満の原因といわれているものとして、次のようなものが考えられます。

①レーティングと本人の認識のギャップ

自己評価は高くなりがちで、例えば、5段階評価と仮定すると、多くの人は3（達成）という標準的な評価に対して不満を感じ、4（超過達成）でも自分より上の評価を受けている人の存在に不満を感じることがままあります。つまり、恒常的に不満が発生しやすい構造になっています。

②レーティングの分布規制

レーティングの際に分布規制（評価ごとの人数または割合）がかけられるケースは、数多くあります。分布規制が「ある」場合はもちろんのこと、「ない」場合でも、バランス上正規分布を意識して評価するため、実態と乖離した不自然に悪い評価が付くケースがあり、不満の一因になり得ます。

③レーティングと達成度の関係

チャレンジをして高い目標を掲げると達成度が低くなり、評価を下げる可能性が高くなりま

図表6-20 ノーレーティングの構造

業績評価や行動評価を目標設定・モニタリング、人材育成に活用する。その際評価ランクの設定は必須ではなく、処遇決定は別のプロセスで行う

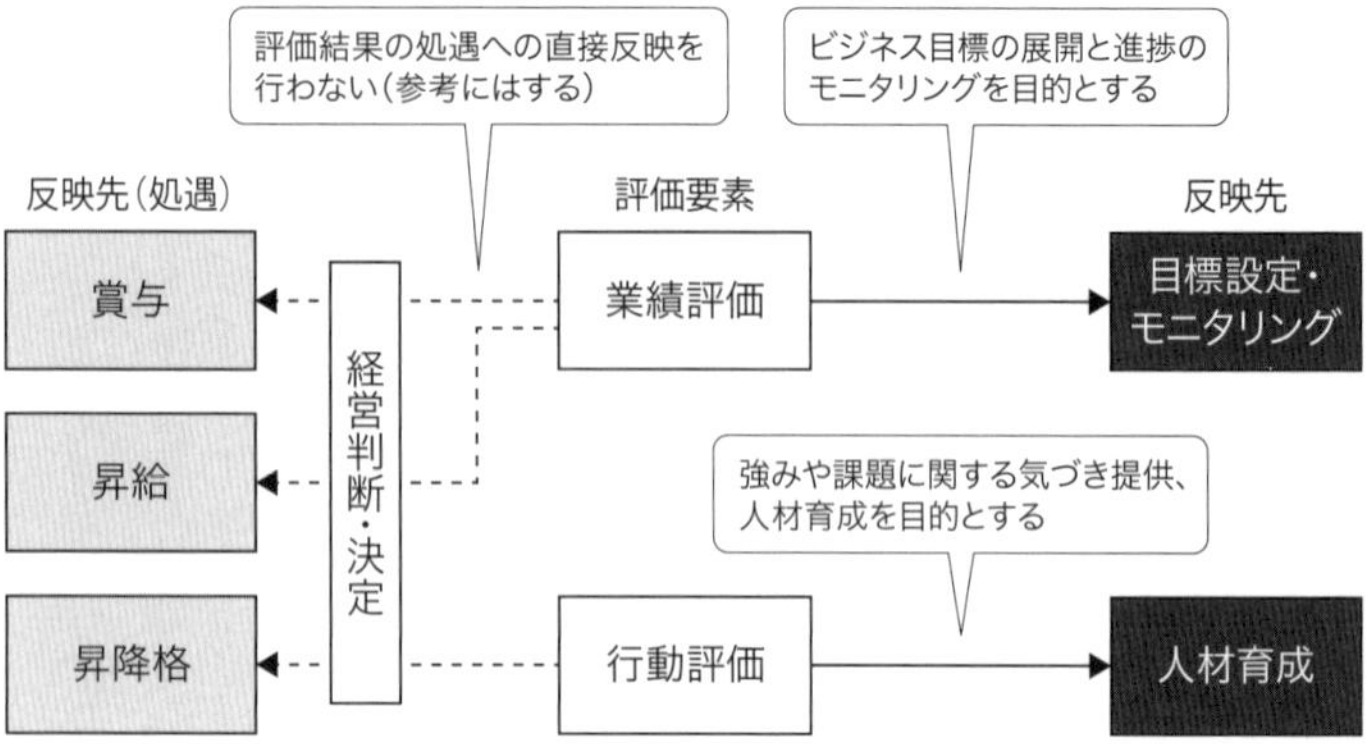

す。結果として、ある種の駆け引きとして、100％以上達成できる目標を選択しがちになります。これもレーティングとパフォーマンスの乖離につながり、不満の温床となり得ます。

これらの問題は、報酬との結び付きが弱くなった時点で、特に②、③は緩和されますが、やはりパフォーマンスマネジメントそのものにおいても工夫が必要です。

そこで考えられたのが、ノーレーティングです（図表6－20）。ノーレーティングを採用した場合、パフォーマンスの評価結果を記号化し、本人に伝えることはしません。これは昇給、賞与、昇格が評価に直接結び付いていないからできる方法です。

レーティングがないので、評価そのもの

に不満は発生しませんし、分布規制の問題も出ません。また、高い目標を掲げて挑戦をした場合は、たとえ達成度が低かったとしても、チャレンジを称賛し、昇給や賞与で不利にならないように、あるいは優遇することもできるようになります。

なお、ノーレーティングの会社でも、本人に評価を伝えないだけで、レーティング自体は残している会社もあります。やはり、レーティングがあったほうが報酬を決めるときの目安になりますし、タレントマネジメントをするときもパフォーマンスが一目でわかるなどのメリットがあるからでしょう。

また、レーティングによる悪影響を抑制しつつ、そのような人材マネジメント上の利便性を確保するために、レーティング数を3段階にしている企業も増えてきました。

なぜ3段階にするのかというと、レーティングの幅を広げれば、評価に対する不満の発生を軽減できるからです。5段階評価のときの5と4が同じレーティングになり、「高い評価をされているのに不満」ということが起きません。また、5段階評価で真ん中の3の評価だった人にとっては、今までは上に2つのレーティングがあったものが、3段階評価では上に1つだけとなり、受け入れやすさが増します。マネジャーにとっても、1はPIPの対象候補、反対に3は明らかに優秀な人材となり、ほとんどの人が2の評価となるため、心理的に評価を付けやすくなるという効果もあるでしょう。

それぞれの評価の幅は広がりますが、報酬についてはマネジャーが直接金額を決定できるので、

図表6-21 MBOとOKRの違い

MBOが個人の目標管理と人事評価を目的としているのに対して、OKRはビジョンの明確化と組織の活性化を通じてメンバーのコミットメントを引き出すことに重きを置いている

比較項目	Management by Objectives (MBO)	Objectives and Key Results (OKR)
目的	・目標設定 ・パフォーマンスの測定 ・処遇の決定	・目標設定 ・パフォーマンスの開発 ・生産性・効率性の向上
評価サイクル	年／半期	四半期／月
期待される達成水準	100%	60～70%（ストレッチ目標）
共有範囲	本人・上司、人事	全社
個人／チーム	個々の従業員にフォーカス	チーム（組織）にフォーカス

出所：ピョートル・フェリクス・グジバチ・著『成長企業はなぜ、OKRを使うのか』（ソシム）他より作成

必要ならば同じ階層でも差をつけることは可能です。金額差は昇給・賞与の決定のタイミングでつけるので、分布自体をコントロールする必要性もあまりなく、その面からもトラブルを抑制できます。

GoogleやFacebookといった米国ＩＴ大手では、さらに挑戦を促し、組織のパフォーマンス向上につなげるためのマネジメント&コントロールのしくみであるＯＫＲが導入されています。ＯＫＲの特徴（図表6－21）は、挑戦して達成すべきことを目標に設定し、個人の評価のために直接的には使わないという考え方です。その目標に対して挑戦を促すこと自体を目的としています。

ですから、目標の達成度は60～70％あれば十分で、もちろんノーレーティングが前

提となっています。とにかく、本当にやるべきことを規定して目標とし、達成のために活動を促すことが目的であり、処遇への直接的な結び付きは極めて弱くなっています。

以上のように、ジョブ型雇用におけるパフォーマンスマネジメントは処遇決定のためのものではなく、パフォーマンスを上げることを目的に、課題を考え、解決し、結果につなげることをサポートします。

取り組みのポイント3

カスケードとフィードバックの質の向上

パフォーマンスマネジメントを行ってもパフォーマンスが上がらない原因の一つは、マネジャーのケイパビリティにあります。的確な目標設定ができていないため、カスケードダウン（経営戦略等の部門や社員への細分化、落とし込み）がうまくいっていないのです。

目標設定では、まずその領域の重要な事項（イシュー＝真の課題）を定めて解決することを目標とすべきなのですが、ほとんどの場合、まずイシューそのものが特定できていません。イシューの特定は、解決すべき問題の構造を認識することでもあるのですが、その根本ができていないために的確なアドバイスもできないのです。

目標設定のモデルを一つ紹介しましょう（図表6－22）。事業責任者が目標を立てるケースを想定します。

目標を設定する領域は、新規事業の創出、既存事業の拡大、組織基盤の整備・運営、人材の開発のいずれかであることがほとんどです。例えば、自身が新規事業の創出に貢献する立場にあると仮定して、実現のために必要なやるべきことを構造化し、その中でも特に重要なイシューに注目します。

この例では、新規事業を創出するために、バリューチェーンごとになすべきことを考察したうえで、特に重要な事項に対して、それを実現するにあたってのイシューを明確化します。具体的に何をすべきなのか——。商品ラインを増やすべきなのか、製造機能を整備すべきなのか、それとも営業力の整備をすべきなのか、その際のイシューは何なのか、といった考察を繰り返し、特に重要なイシューを重点ポイントとして目標化します。

その重点ポイントについて、達成したい事柄が明確な場合、ないしは、仮説として設定できる場合は、その達成がゴールです。具体的なゴールを設定することが難しいときは、ゴールに至るまでのプロセスを考えて、その実行を目標としてもよいでしょう。これができると、自分が何をするべきかが明らかになるので、部下へのカスケードダウンもうまくいくはずです。

このように構造的に課題を特定したうえで、施策を立てるというのは、言うのは簡単ですが、実際にやってみるとかなり難しいものです。目標管理の主な目的が処遇の決定だった頃は、評価結果が頃合いであればよかったのですが、今後は目標管理を処遇の決定から切り離し、事業の成長のために経営目標のカスケードを実現しなければなりません。したがって、マネジャーのケイパビリ

図表6-22 目標設定(カスケードダウン)の手順とコツ

カスケードを行う目標を設定する際には、まずは「目標設定領域」「課題(イシュー)」「仮説」「ロール」を明確にすることが重要

目標設定領域	✓役員は、右欄の2つの機能(いずれか)×4つの目標設定領域に対して、それぞれ目標を設定する ✓社員も同様に領域を意識しながら、目標を設定する	【目標設定領域】 ●事業機能 ・新規事業の創出　・既存事業の拡大 ・組織基盤の整備・運営　・人材の開発 ●経営・管理機能 ・最適事業ポートフォリオ実現 ・適切な株主政策・資本政策・IR・コーポレートガバナンス ・組織基盤の整備・運営(組織またはしくみ) ・人材の開発
課題(イシュー)	✓階層ごとに範囲や程度は異なるものの、自分の担当領域における問題点を深掘りし、課題を特定する	【例】 ●バリューチェーンの観点 ・商品開発　・製造　・営業etc. 商品ラインに問題がある場合、ラインナップと個別商品のどちらが問題かを考え、その原因が商品開発件数にあるのか、商品の組み合わせにあるのかなどを検討し、解決点を記載する　※バリューチェーンでなくても課題を特定できる切り口であればよい
仮説	✓課題(イシュー)を設定する段階で、ソリューションに至るまでのプロセス、また、ソリューションに関する仮説を立案する ✓加えて、カスケードする部下にソリューションの仮説を伝えることができると望ましい	【例】 ●商品の組み合わせが課題の場合 ・不足している領域の商品を開発する(商品の要件も併せて明確化) ●人事情報システムの導入が課題の場合 ・その要件や検討のプロセスを設定 ●課題自体が不明確な場合 ・課題やそれが発生する構造(原因)の明確化 ・ソリューションの明確化 などに関するプロセスを定義し、その遂行を目標として設定
ロール	✓やるべきことを具体化するには、ロールの設定が有効であり、そのキーワードを記載する	【例】 ●自らはどのような関与を行い、誰に何を任せるのか、方針を明確にする(以下は新規事業の創出の場合) ①体制を整備する ②最終的な承認を行う ③新規事業の有力なシーズを選択し具体化する ④新規事業のオプション出しと分析を行う

図表**6-23**｜フレキシブルな運用と頻繁なコミュニケーション

多くの企業が従来の年間サイクルでの運用から、頻繁な目標変更を伴う柔軟な運用に移行しつつある。マーサーの調査によれば、四半期ごとのチェックインで38%、月次チェックインで22%の社員が、半期または年間の目標変更を行っている

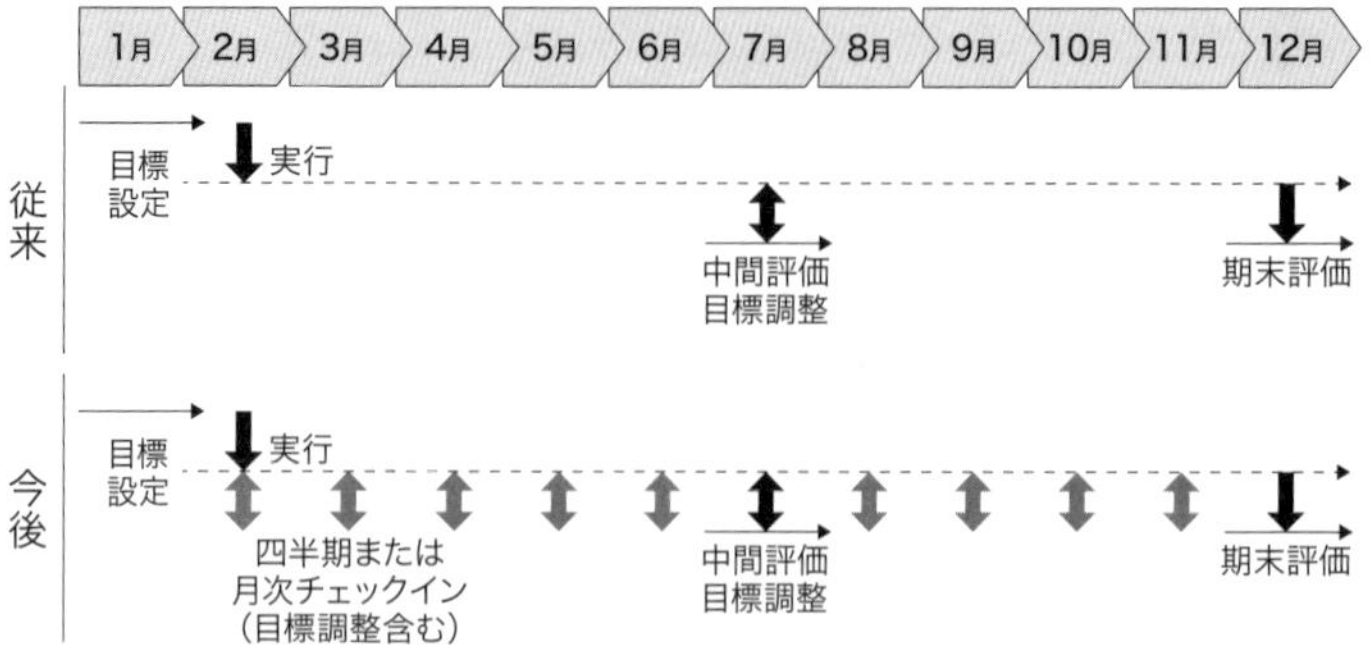

出所：マーサー「2019 Global Performance Management Study Insights and Detailed Report」(n=1,150)

ティトレーニングなども必要になるでしょう。

フィードバックの場でも、現在の真の課題が何かについて話し合うことは大変重要です。上位下達のような堅苦しい面談では本音で話し合うことが難しいので、より良いパフォーマンスマネジメントのためにも、気軽に意見交換ができるような面談の機会をたびたび設けることをお勧めします（図表6－23）。

注意したいのは、たとえ上司と部下が親しくなったとしても、それだけではパフォーマンスの改善にはつながらないという点です。イシューに対する率直な議論ができる空気をつくったうえで、必要に応じて的確なアドバイスができるかどうかがポイントになります。

section4

報酬マネジメント

報酬マネジメントは、必要な人材を確保できる処遇条件を整えること、そして、事業運営にとって望ましいインセンティブを提供することを目的とするものです。ここではジョブ型雇用の報酬マネジメントにおける実務的なポイントを見ていきます。

市場価値ベースのマネジャー権限による決定

報酬マネジメントは長期勤続と内部公平性を重視するメンバーシップ型雇用と、労働市場からの人材調達を前提とするジョブ型雇用とで、テクニカルな面で最も大きな違いが出る領域です。

取り組みのポイント1

外部競争力の確保――職種別市場価値

外部から優秀な人材を確保したり、リテンションを行ったりするためには、報酬マネジメントに職種別の市場価値の概念を導入する必要があります。市場価値をベースにした報酬マネジメントは、基本的にシンプルなものが好まれ、次の3つで構成される場合がほとんどです。

- **基本報酬（ABS／Annual Base Salary）**：固定報酬
- **賞与（STI／Short-term Incentive）**：短期変動報酬
- **長期的インセンティブ（LTI／Long-Term Incentive）**：長期変動報酬

ABSとSTIの合計値（いわゆる年収）をTCC（Total Cash Compensation）、それにLTIを合計した総直接報酬をTDC（Total Direct Compensation）と呼びます。さらに、非金銭的な報酬として、各種のベネフィットが付与されることがあります。

メンバーシップ型雇用では、これらに加えて多くの手当てが支給される傾向にあります。もちろんジョブ型雇用でも手当がないわけではありませんが、金銭報酬として支給している場合でも、ジョブ型雇用ではベネフィットに準じたものとして扱うことが多くなっています。

なぜ、ジョブ型雇用では報酬の構成がシンプルになるのでしょうか。それは、報酬は労働に対する対価という考え方が強いからです。労働に対する対価ならば、労働の種類（ジョブ）に対して大まかな報酬水準が決まっており、実際のパフォーマンスに応じて多少額が上下するという形式が自然です。したがって、通常は固定的な報酬と変動的な報酬の合算になっています。また、市場と比較するうえでもシンプルな構成のほうが、より利便性が高いという面もあります。

市場価値を考えるうえでは、ＡＢＳとＴＣＣが特に重要です。ただし、高いポジションに就く個人にはＬＴＩも付与するため、ＴＤＣが重要になります。

報酬水準は職種別の市場価値で決まりますから、職種×職位レベル（つまりジョブ）に対してＡＢＳのレンジ（または目安のガイド）が定まります。加えて、ＡＢＳに対する比率でＳＴＩの標準額を定め、会社の業績と個人の業績を確認しながら、実支給額を標準額に対して上下に変動させ決定する運用が最も一般的です。

ＬＴＩもＡＢＳに対する比率で標準額が決まります。ＬＴＩはストックオプションや譲渡制限付株式のように株を用いた制度が多いので、付与された後の権利行使時での株価が最終的な処遇に影響を与えます。また、近年は業績連動性を取り入れ、会社の業績によって付与数や権利行使数が変化するという、ＬＴＩの金銭価値が大きく変動するしくみをとっているケースもあります。

まとめると次のようになります。

●基本報酬（ABS）

職種×職位レベル（つまりジョブ）別に、レンジ／ガイドを定める（基本給）。

●賞与（STI）

ＡＢＳに対する比率で標準額を定め、会社や個人の業績を加減して決まる（賞与）。

図表6-24 報酬水準ガイドラインの規定方法

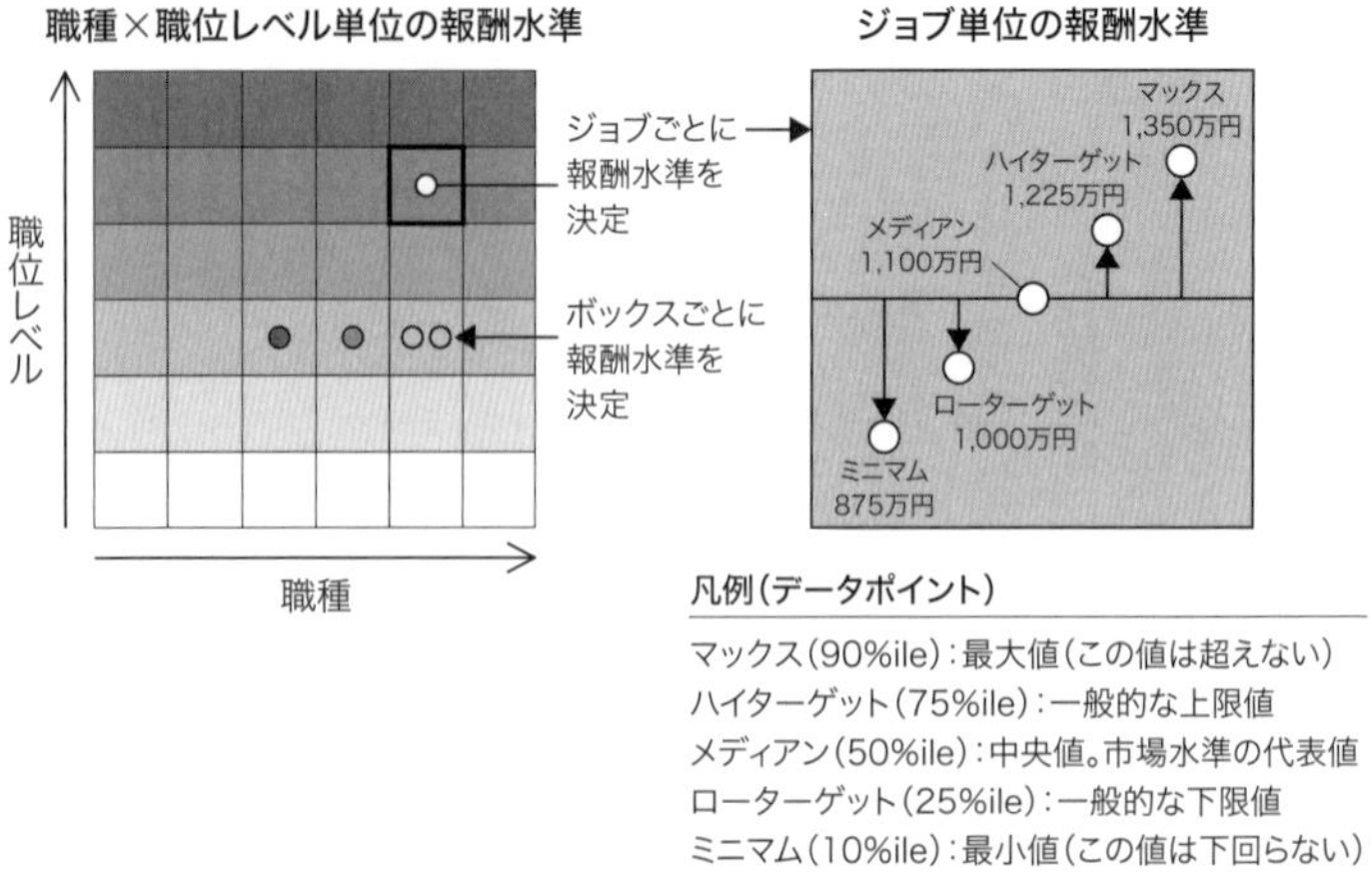

●長期的インセンティブ（ＬＴＩ）
ＡＢＳに対する比率で標準額を定め、株価・業績で実際に得られる経済的価値が変動する（一般的には株式報酬）。

なお、設計時はＡＢＳ、ＴＣＣ、ＴＤＣの報酬水準、またＡＢＳに対するＳＴＩやＬＴＩの比率に対するマーケットベンチマークを行い、ガイドラインに反映します。それぞれの決め方は次のとおりです。

ＡＢＳの決め方

ＳＴＩとＬＴＩの標準額はＡＢＳに対する比率で決まるため、ＡＢＳの水準をどのように規定するかが非常に重要になります。規定の仕方はいくつかありますが、ここでは「職種×職位レベル」のボックスごと、または各ボックス内のジョブごとに報酬水準のガイドラインを規定したケースを見てみます（図表6－24）。

この事例では、ボックスまたはジョブごとに、5つのデータポイントに対して報酬水準のガイドラインを設定しています。ボックスまたはジョブごとのガイドなので、キャリアレベル（縦方向）の大きさだけではなく、職種別（横方向）に報酬差をきめ細かく反映することができます。

データポイントに関しては、この事例ではボックスまたはジョブごとの報酬水準を、コンサルティング会社が提供する報酬サーベイから統計データを抽出して使用します。なお、あくまでも統計データであり、前後左右や経年で見て異常値の場合はマニュアルで補正することもあります。

図表6－24の数値は、ジョブの種類、親会社の有無、産業、事業規模、従業員数、事業組織が保有する業務機能などによって変わります。また、あくまで金額は例示であり、当該職種の実市場価値とは異なります。

〔参考〕パーセンタイルの目安

115ページでもお話ししたとおり、90%ile（パーセンタイル）は、該当のボックスやジョブに100人がいると仮定した場合に、上から10番目の報酬水準になります。同様に75%ileは上から25番目、50%ileは上から50番目の報酬水準となります。

90%ileはマックスと表記されていることからもわかるように、報酬マネジメントの世界では統計的に90%ileより高い水準は一般的に異常値かそれに準ずると考えます。よって、実質的には90%ileが該当するボックスやジョブのＡＢＳの最大値の目安といってよいでしょう。

50%ileはいわゆる中央値で、市場水準の代表値になります。一般的に75%ile～25%ile程度であれば、25番目～75番目となるため、概ね市場の標準的な報酬水準であると考えますが、その中でも75%ileであれば市場の標準的水準ではあるが高め、25%ileであれば低めというニュアンスが含まれます。

採用や昇給の際は、これらの意味合いを理解しながら、本人の現在の報酬額、パフォーマンス（ないしは期待できるパフォーマンス）、ポテンシャル、リテンションリスクを考えて、総合的に報酬を決定します。

ここで説明した報酬水準ガイドは、メンバーシップ型雇用における給与レンジや給与テーブルとは、若干ニュアンスが異なります。メンバーシップ型雇用の給与レンジや給与テーブルは、逸脱できない絶対的なルールと解されますが、ジョブ型雇用における報酬水準ガイドラインは、合理的な理由があれば逸脱が認められます。実際、統計的なデータが現実に追い付かなかったり、どうしても採用したい人の現給が高かったり、やむを得ない場合、ガイドラインを柔軟に運用します。

これはいわゆるComply or Explain（遵守するのか、説明責任を果たすのか）という世界観と考えてください。事業部門から人事部門に対して必要性があるという合理的な説明がなされれば、ガイドラインを逸脱した報酬水準が認められるのです。

ただ、今回の事例については、マックスとミニマムの設定があり、幅が広いガイドのため、実際の報酬水準はガイドライン内に収まることが多く、Complyで運用する傾向が強くなると思われます。一方、会社によっては、ガイドラインとしてマックスとミニマムについては設定していないケースも多く、この場合は例外対応（Explain）が増えます。

今まで述べたきたように、しくみを適用する際の柔軟性については、内部公平性重視のメンバーシップ型雇用と外部競争力重視のジョブ型雇用では大きな違いがあります。内部公平性を重視するためには、原理主義的なルールを重視した運用をしていくことになりますが、外部競争力を重視するのであれば、人材確保・リテインのためにある程度の柔軟性を認める傾向が強くなります。

STIの決め方

STIは1年ごとの貢献に報いるためのインセンティブです。最もポピュラーな決め方は、まずABSの5~20%程度を標準支給率として標準STI額を決定します。それから会社と個人の業績に応じて、標準額の50~150%ないしは0~200%程度を支給するという設計が多いと思います。この標準支給率は市場水準を参照して決定し、職位レベルや職種によって変えるのが一般的です。

なお、年度の貢献に対する変動報酬であるため、年に1回、年度末（厳密には次年度の早い時期）に支払われるのが標準的です。

LTIの決め方

LTIは譲渡制限付き株式、ストックオプション、またはそれと類似したその他のスキーム（現金、信託）を利用した長期的なインセンティブです。多くの場合、一定期間が経過した後に株もしくは株価に連動した現金が個人に支給されるというもので、株価の上昇が個人の利得になるため、短期の業績を考えるのでなく、長期的に株価が上がる意思決定を誘引するインセンティブとなります。

STIと同様に、市場水準を参照してABSに対する標準支給率を設定したうえで、標準支給額を定めます。その後、付与する株やオプションの理論的な価値をブラックショールズ（オプション価格評価モデル）などの手法で決定し、標準支給額を除して株式の標準付与数を決定します。

近年は、単に株式を役員や社員に付与するのは株式の希薄化につながるのではないか、という論調が高まり、付与株式数もしくは権利行使数に、相対TSRや収益や利益の達成度などを反映させる会社が増えています。

LTIはその性質上、役員や重要な責任を持つ社員に限って支給されることがほとんどです。長期的な業績向上のインセンティブであるとともに、一定期間在籍しないと権利行使ができず、経済的な利益を得られない制度のため、責任のある立場の者、優秀な者をリテインするための報酬という性質があり、その意味でジョブ型雇用の報酬パッケージの一部となっている側面もあります。

いずれにしてもLTIの標準額も、ABSに対する比率で決まることが多く、その後、会社の業績と株価と連動して、実際に個人が得られる報酬額が変動するしくみになっています。

会社別の工夫や特徴

ジョブ型雇用の報酬マネジメントへの理解を深めるために、ABS、STI、LTIそれぞれの水準を規定するスキームについて代表的な例を説明しましたが、実際には、会社によってさまざまな工夫や特徴があります。いくつか紹介してみましょう。

- 多くの企業では標準的な報酬水準を50%ileとすることが多いが、トップクラスの人材確保をめざし、それよりも高くする（または低くする）。
- TCCは市場水準を尊重するが、ABSが占める割合を低めにしてSTIの比率を高める。
- 外部競争力を重視して、報酬水準の提示はガイドライン形式のことが多いが、事業ごとの運用のバラツキを抑えるため、報酬水準を強制力のあるレンジとして示す。
- すべてのボックスやジョブに対して、報酬水準のガイドラインを設定するのは手間であり、微細な差で意味がないことも多いので、キャリアレベル（グレード）ごとに2~5種類程度のレンジを設定するに留め、職種ごとにどのレンジを使用するかを決定する。

● ＴＣＣを最重視し、ＡＢＳはあくまで仮払いと考えて、期末のタイミングで、期中に担ったジョブと創出した成果から総合的な貢献を判断してＴＣＣを決定する。ＡＢＳは仮払いなので、ＴＣＣと仮払いしたＡＢＳの差額をＳＴＩとして支払う。

このように工夫を凝らした、バラエティに富んだ事例が見られます。ただ、どのような形であっても、ジョブ型雇用の報酬マネジメントは外部競争力、つまり人材を確保できるしくみを重視しており、外部報酬データを利用している点では共通しています。

取り組みのポイント2

報酬決定権の移譲

ジョブ型雇用における報酬マネジメントの最重要事項は人材確保、リテンションです。しかし、メンバーシップ型雇用のように人事部門が中央で決めたルールによって報酬を決定する形では、現場で起きている人材の獲得競争に勝つことは困難です。中央での処遇管理は、採用しかり、リテンションしかり、武器なしでマネジャーを戦わせるようなものです。

ここではまず、昇給額を決定する代表的な方法の一つを取り上げます。報酬決定権を現場に移譲する、その実務的な意味合いをご理解いただければと思います。

図表6-25｜報酬水準ガイドラインの規定方法

ジョブ名：ファイナンスマネジャー	
マックス（90%ile）	1,350万
ハイターゲット（75%ile）	1,225万
メディアン（50%ile）	1,100万
ローターゲット（25%ile）	1,000万
ミニマム（10%ile）	875万

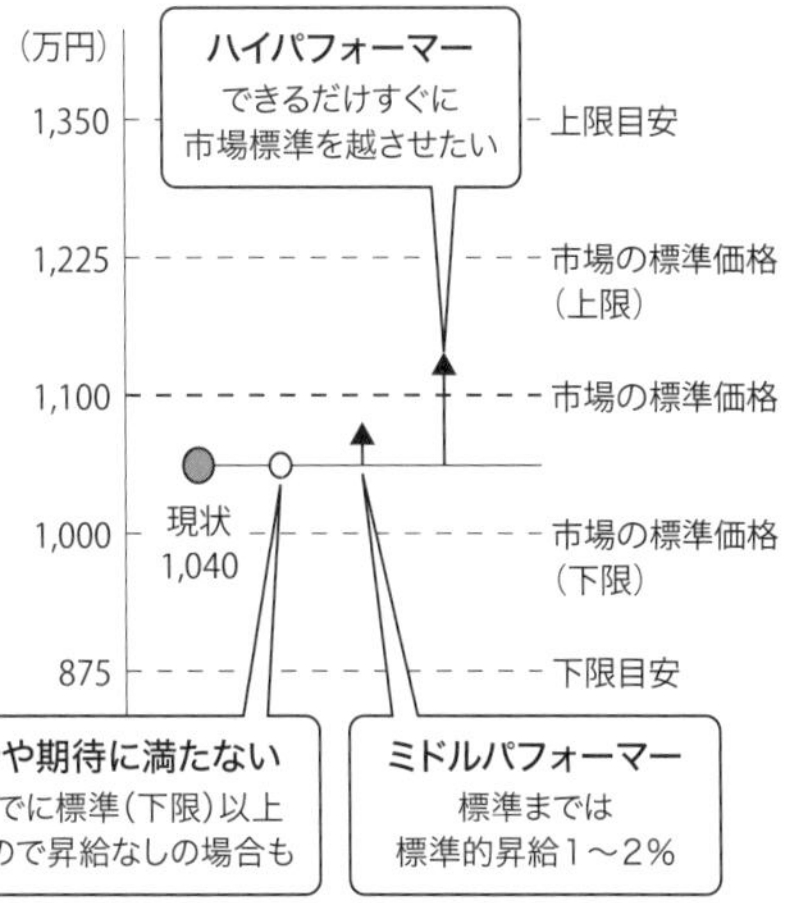

報酬額の考え方

前述したようにジョブ型雇用においては、報酬の柔軟性が高まります。人事部門が昇給ファンドを各部門に割り当てて、そのファンドの中でマネジャーが社員一人ひとりの昇給額を決定します。

図表6－25をご覧ください。例えば、現職のファイナンスマネジャーのABSが1040万円だと仮定します。この場合はローターゲットとメディアンの間には入っていますので、概ね相場に見合った報酬を払っているといえますが、市場の代表値（50%ile）よりは低い金額になります。

このファイナンスマネジャーのパフォーマンスが、会社から要求されている条件を一応満たしているものの、それを明確に超えるレベルでないとすれば、標準的な昇給（例えば1～2％程度）となります。一方、明らかに高いパフォーマンスを示しているならば、できるだけ早くメディアンを超えさせたいので、特別昇給も考えられます。年ごとの昇給ファンドの状況もあるため、一概にはいえませんが、3％から10％程度と大幅に昇給させたいところです。

仮に5％昇給とすると、昇給しても1092万円でメディアンには届きませんが、会社から認められていることは本人も理解しますので、その後の処遇向上への期待が持てることでリテンション効果もあるでしょう。また、来年も高い業績を残した場合、さらに多めの昇給を繰り返し、ハイターゲットあたりの適切なポジションまで持っていくことになります。

一方、パフォーマンスが会社の求めているレベルに少し足りない場合はどうすればいいのでしょうか。低めとはいえ、すでに相場の報酬を払っているので、昇給させないこと（昇給0％）も視野に入れるべきです。ただし、現在の報酬がローターゲットより低ければ、標準的な昇給は考えられます。

この考え方は内部公平性より外部競争力を重視するという意味で肝になります。ジョブ型雇用では、マーケットバリューに対するポジションを意識することで、ゼロ昇給も普通に行いますし、メンバーシップ型雇用では通常行わないような非常に多額の昇給も行います。これが、ジョブ型雇用における、「外部人材確保と内部人材リテンションのための柔軟な対応」であり「昇給ファンド額を前提に、現在の報酬額、市場価値、総合的な実力を総合判断しながら、必要に応じて、リテンションや代替可能性を加味する昇給決定」の方法です。

加えて、ジョブ型雇用への変革で市場価値の導入を進めると、報酬水準のブロードバンド化、つまり報酬水準のガイドラインが許容する範囲の拡大が進みます。したがって、ジョブ型雇用になると、一物一価に収斂するというのは間違った認識です。同じ仕事でも、個々の企業の収益性や個人の能力・貢献・キャリアなどが違うので、それぞれに異なる金額で労働取引が行われています。適切な判断に基づく昇給決定が必要です。

実力がある者は早く昇給させて、市場価値の中でも相対的に高いポジションに位置付ける。実力に不足がある者は、ガイドラインとしてはより高い水準が許容されていても昇給させない、というのが基本的な運用の考え方です。優秀な人材のリテンションのためには、貢献と報酬の順番をできるだけ早いタイミングで合わせる必要があるからです。

従来の評価をベースとした昇給率・昇給額の決定は、在籍年数に応じて少しずつ昇給させる手法のため、貢献と報酬のアンマッチが長期にわたり解消されない傾向があり、ジョブ型雇用における報酬マネジメントの運用には適していません。

昇給ファンドを決めるときの問題点

昇給決定の前段階として、人事部門は部門別の昇給ファンドを決めなければなりません。そして、その昇給ファンドの決定は多角的に行う必要があります。

その際、日本における一般的な昇給率が2％程度のため、ジョブ型雇用におけるABSでも2％の昇給を確保すると考えがちです。しかし、これは間違った考え方です。その理由はとてもシンプルで、他にも昇給があるからです。改めて昇給の種類を解説しましょう。

ジョブ型雇用において、昇給は3種類に分かれています。

一つめは毎年実施する通常の昇給で、現在の日本における相場はABSの2％程度です。通常の昇給については現在の報酬と市場価値とを比較して、高めに位置する場合は低めに、低めに位置する場合は高めにするのが基本です。通常の昇給に厳密な定義があるわけではありませんが、「同じジョブを担って経験を積み、習熟度や生産性が高まることによる、若干の市場価値アップへの手当て」と理解するのが自然でしょう。

そのため、報酬が市場の50％ileや75％ileに届くと、これ以上、市場価値の上昇が考えにくくなり、昇給を極めて少なく抑えるか、昇給停止の判断になります。もちろん、現実的な意味合いとしては、わずかでも処遇の向上が継続的に期待できれば、個人のリテンション、エンゲージメント、モチベーションに寄与する面はあり、市場価値と比較して現在の報酬が高めに位置する場合においても、若干の昇給をさせるという判断はあり得ます。

二つめは、昇格による昇給です。市場価値が違う、より上位のジョブを担うことに対しての報酬額の調整です。5％強～10％程度の昇給が一般的ですが、事業の特徴や収益性、会社の方針、職位レベル（グレード）数によって大きく差が出ます。

三つめの昇給は、特別昇給です。別名をサラリーアジャストといい、「昇格はしないけれど、マネジャー裁量で通常昇給より大きな昇給をさせる」ものです。昇給率は最大で、昇格昇給と同程度の水準になります。ただし、こちらも事業の特徴や収益性、会社の方針、キャリアレベル（グレード）数、一つのキャリアレベル（グレード）に対する報酬水準ガイドラインの幅などによって、大きく左右されます。

この特別昇給は明確なルールを作りにくく、恣意性が入るリスクも高いため、メンバーシップ型雇用の価値観からすれば、ものすごく不公平なものに思えるかもしれません。しかし、ジョブ型雇用において人材の流動性に対応し、貢献に見合った報酬を実現するためには、必要不可欠な昇給となります。

その典型的なパターンは、現在の貢献度と報酬（市場価値ベース）のギャップを埋めるための利用でしょう。例えば、先ほどの報酬レンジのガイドでいえば、まだ昇格したばかりで現在の報酬はローターゲット付近なのですが、すでに高いパフォーマンスを発揮していて、他社への転職が心配される社員に、一刻も早く貢献に応じた支払いをするためにメディアン以上にしたいようなときに、この特別昇給を行います。

通常昇給に頼っていては、市場価値ベースの適正な報酬になかなか到達しません。同様のジョブに就く、相対的にパフォーマンスの低い先輩社員を追い抜くこともできません。適切な特別昇給を実現するためには、マネジャーが対象者の実力レベルと、対象者の報酬が市場のどの程度に位置す

図表6-26　キャリアレベル間の報酬差

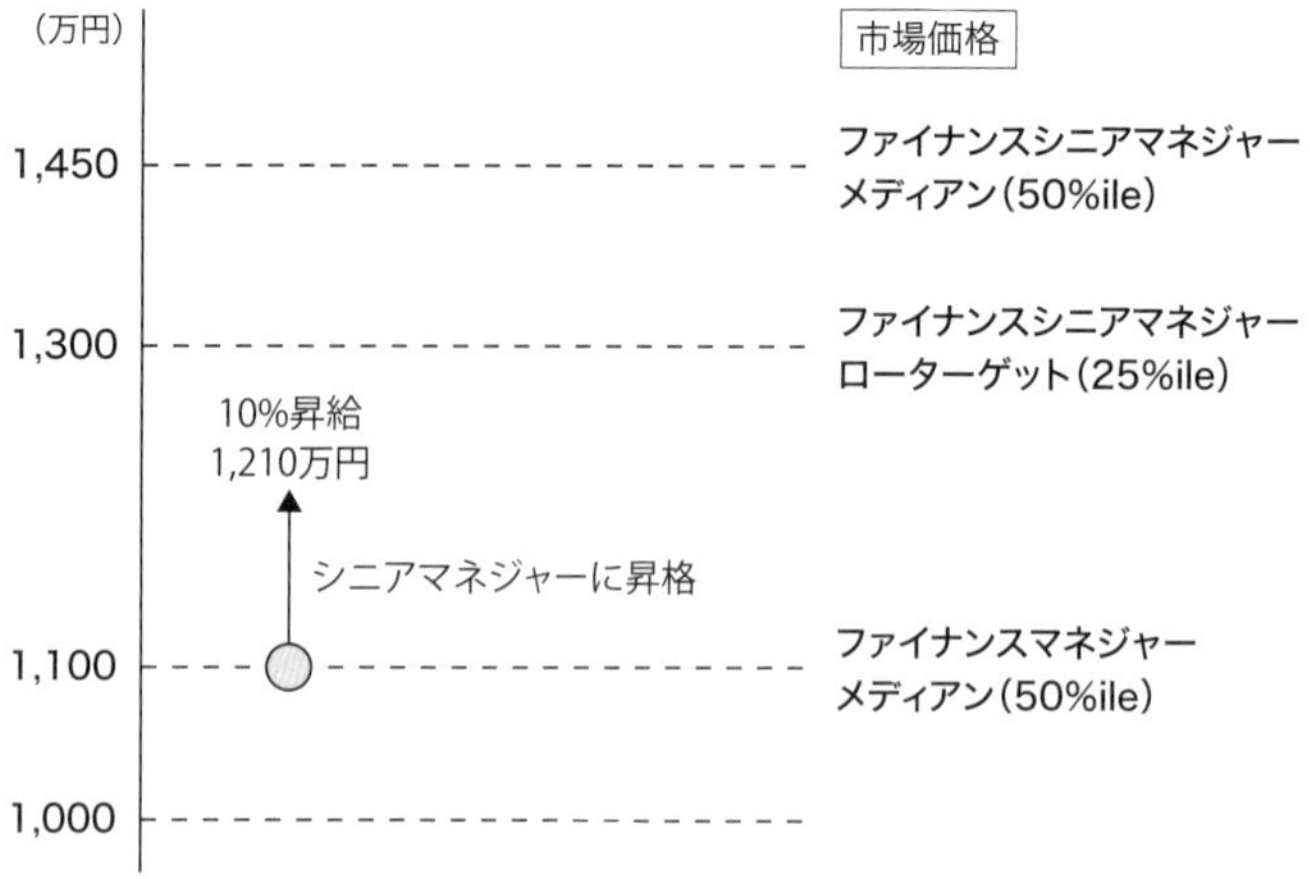

るかを理解していることが重要になります。そして、そのギャップが大きいときに特別昇給する必要があるのです。

実はジョブ型雇用において特別昇給が不可欠なのは、制度的な背景もあります。近年は職位レベル（＝ジョブグレード）数を少なめにし、一つの職位レベルに許容される報酬幅を広くするのが一般的です。こうすることで、同じジョブでも中途採用やさまざまな事情を考慮しやすい柔軟性の高いしくみになっていますが、同じ職位レベルの中でも報酬ギャップが大きく、通常の昇格による昇給だけでは十分な報酬を支払いにくくなっているのです。どういうことか、図表6－26を例にとって見ていきましょう。

このケースでは市場の代表値で見ると、ファイナンスマネジャーが1100万円、ファイナンスシニアマネジャーが1450万円です。ここで、ファイナンスマネジャーからファイナンスシニアマネジャーに昇格して、やや高めの10％の昇格昇給をしたとすると1210万になりますが、シニアマネジャーのロータ−ゲットにも届かない金額です。つまり、標準的な低めの相場より、さらに低い状態になります。その意味では、もう少し上げたいところですが、経営的な観点からすれば、一気に20％も昇格昇給するのは負担が大き過ぎます。また、本人としても昇格で10％昇給すれば満足でしょう。

それならば、昇格後のパフォーマンスを見ながら、1年から2年後に特別昇給をさせ、報酬の市場価値に対するポジションを調整するのが合理的な考えといえます。

逆に、このようにして市場価値に見合った報酬の調整を行わないと、内部で育った優秀な個人の報酬が市場価値に対して低空飛行を続け、ひいてはパフォーマンスの高い社員の転職を誘引してしまいます。

さて、話を昇給ファンドに戻しましょう。ここまで述べてきたように、昇給には通常昇給に加えて、昇格昇給や特別昇給が必要です。また、事業の特徴や会社の方針、キャリアレベル（グレード）数等によって、昇格昇給や特別昇給は特に大きな影響を受けます。そのため、単純に世の中の昇給率が2％程度だから、昇給ファンドもABSの2％にしようというわけにはいきません。

ところが、長い間ジョブ型雇用を運営しているはずの外資系企業でも、この事実を無視して、結果的に内部昇格した優秀者の報酬が低く抑えられ、外部からの中途採用者には報酬相場の高いレベルの額で支払わざるを得ず、かえってコスト高になってしまうケースが頻発しているのです。これは株主への貢献の優先度が高くなり過ぎることの現場への影響例ですが、どこかで大量離職が発生するなど持続可能性が低い状態なので、慎む必要があります。

昇給ファンドの決め方

では、必要な昇給ファンドの多寡は、どのように決めるべきなのでしょうか。実は事業や職種の性質によって、適切な昇格や発生する退職のスピードはまったく違い、昇給ファンドはこの影響を受けるのです。

個人の成長が収益の成長に直接結び付くタイプの事業や職種、例えば、さまざまな領域におけるプロフェッショナルスタッフの場合は、理論的にはできるだけ早く昇格させて昇給したほうが事業成長に寄与する可能性は高くなります（事業規模が拡大傾向であることが前提）。

昇格させて給与をアップさせるのは、一見、コストアップにつながるように思えますが、それと同等か、それ以上に収益が上がるので、増益となって売上高利益率は落ちません。むしろ昇給を抑制してしまうとリテンションリスクが発生して離職者が増え、結果的にコスト高になる可能性があります。

一方、事業の成長率や利益率があまり高くなく、人の成長が収益に跳ね返らないタイプの事業では、昇格や昇給を厳しくせざるを得ません。昇給した際も、収益が伸びずにコストのみが増えてしまうことになり、採算を悪化させて、売上高利益率をさらに落としてしまうことになります。

また、労働市場から見ると、人材の流動性が高い業界や会社においては、昇給を高めにしてもあまり問題ありません。流動性が高い業界では、経験を積んだ後により良い条件を求めて退職する人材も多く、退職者の穴を埋めるために若年者の育成に力を入れ、昇格させることは事業の維持につながります。当然、昇給率は高めになるでしょう。

逆に人材流動性が低い業界や会社で、事業も低成長の場合は、退職者が少なくポストが空かないので、昇格や昇給を抑制する必要があります。

人材流動性と個人の報酬の関係は、仕入れと同じように考えればわかりやすいでしょう。つまり、市場より低い報酬では離職者が増えますが、同じレベルの能力を持つ人材を同じ報酬で雇用するのは困難です。加えて、個人の成長が収益につながる職種は、成長によって市場価値が上がるので、たとえ標準的な昇給率より実際の昇給率が高くなったとしても、昇給させざるを得ません。このように労働力に市場原理が働くと、労働力の価値が上がれば、どうしても価格（報酬）も上がってしまうのです。

このような事情から、昇給ファンドを決める際に、世間一般の平均的な昇給率である2%にこだわるのは得策ではありません。昇格や特別昇給のファンドを確保すべきです。一方、事業上、人の成長が収益向上に直接貢献せず、人材の入れ替えも少ない業界では、抑制的になることも必要です。昇給ファンドは複数の視点で、多角的に決定すべきです。

昇給管理の方法

適切な昇給管理を行うには、ワークフォースプランの項でも記載したように、事業部門が事業に必要な要員、昇格昇給、特別昇給、通常昇給をボトムアップで試算すべきです。ただし、ボトムアップだとどうしても人件費を多く見積もりがちなので、それに対するガバナンスは必要です。

例えば、人事部門や経営企画部門は、売上高の人件費率を確認し、人件費が増加した場合の収益性への影響をレビューします。加えて人事部門は、通常昇給率や現状の報酬水準が市場のデータと比較して適切であるかどうかもモニタリングすべきです。昇給率平均2％という数字を信じ過ぎるのは問題ですが、インフレターゲットなども考えれば、個人の通常の昇給の目安としては妥当なラインであり、その点では意味があることも覚えておきましょう。

このようなプロセスを経ることなく、トップダウンで昇給ファンドを平均昇給率で決定してしまうと、プロパーの優秀な人材は退職してしまいます。合理的な昇格ペース、つまり必要な昇格や昇給のファンドは事業や人材流動性によって変わるため、単純に、昇給率や昇給額を抑えても新たな問題を発生させるだけです。人材への投資や収益規模を拡大すると、どの程度の収益率になるのかといった考察、判断、そして人材確保・リテンションこそが、ジョブ型雇用におけるマネジャーの最も重要な責務の一つになります。

図表6-27｜賞与支給率ガイドテーブル

グレード	アウトスタンディング	オントラック	オフトラック
E	75〜60〜45%	45〜30〜15%	0%
M3	62.5〜50〜37.5%	37.5〜25〜12.5%	0%
M2	50〜40〜30%	30〜20〜10%	0%
M1	37.5〜30〜22.5%	22.5〜15〜7.5%	0%
S3	25%〜20〜15%	15〜10〜5%	0%
S2	12.5〜10〜7.5%	7.5〜5〜2.5%	0%
S1	8.75〜7.5〜6.25%	6.25〜5〜3.75%	0%

STIの決定方法

ここまで昇給額の決定方法について整理してきましたので、次に、賞与額の決定方法についても触れたいと思います。

賞与の決定も昇給と同じようにマネジャーにファンドが配分されるところから始まります。その際、任意の金額を自らのスタッフに割り付けていくわけですが、いきなり金額を決めていくことは難しいので、評価カテゴリー（例えば3段階）がある場合はそれを活用しますし、ノーレーティングを採用している場合でも、便宜上、パフォーマンスをいくつかに区分して考えていることも多いようです。図表6-27では、多少、脚色はしていますが、ある企業で実際に使用しているグレード、パフォーマン

図表6-28 賞与配分（模式的な事例）

貢献と順位が違う（STI）　貢献と順位が違う（TCC）

グレード	名前	賞与評価カテゴリ*	ABS	賞与支給率	STI	STI前年増減率	TCC	TCC前年増減率
E	Aさん	OS（評価ランク①）	20,000	60%	12,000（順位①）	0%	32,000（順位①）	0%
E	Bさん	OT（評価ランク③）	22,000	30%	6,600（順位②）	2%	26,000（順位②）	0.5%
E	Cさん	OT+（評価ランク②）	16,000	40%	6,400（順位③）	50%	22,400（順位③）	5%
M3	…	OT	16,000	0%	…	…	…	…
M3	…	OT-	15,000	0%	…	…	…	…
…	…	…	…	…	…	…	…	…
…	…	…	…	…	…	…	…	…
合計	…	…	…	…	…	…	…	…

＊OS：Outstanding／OT：On-Track

スカテゴリー別の賞与支給率のガイドとしてのレンジです。

賞与の配分の仕方は状況によってさまざまな考え方がありますが、一例として、あるマネジャー（事業部長クラス）が実際に行っている方法を、図表6-28を使いながら説明します。そのマネジャーはまず配下のマネジャー（部長クラス）を集めて合議により、スタッフの貢献度に序列を付けます。会社のパフォーマンスのカテゴリは3種類ですが、アウトスタンディング（OS）、オントラック（OT）それぞれにプラス、フラット、マイナスを付け、オフトラック（OFT）と合わせて7段階に分類します。これはフィードバックをするレーティングではありません。事実を根拠にした判断に基づきながらも、本音ベースで同グレード内での相対感を判断していきます。

会社と組織の業績により、ファンド状況が変わるため、それによって毎年変わりますが、プラスマイナス付きのパフォーマンスカテゴリーに対して、仮の支給率を決定していきます。例えば、グレードEに対しては次のように仮設定します。

OS＋	⇒	70%
OS	⇒	60%
OS－	⇒	50%
OT＋	⇒	40%
OT	⇒	30%
OT－	⇒	20%
OFT	⇒	0％

これを各グレードに対して実施していきます。

このようにすると、個人別の賞与支給率が仮に設定されるので、各スタッフの賞与額、年収が仮に算定されます（図表6－28）。

グレードEの3人の話をすると、この例の場合、貢献度の総合的な大きさ（賞与評価カテゴリ）は、A＞C＞Bです。ところが、STIもTCCもA＞B＞Cの順で、貢献度の順と賞与や年収の順との差が気になります。

このTCCやSTIは賞与支給率を仮置きしたときの結果です。マネジャーとしては、評価がC＞Bなので、TCC、せめてSTIだけでも貢献の順にならないだろうか、と考えるはずです。例えば、Cさんの支給率をガイドいっぱいの45％にすると、STIは720万、TCCは2340万になり、TCCの逆転はできませんが、STIは貢献の順になります。

マネジャーはこのようにして、ファンドの範囲内でできるだけ貢献の相対順位とSTI額やTCC額の相対順位を合わす、また、特にリテンションリスクが高いハイパフォーマーには特別な措置を取る、などの判断をしていくのです。

賞与ファンドとその配分

賞与ファンドの決定方法も企業によって大きく差がある領域です。ただ、一般的には、会社全体との業績連動性確保というトップダウン的な視点と、個々人に支払うべき賞与の積み上げからの必要額想定というボトムアップ的な視点の二つが必要です。

トップダウンアプローチでは、何らかのKPIに基づいて賞与ファンドは算定されます。最もわかりやすいのは、賞与支払い前利益のX％を賞与ファンドの目安とする考え方です。このKPIの設定は各会社の独自性が強く出るところです。

ジョブ型雇用の世界ではボトムアップの視点も必要です。たとえ会社の業績が悪いときでも、市場のSTI額に近い額を支払わないと、優秀な人材から流出が始まるからです。そのため、各個別組織ごとにある労働市場の状況を加味するとどの程度の賞与ファンドが必要かを計算します。この合計額は、ある程度労働市場に整合したTCCを実現するために必要なSTI総額ということになります。

このトップダウンで出てくる金額、ボトムアップで出てくる金額に加えて、前年のSTIファンド総額、対前年の売上や利益の成長率、本年度の予算達成率などを考慮し、総合的に本年の賞与ファンドを決定するのが無難でしょう（例えば、対前年成長しているのに、STIファンドが増加しないのは不自然であり、多面的な検証が必要）。つまり、

- 会社全体のKPIからトップダウン的に出したファンド
- 労働市場からボトムアップ的に出したファンド
- 前年のファンド／対前年成長率
- 予算達成率

といったあたりを総合的に勘案して決定することになります。また、各組織にファンドを配分する際も、同様に、

- 各組織のKPIからトップダウン的に出したファンド

●労働市場からボトムアップ的に出したファンド
●前年のファンド／対前年成長率
●予算達成率

を見ながら、全体のファンドを割り付けていくことになります。

ジョブ型雇用におけるＳＴＩ総額は、人の出入りがある前提であるがゆえに、会社の都合だけで決定することが難しくなります。ある意味では、原材料の仕入れに近くなるのですが、業績が悪いからといって仕入れ値を下げてもらえないのと同様に、業績が悪くても人材確保の観点からある程度相場に近いＳＴＩを支払う圧力がかかります。ただ、賞与ファンドですので、会社業績に連動させるべきという考え方も合理性は高く、経営指標からトップダウンで賞与ファンドを決定する会社も数多くあります。

取り組みのポイント３

ベネフィットの有効活用

総報酬という視点で見ると、コアとなるのは、ＡＢＳ、ＳＴＩ、ＬＴＩといった報酬ですが、それ以外にもさまざまな報酬があります。ジョブ型雇用の哲学から考えると、どんな形の報酬であれ、個人の自律を助け、誘引するものに変革していくべきです。ここでは主要な金銭報酬以外の報酬について、簡単にその方向性をお話しします。

退職金・年金

メンバーシップ型雇用における典型的な確定給付型の退職金・年金は勤続年数が長くなれば長くなるほど、累進的に支給額が増加するのが特徴です。例えば、伝統的な最終給与比例方式の退職金・年金の算式は左記のとおりですが、勤続により定まる係数が勤続年数が増えるとともに大きくなり、支給額は累進的に高くなります。加えて、退職事由による係数も、勤続年数が短い個人の自己都合係数は、会社都合の係数と比べて著しく低い一方、長い個人の自己都合係数は、会社都合の係数に近づいていくため、長期勤続や定年退職したときの支給額の累進性をさらに強めています。その他のポイント方式や積立方式（ＡＢＳの一定割合を毎年積み立て）の場合でも、確定給付型の退職金・年金においては退職事由による係数が設定されていることが多いため、最終給与比例方式程ではないものの、やはり累進性は残ります。

退職金・年金　＝　最終給与　×　勤続により定まる係数　×　退職事由による係数

そのため、45歳あたりを過ぎると、勤め続けるだけで、毎年、退職金や年金が大きく増えていく傾向があり、多少の年収差では、転職を考えなくなります。

このシステムは自己の裁量がない老後の準備であり、多くの人が老後の生活を視野に入れたキャリアプランを考えない遠因にもなっています。ポータビリティがない点も問題で、ジョブ型雇用との親和性が低く、労働市場の流動化を妨げている一因といえるでしょう。

整理すると、人材の流動性を損なう制度設計、ポータビリティのなさ、自律的な判断の反映が困難であることが、現在の退職金・年金制度の問題といえそうです。

これらの状況を考えると、新たな制度設計の要件として、次の3つが考えられます。

- 累進的でなく、その時々の貢献に見合った支給を実現できるようにする。
- 会社を辞めた後も、ポータビリティがあり、キャリア自律と老後資金の準備を両立できるシステムにする。
- 会社が基本的な掛け金を拠出し、個人の老後資金の準備を手伝いながらも、個人が自律的意思を持って拠出をコントロールでき、自律的なキャリアプランを促すことができるものにする。

これらの要件と相性が良いのが確定拠出型年金です。ジョブ型雇用においては、この確定拠出型年金への移行が本命の施策になるでしょう。

保険

会社が福利厚生の一環で提供する保険としては、大きく次の3つの領域があります。

- 健康リスクへの対応：健康保険・医療保険
- 死亡リスクへの対応：生命保険・団体定期保険（慶弔見舞金等の財源ないしは一環）
- 就業不能リスクへの対応：長期障害所得補償保険

このうち、ジョブ型雇用になっても、健康リスクへや死亡リスクへの対応の重要性は従来と変わりません。就業をする際の健康は、会社にとっても、個人にとっても非常に重要であり、ここに手当をするのは当然といえます。また、非常に残念な状況ではありますが、死亡という万一の状況に対して、残された家族へのケアの準備は、ジョブ型雇用においてもやはり必要でしょう。

一方、過去、必ずしも盛んではなかった就業不能リスクへの対応はこれまで以上に重要になります。メンバーシップ型雇用の根底には、就業不能になってしまった個人も長期にわたって支えるべき、という考え方がありますが、これは市場取引をベースとしているジョブ型雇用とは合わない考え方です。ジョブ型雇用への大きな流れがある近年、急速に導入が進んでいるのが長期障害所得補償保険です。病気やけがで働けなくなったとき、健康保険から18カ月間は傷病手当金を受け取れますが、これを超えて就業不能が長引いた場合のセーフティネットが、この所得補償保険です。多くのメンバーシップ型雇用の大企業では、会社が18カ月を超えて個人の面倒を見続ける、サポートも手厚く行うという何らかのしくみがありましたが、雇用のあり方が変わりつつある今、会社に代わって保険で長期の安心枠組みを整備しようというニーズの高まりが、長期障害所得補償保険の導入が進んでいる一つの要因と思われます。同保険では、会社が提供する保険金額や保険期間が十分でない場合に、個人が自らの意志で保険を買い増しできるオプションが設けられていることも多くなっています。また、就業不能で退社となってしまった後も長期に保険金を受け取れるので、ジョブ型雇用でますます重視される保険であり、各社で対応が進む領域と考えます。

法定外福利厚生

これまで、日本における法定外福利の大半は住宅費に対する支援を中心とした生活補償的なものであり、金銭報酬の補助的な面が強いものでした。また、その支援はあるライフコースを前提としており、そのコースに乗っている個人に対しては厚いサポートが行われます。そのライフコースとは、大学を卒業して新卒で入った男性社員が最初は会社の寮に住み、30歳前後のタイミングで結婚し、寮を出て、専業主婦の妻と二人の子どもができて手狭になったタイミングで自宅を購入する、時として転勤をするといったものです。このコースに乗っている社員には、寮、社宅、住宅手当などさまざまな形で補助が出やすいのです。

ところが、近年は独身を継続し、一定年齢を越して寮を出て、賃貸マンションに引っ越す個人が増えました。一般的に独身者に対する住宅への補助は薄く、ライフパターンによって構造的に損をするケースが頻発しています。個人の選択の多様性を尊重するという観点からは、今までの福利厚生の継続は難しくなってきているといえるでしょう。

したがって、住宅施策についてはライフコースとは関係なく、多くの人が便益を公平に享受できるようにすべきです。改訂の際は、既得権を持つ層から強い反発が起こると思いますが、放置したままでは変われません。

ジョブ型雇用の福利厚生では、生活補償から、キャリア自律の支援に重点をシフトすべきでしょう。リスキル・スキルアップ教育や健康促進活動をキーワードとしたカフェテリアプラン（従業員が選択可能な福利厚生）などが、これからの法定外福利厚生の代表的な施策になっていくのではないでしょうか。

外部競争力のある報酬マネジメントに向けた課題と留意点

報酬マネジメントの変革は技術的に難しく、さまざまな抵抗が予想されるトピックです。ゴールに到達するには、どのような課題があるのかを確認していきます。

―課題1―組織長・人事部門の組織能力の不足

メンバーシップ型雇用においては、明文化された評価基準や相対分布規制、部門間の横串調整に基づいた明確な処遇決定ルールの下、内部公平性の高い昇給や賞与決定を行ってきました。もちろん、被評価者が不満に感じるケースもありますが、しくみを盾にすることができました。また、実際にマネジャーが行うことは評点（レーティング）を決めることであり、それほど負担がかからないしくみでした。

一方、市場価値をベースに、パフォーマンスやリテンションリスクに対して柔軟な昇給・賞与マネジメントを行うとなると、マネジャーには、現行報酬水準と市場価値を比較したうえで、本人のパフォーマンスとリテンションリスクなどを総合的に勘案し、与えられたファンドの中で最適な配分を決定する役割が与えられます。

評価結果だけを決めていればよかったマネジャーの裁量が非常に大きくなり、業務の難易度が上がります。当然ながらマネジャーは処遇の決定に関する判断能力を向上させなければなりません。また、なぜ自分はこのように判断したかを、部下にきちんと説明できる高いフィードバック能力も必要になります。

ＨＲＢＰについても、マネジャーをサポートする役割を担うため、人材マネジメントのガイドラインに詳しいだけでなく、労働市場や事業の状況をよく理解していることが求められます。さらに、自分なら昇給や賞与の配分やコミュニケーションをどうするか、自身の考えを持ったうえで支援する必要があります。

課題2 組織長への人事情報共有

多くの日本企業では長い間、評価結果、給与額、賞与額を中心とする人事情報は、人事部による集中管理となっており、現場の上司には公開されていませんでした。仮に公開される場合も、非常に限られた範囲にとどまっていました。

しかし、市場価値に基づいた運営をする場合は、過去から現在までの給与や賞与、過去の評価などについて、現場の上司も知る必要があります。また、これはタレントマネジメントに属する話になりますが、業務経験やキャリアアスピレーション（本人の望むキャリアやキャリア志向）なども知る必要があるでしょう。加えて、こういった情報を歴代のマネジャーが引き継ぐためにも、ＨＲクラウドシステムが重要な意味を持ちます。

逆にいうと、ＨＲクラウドシステムの導入や活用が現在それほど進んでいないのは、メンバーシップ型雇用では、そこまで人事情報を共有する習慣も必要性も薄いからというのが一つの理由かもしれません。

個人の情報は人事部門が管理するものとされてきたメンバーシップ型雇用の会社からすると、マネジャーへの人事情報の公開は精神的なハードルが非常に高いことが想定されます。しかしながら、個人情報を扱う心得やコツなどをマネジャーにトレーニングする必要はあるものの、情報を共有すること自体は有無をいわさずに越えなければいけない壁なのです。

課題3 内部公平的なマネジメントからの脱却

市場価値に基づく柔軟な報酬決定を行うと、過去の日本的人材マネジメントでは起きなかったさまざまな事象が発生します。なかには内部公平性を基礎とする価値観、慣行、しくみと相容れないケースも多いでしょう。例えば、同期入社の優秀な社員でも、従事している業務や部門の状況で昇給額や賞与額が変わります。それに伴い、次年度以降の報酬額にも差異が出てしまいます。

異動により処遇の期待値が変わってしまうので、基本的に本人の同意なしで職種をまたぐ異動は行われなくなります。そうすると同じ専門領域に居続ける可能性が高くなり、結果的に昇格の速度にも差が出ます。所属した事業や職種領域の成長率、人材の流動性の高さによって昇格するチャンスが変わってしまうためです。

自律的なキャリア形成を行うと、専門キャリアを選ぶ人が増えるため、ゼネラルマネジャー候補はサクセションマネジメントで計画的に開発することになります。ただし、これにも不公平な面があるのは否定できません。比較的早い段階で、要件を満たす個人を特定し、長期にわたった計画的な配置で人材開発を行うため、ゼネラルマネジャー候補に選抜されれば、少なくともある程度までは早めにキャリアアップが保証されることが多くなります。こうしたことを嫌って、サクセションマネジメントの実効性を高められない会社も少なくありません。内部公平性を重視する風土では、ごく一部の社員を特別扱いすることが難しいのです。

しかし、外部市場との接合が強くなると、どうしても内部の論理による公平性を保つのが難しくなります。公平性を維持するためには鎖国をして、外部との出入りを極力減らすしか手立てがありません。新しい組織能力の確保に向けて、人の出入りを含めた変化を追求している組織には非常に難しい選択です。

ジョブ型雇用を志向するには、内部公平性を軸にしたしくみの設計や運用は難しいことを理解しておく必要があります。

section5

組織開発

組織開発（Organization Development）とは、組織内の明示的あるいは暗黙的な行動規範や価値観などに計画的、意識的に働きかけ、社員の組織への信頼や貢献意欲、組織内の関係性を高めることで、組織としてのアウトプットの質の向上や必要な人材の確保、リテンションを図る、一連の活動を指すものです。

ジョブ型雇用が進んで人材の流動性が増すと、労働市場という概念が浸透し、会社、個人の双方が選び・選ばれる立場になります。会社は個人を報酬などの外発的動機付けだけで確保することはできません。組織や仲間への共感、自己実現、達成感など内発的動機付けも不可欠です。それゆえ、組織開発の重要性が高まります。

各企業の課題に適した施策を選択

実際にジョブ型雇用で行われている組織開発活動のポイントを領域別に見ていきます。

図表6-29　エンゲージメントスコア

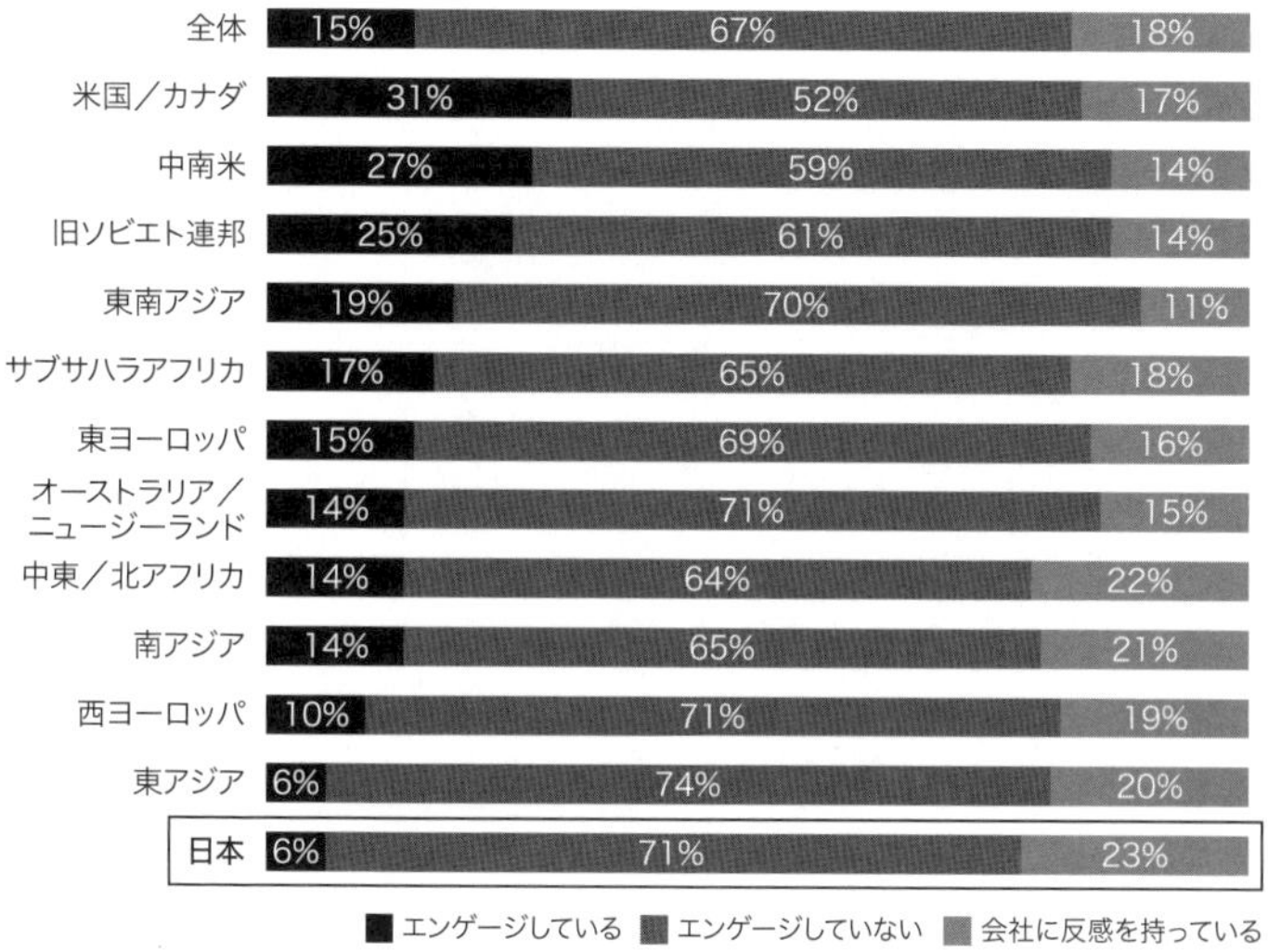

出所：Gallup「State of the Global Workplace」（2017年）より作成

図表6-30　エンゲージメントスコアの上位・下位25％ile企業の指標比較

離職率については、離職率の高い組織間での比較では24%、低い組織間での比較では59%の差が存在する

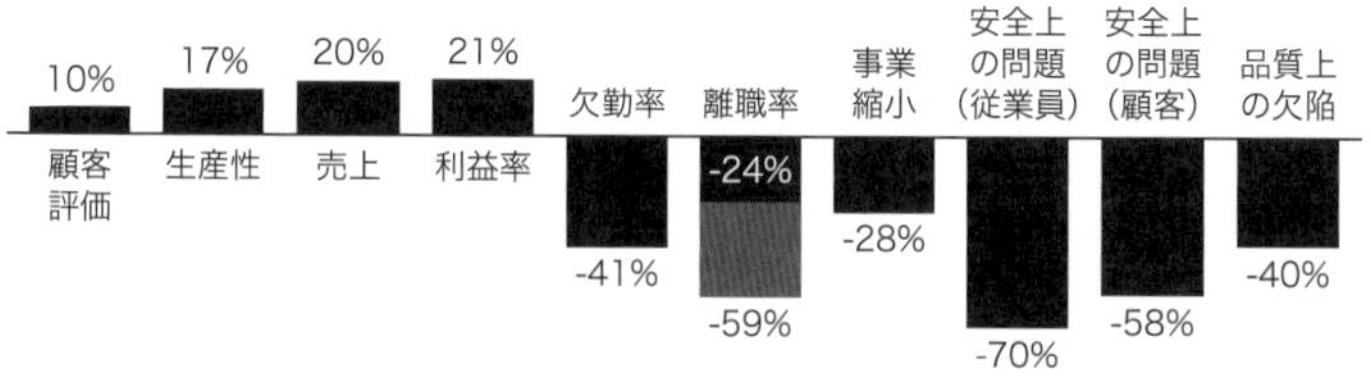

出所：Gallup「The Relationship Between Engagement at Work and Organizational Outcomes」（2017年）

─領域1─継続的なエンゲージメント向上施策の実施

エンプロイーエンゲージメント（以下、エンゲージメント）とは、会社と社員の双方向の関係性や結び付きの度合いを示します。平たくいえば、会社の方針や施策に対する、社員の愛着心や仕事への情熱を示します。

人材の流出がほとんどないメンバーシップ型雇用では、エンゲージメントはあまり注目されていませんでした。その結果、日本企業のエンゲージメントは世界各国との比較でも下位に位置付けられます（図表6－29）。

しかし、ジョブ型雇用が注目される背景にある「優秀若年者の就業観の変化、中途採用の拡大、女性・外国人・高齢者の増加による組織のオープンコミュニティ化、多様化」が進み、労働市場の流動化によってエンゲージメントの重要性が増しています。さらに、いくつかの学術的な研究（図表6－30）によると、エンゲージメントスコアと業績には一定の相関関係があることも指摘されており、一層注目されるようになりました。

近年の例でいえば、エンゲージメントサーベイとパルスサーベイを組み合わせ、継続的にエンゲージメントの向上を図る例をよく耳にします。

例えば、年に1回、大規模で詳細なエンゲージメントサーベイを実施します。そしてその結果を詳細に分析し、必要に応じて追加的にワークショップやヒアリングなどを行い、さらなる情報を収

図表6-31 エンゲージメントサーベイとパルスサーベイの比較

	エンゲージメントサーベイ	パルスサーベイ
頻度	・年次(年2回～2年に1回程度が一般的)	・日次/週次/月次(高頻度)
質問数	・50～100問程度(20～40分程度で回答)	・1～10問程度(2～3分で回答)
特徴	・心理的充実度や主体的な貢献意欲について包括的に問う内容	・現在の心理状況や直属の上司、職場に対する満足度など、時期や範囲を限定した内容
代表的項目例	・私は、自分の会社全体としての目的・目標・戦略をよく理解できている ・経営陣は、事業の方向性について健全な意思決定をしている ・自分の会社はよい職場だと他の人にも勧めたい ・自分の会社で働くことに誇りを持っている ・自分の仕事について、給与や福利厚生など公正に報酬を得ていると思う	・今日一日を振り返ってどんな気分ですか? ・先週やり遂げた仕事を誇りに思いますか? ・今週、上司はあなたをサポートしてくれましたか? ・あなたの上司は、あなたの話を聞いていますか? ・あなたの職場では、自社の掲げる行動指針(バリュー)が体現されたと思いますか? ・今の職場に満足していますか?
留意点	・1回の情報量が多く、回答負荷が高い ・有意な結果の導出にはスキル・時間が必要	・1回の情報量が少なく、回答負荷が低い ・即時集計・閲覧を可能にする情報技術が必要

集します。こうして社員から得た情報をもとに、組織へのエンゲージメントの向上を阻害している原因を明確化し、各種の施策を実施します。

この間、同時並行的に(例えば毎月)パルスサーベイも行い、社員の状況を継続的に把握し、個別の問題を解決するとともに、エンゲージメントサーベイの施策にもフィードバックします。

エンゲージメントを向上させるための施策は幅広く、トップメッセージやワークショップ、トレーニング、また場合によっては報酬制度の改定、組織の再編成などにつながることもあります。

多くの企業で、エンゲージメントサーベイとパルスサーベイは併用されていますが、それぞれに性質が違い、状況によってはどちらかを選択することもあります。一般にエンゲージメントサーベイのほうが一回の質問数が多く、より包括的な従業員エンゲージメントの状況を可視化して、分析することに向いています。一方、パルスサーベイは一回の質問数は少ないものの、日次、週次、月次などたびたび行われ、従業員の心理状況や職場での人間関係などをタイムリーに把握し、課題の改善状況について素早くＰＤＣＡを回すことに向いています（図表６－31）。

また、もともとの目的や用途は違いますが、３６０度評価がその代替やエンゲージメントスコア測定の際の補完情報となることもあります。

加えて、近年のＨＲシステムのクラウド化により、エンゲージメントサーベイの結果、評価情報、給与情報、異動履歴などをデータベースとして結び付けている企業では、より高度で統計的な分析（ピープルアナリティクス）を行ったり、機械学習の手法を用いたりするなどして、実験的に精緻な分析を試みているところもあります。

エンゲージメントの向上に向けた施策は非常に幅広く、その領域は目的意識の共有、報酬や福利厚生に関する処遇、キャリアや生活における差別化された経験など、多岐にわたります（図表６－32）。

したがって、施策もさまざまで、列挙しきれるものではありませんが、主だったものとしては、次のようなものが考えられるでしょう。

図表6-32 | エンゲージメント向上施策の提供価値

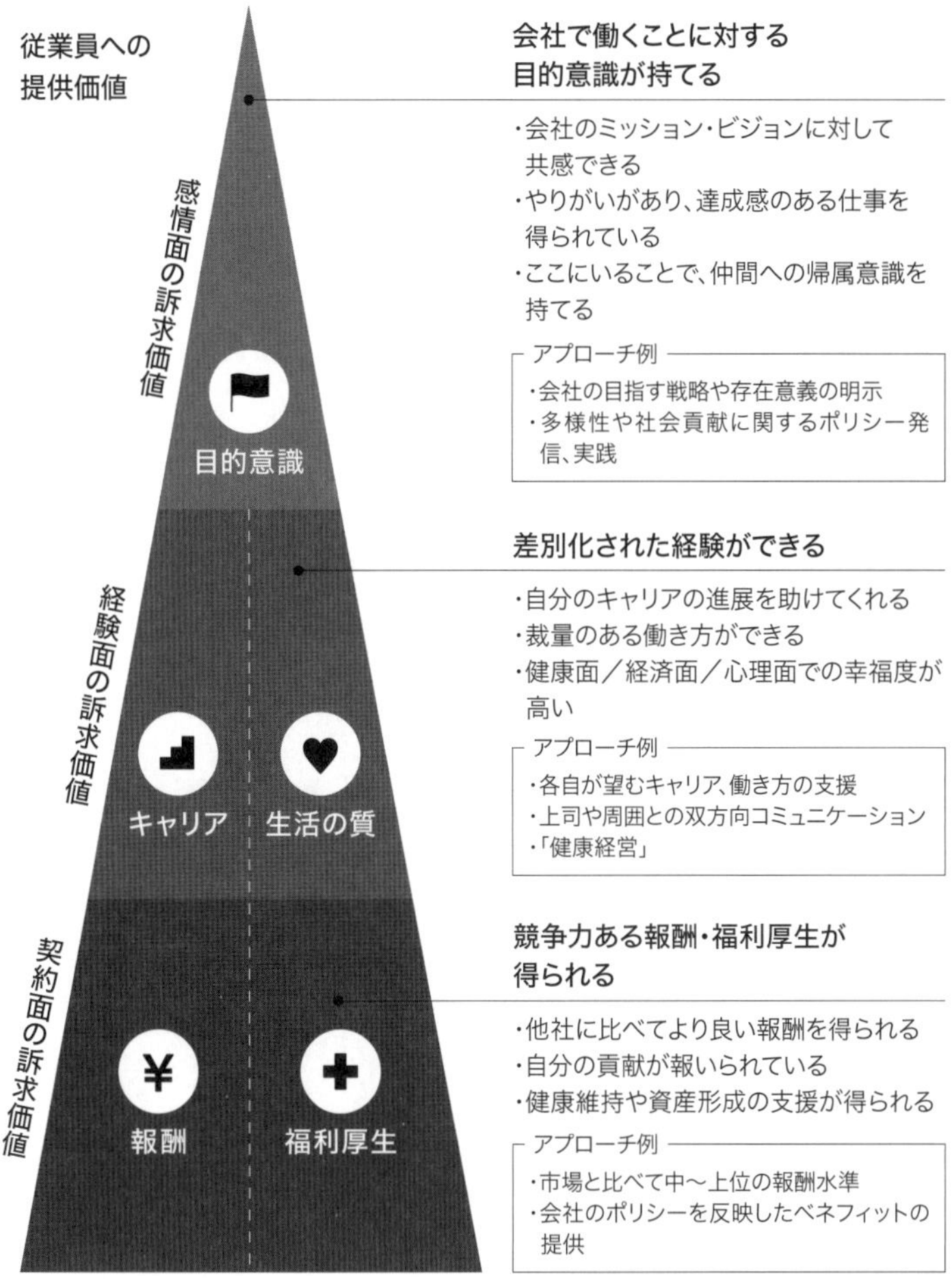

従業員への
提供価値
感情面の訴求価値
目的意識
経験面の訴求価値
キャリア
生活の質
契約面の訴求価値
¥
報酬
福利厚生
会社で働くことに対する
目的意識が持てる
・会社のミッション・ビジョンに対して
共感できる
・やりがいがあり、達成感のある仕事を
得られている
・ここにいることで、仲間への帰属意識を
持てる
アプローチ例
・会社の目指す戦略や存在意義の明示
・多様性や社会貢献に関するポリシー発
信、実践
差別化された経験ができる
・自分のキャリアの進展を助けてくれる
・裁量のある働き方ができる
・健康面／経済面／心理面での幸福度が
高い
アプローチ例
・各自が望むキャリア、働き方の支援
・上司や周囲との双方向コミュニケーション
・「健康経営」
競争力ある報酬・福利厚生が
得られる
・他社に比べてより良い報酬を得られる
・自分の貢献が報いられている
・健康維持や資産形成の支援が得られる
アプローチ例
・市場と比べて中〜上位の報酬水準
・会社のポリシーを反映したベネフィットの
提供

出所：マーサー「Thriving in an Age of Disruption ~Putting People at the Heart of Change~」（2018年）より作成

図表6-33｜エンゲージメント強化に向けた施策事例

種類	会社名	取組み内容
多様性に関するポリシー実践	・Accenture	・希望があった場合、人事情報（性別）の更新が可能 ・ジェンダーフリートイレ整備、同LGBT社員によるメンター制度など
目的意識・存在意義への訴求	・Airbnb ・Burton	・世界中のAirbnbリストへの滞在費として一人2,000USドル／年を支給 ・自社スノーボード製品割引購入、降雪日休暇、スキー場リフト代支給
多様な経験機会への支援	・Salesforce.com ・ユニ・チャーム	・年6日間のボランティア休暇・約10万円の寄付手当が取得可能 ・骨髄ドナー提供に最大7日間、裁判員の従事は全日数有給付与
健康・心理的幸せへの支援	・Twitter ・大和ハウス工業	・社員負担無料で1日3食の食事、鍼治療サービスが取得可能 ・親孝行支援制度として、介護が必要な社員に対して、親元への帰省のための旅費を1.5〜5.5万円／回×年4回を上限に支給
メッセージ性のある福利厚生	・Apple ・PwC	・不妊治療費（1万5,000USドル）や卵子凍結費用（2万USドル）支給 ・社員の奨学金返済を年間1,200USドル援助

出所：マーサー「Future of work」（2017年）および公開情報より作成

●トップメッセージ
●1on1による対話・コーチング
●キャリアカウンセリング
●社内大学、eラーニングなどの自己研鑽施策
●小集団活動
●福利厚生・オフィス環境整備

施策事例については、図表6－33を参照してください。

エンゲージメント向上のための施策は数多く存在しますが、コストや時間を考えるとすべてを実行できるわけではありませんし、ただ行えばいいというものでもありません。エンゲージメントサーベイやパルスサーベイの結果分析から何が課題かを見極め、レバレッジポイントに施策を投入する

ことが肝要です。

―領域2―MVVの浸透

典型的な組織開発活動の一つに、会社全体ないしは事業体といった比較的大きな組織体の中に共通のミッションや価値の共有を進めるMVV（Mission/Vision/Value）の浸透があります。なお、近年は、組織の存在意義を「パーパス（Purpose）」として定める企業が増えてきていますが、その会社の大義を示すもの、という意味ではMVVとパーパスは類似性が高く、当セクションのMVVの浸透施策等は、パーパスを設定している企業にも適用可能です。

これは前述のエンゲージメント向上のための施策の一部にも位置付けられますが、特に重要かつ効果的で実施例の多い施策なので、詳しく解説しましょう。

MVVを浸透させる主な目的は次のようなものです。

- 使命や将来の方向性、重視する価値を明確化することで、社員あるいはその候補者の共感を得て、引き付けること
- 社員に共通基盤をつくり、コミュニケーション、業務の円滑化を図ること
- 組織の判断の拠り所をつくること

大義を明らかにして人材を引き付け、組織の意思決定の拠り所をつくり、組織内のコミュニケーションの円滑度や協力度の向上を狙っています。

ＭＶＶの浸透を図るうえで、最初のステップとなるのは、ＭＶＶそのものの定義です。企業によっては、すでにＭＶＶが明確化されて組織で共有されているところもありますが、なかには立派な経営理念が示されているものの、あまり浸透していないケースもあります。

歴史のある企業でありながら、組織に浸透させるべきＭＶＶが規定されていないケースでは、まず自らのＭＶＶを再発見し、改めてＭＶＶの定義を行います。具体的には、過去の成功から組織がどんな使命や価値を重視しているのか、マネジメント層や社員からのヒアリングやワークショップにより明確化します。

一方、比較的歴史が浅い企業では、トップマネジメントや中核となる社員の考える「思い」と「戦略」を整理し、明確化することでＭＶＶを定義します。

ＭＶＶを浸透させるためには、事業内容、組織の構成員の特徴に合わせて、継続的、そして複合的に施策を実行していきます。以下が多くの会社でよく行われている施策です。

- 全社集会、タウンホールミーティング
- ビジョン冊子、コンセプトビデオ、ポスター、ｅラーニング
- 部門別・階層別の研修やワークショップ

●部門別・階層別の行動指針策定

ＭＶＶがどれだけ組織に浸透するかは、実施する施策の種類よりも、施策に対するマネジメント層や上級管理職のコミットメント、個別施策の工夫が大事です。そして何より、ＭＶＶ自体が現実のビジネスに結び付くストーリーを持ち、組織の構成員に何らかの共感や誇り、またベネフィットを生むことが重要です。

領域3 組織能力・連携の強化

次は組織に必要とされるケイパビリティを上げるために、組織行動やその基礎となっている価値観の変革と共有を図る活動について考えます。これはエンゲージメントを高めて必要な人材の確保やリテンションを強化するというよりも、組織としてアウトプットの質の向上を図ることが目的です。

この類型にはさまざまな目的を持った活動が含まれています。例えば、若手営業社員の業績低迷という課題があったとします。その原因は本人の能力不足の可能性もありますが、上司や同僚とコミュニケーションがうまくとれず、周囲から十分な支援を受けられていないせいかもしれません。このような場合、本人と上司で相互に役割認識や期待を擦り合わせるような場をコーディネートすることや、職場メンバーが参加する会議のファシリテーションに関与することなどを通じて、本人と周囲の関係性に働きかけて良い変化を起こすような活動が一例として挙げられます。

組織能力を上げるための活動は、このようなソフトなコミュニケーション系の活動にとどまりません。個人のコミットメントを強化し、創造性を発揮させるためには、個の自律を促すことが重要です。そのための有効な施策として、組織構造やその運営方法を変え、個の役割、保有する権限、その裏付けとしての情報開示の度合いを変えるような事例が挙げられます。これらは、現代のビジネスに必要なスピード、デジタル化、組織のフラット化、イノベーションなどとの親和性が高く、積極的に取り組むべき施策でしょう。

Diversity & Inclusion(D&I)にまつわる活動も、大きな括りでいえば、組織能力を拡大させる活動と位置付けることができます。D&Iの究極の目的は労働力が不足する中で、その供給源を増やし、さらに多角的な視点を持ったさまざまな人材を起用することによる業務品質の向上だからです。

ここまで挙げた典型的な活動領域に限らず、組織開発の方法論には、次のような専門的な手法や理論、ツールが数多く存在します。

- AI（アプリシエイティブ・インクワイアリー）
- ワールド・カフェ、ワークアウト
- 360度サーベイ・フィードバック

●コーチングやファシリテーションと、それらを行う人の準備としてのトレーニング
●情報開示（目標やＫＰＩ、進捗状況の明示・共有）
●小集団活動
●キャリアカウンセリング
●福利厚生・オフィス環境整備

それぞれの施策の必要性や実効性は、企業によって大きく異なります。どんな施策を選ぶかは、その企業の真の課題が何なのか、その課題の構造を解き明かしたうえで、必要に応じてコミュニケーション系の施策と組み合わせるなど、しくみや組織を結び付けて有機的、そして統合的な手を打つ必要があります。

section6

ピープルアナリティクス

ピープルアナリティクスは、大量のデータを分析して、事実に基づきながら課題やその構造の特定を試みる、比較的新しい取り組みです。ピープルアナリティクスを独立した機能と捉えることもできますし、他の各機能群の分析パートとして捉えることもできます。

図表6-34のとおり、Plan-Do-Seeにおいては、人材マネジメントのSee機能と位置付けられます。個別機能群の改善やワークフォースプランへのフィードバックを通じて、より良い人材ポートフォリオや人事機能を実現するために重要な役割を担います。

ピープルアナリティクスの実際

現在、ピープルアナリティクスが脚光を浴びている理由は3つあります。一つは「AIの活用を含め、ビッグデータを用いた分析の可能性が知られたこと」、一つは「HRクラウドシステムの導入が増え、デジタルデータの蓄積が進みつつあること」、そしてもう一つは「ジョブ型雇用の拡大

図表6-34｜ピープルアナリティクスの位置付け

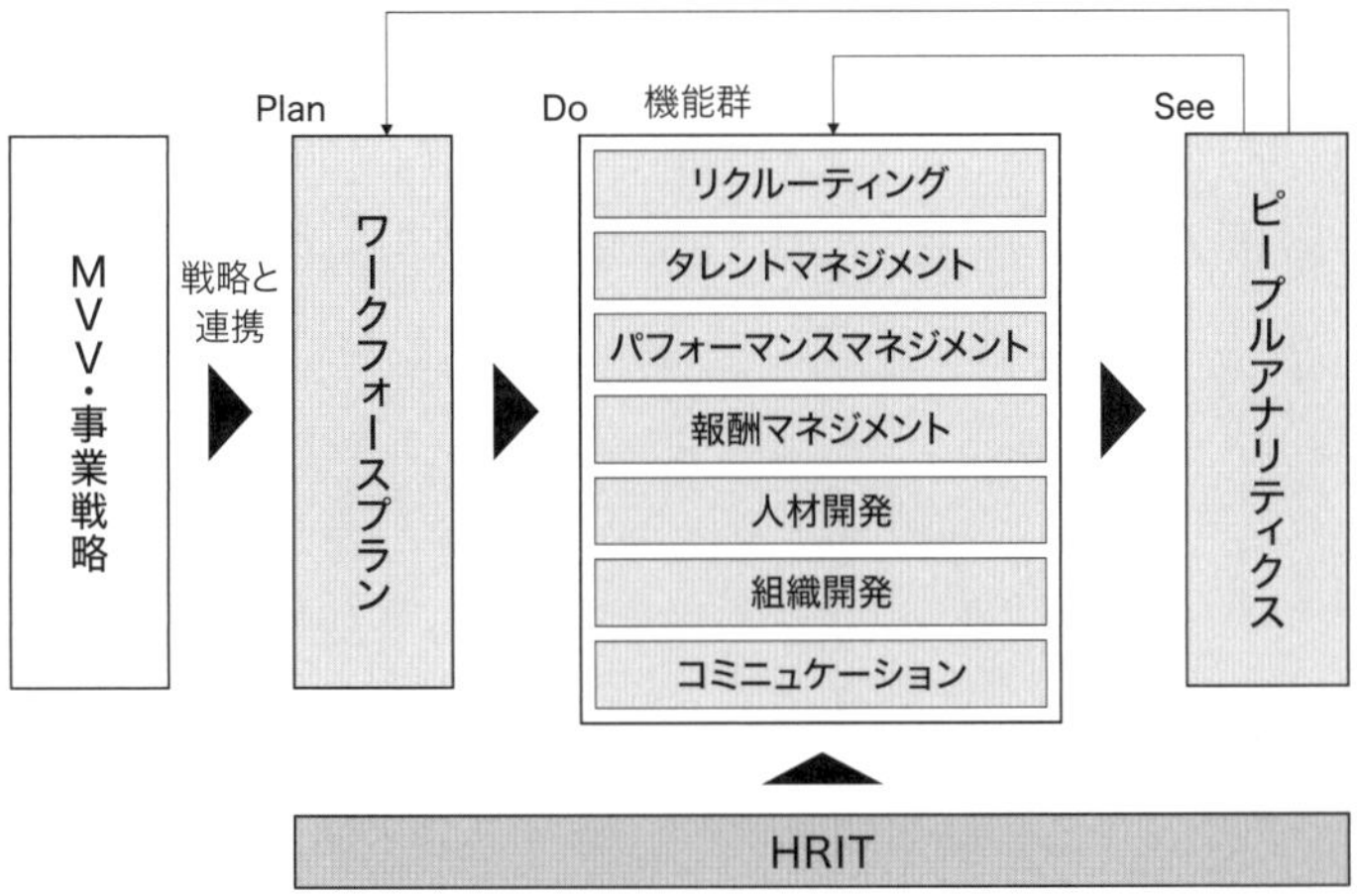

の影響でエンゲージメントの重要性が増していること」です。

特に社員の多様性が増す中、各人の特徴や重要視する価値などを理解し、事実に基づく打ち手を考える材料としてピープルアナリティクスを活用し、エンゲージメントの向上につなげるのは、大きな意義があります。均質的な集団を前提にマネジメント施策を行っていた時代から、多様な職種・志向・バックグラウンドを持つ個人を組織で生かす時代にシフトするためには、人事施策の個別化が必要であり、ピープルアナリティクスはその前提となる、社員への理解を深める手段として有効です。

これは、「顧客の多様化」→「解像度の高いセグメントごとのマーケティング施策が必要」→「解像度の高い顧客理解が必要」という流れで発達したデジタルマーケティングと同じ文脈といっていいでしょう。「顧客」が「社員」に置き換わっているだけです。

ところが、現状ピープルアナリティクスは、一部の先進的企業が先鞭をつけただけで、多くの日本企業は未着手の状態です。今後ピープルアナリティクスに取り組もうとしている会社は、まずはパイロット的に何らかの分析を行い、その本質の理解を進めながら、今後の機能の強化の方向性を探ることになると思いますが、いったいどのように個人への理解を深めていくことができるのか、事例の形で紹介をします（なお、これらの事例は、実際のプロジェクトやクライアントの情報そのものではなく、経験上知り得た複数の日本企業に見られる統計的な傾向や、それを導くために使われる分析の手法や切り口を模式的に事例形式で再整理したものです）。

─事例1─今後のキャリアへの期待がエンゲージメントやパフォーマンスを向上する

ある企業でエンゲージメントサーベイを分析したところ、エンゲージメントに対して統計上有意な因子が5つありました（図表6－35）。その5つとは、キャリア、仕事、人間関係、戦略、評価に対するそれぞれの満足度です。興味深いことに報酬の満足度は、エンゲージメントとは統計的には関係がありませんでした。

一方、特に優位だったのがキャリア因子です。キャリアの将来に対する期待の大きさ（キャリア期待度）、例えば「自己実現できる」「思った仕事に就ける」という要素に高い評価をしている社員

図表6-35｜エンゲージメントと関連が深い因子

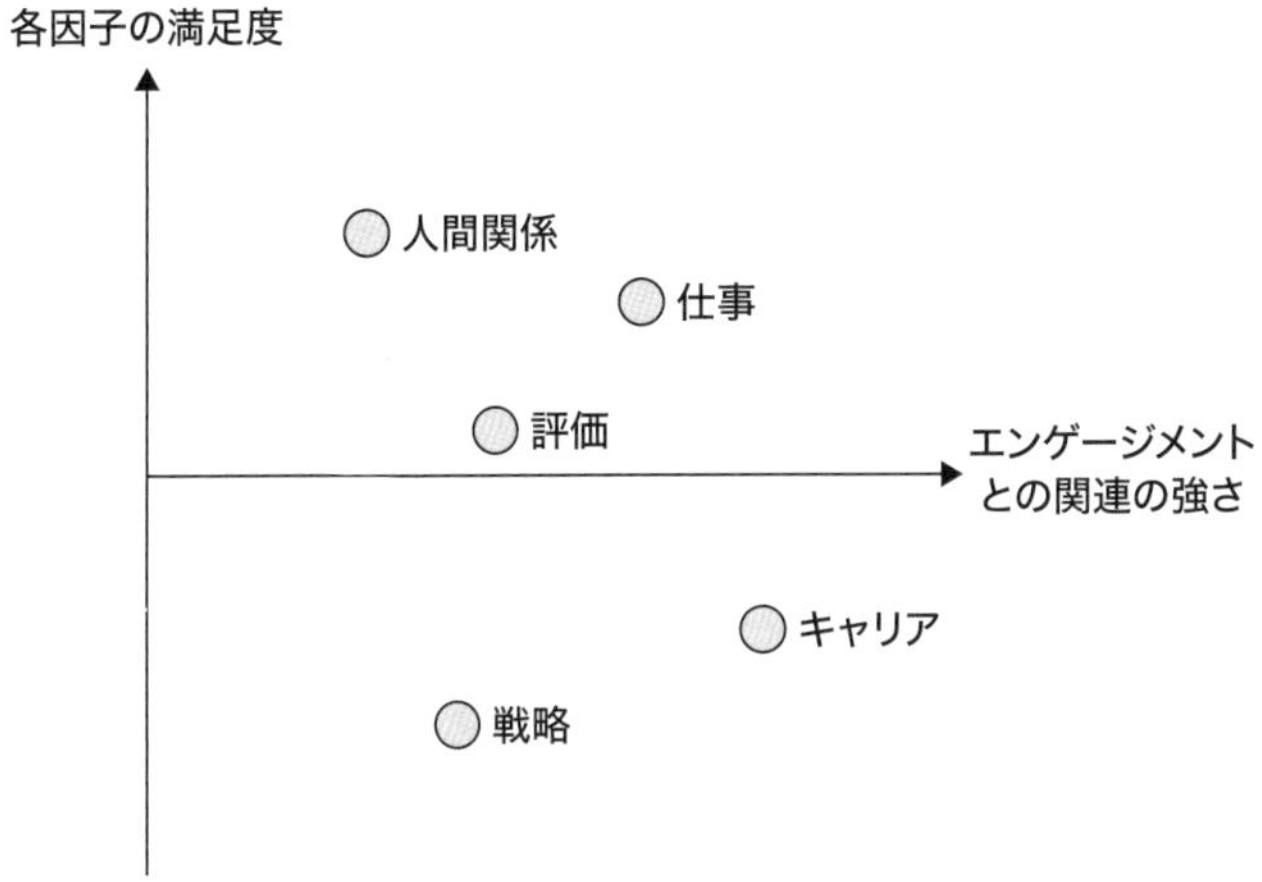

は、エンゲージメントも高いことがわかりました。単純に解釈すれば、「将来、やりたいことができる」とどれだけ思ってもらえるかが、エンゲージメントの高さにつながるということです。

次にキャリアとパフォーマンスの関係を分析したところ、キャリア自律、具体的には「明確なキャリアプランがある」「将来やりたい仕事がある」「将来やりたい仕事に就くための努力をしている」という諸項目のスコアが高い社員は、パフォーマンスが高い（評価が高い）ことがわかりました（図表2－7）。一言でいうと、キャリア自律度が高い社員はパフォーマンスが高いのです。

一方、このキャリア自律度は年齢が上がるにつれて低下する傾向も確認できています。つまり、年齢を経るとともに、キャリア自律意識が低下し、それに伴いパフォーマンスが下がるのです。おそらくメンバーシップ型雇用の会社主導の配置政策の影響で、年を経るにつれ、キャリアは会社が決定するものだと無意識に刷り込まれ、ある程度の年齢となったことで先の昇格の可能性も見えてくるため、キャリアへのあきらめとパフォーマンスの低下が発生し〝不活性な中高年層〟を構造的につくり出してしまっているのではないでしょうか。

結局、双方の分析ともにキャリア意識が鍵となっており、キャリアに対する希望を持ち自律をしていることが、エンゲージメントにもパフォーマンスにも好影響を与えているという結果でした。もし、これらの分析がメンバーシップ型雇用の会社にある程度共通するものだと仮定すると、会社主導のキャリア形成・人事異動を、個人主導のキャリア形成・人事異動に変えることで、エンゲージメントやパフォーマンスを改善できる余地がありそうです。

―事例2―楽な仕事はエンゲージメントを下げる

次に紹介するのは、業務のレベル感とエンゲージメントの関係です。図表6－36を見てください。この分析からわかったのは、次のような点です。

●業務の難易度、負荷ともに、「適当」であるときにエンゲージメントは一番高い（グラフの真ん中がいつも最も高い）

図表6-36 | 業務難易度／業務負荷とエンゲージメント

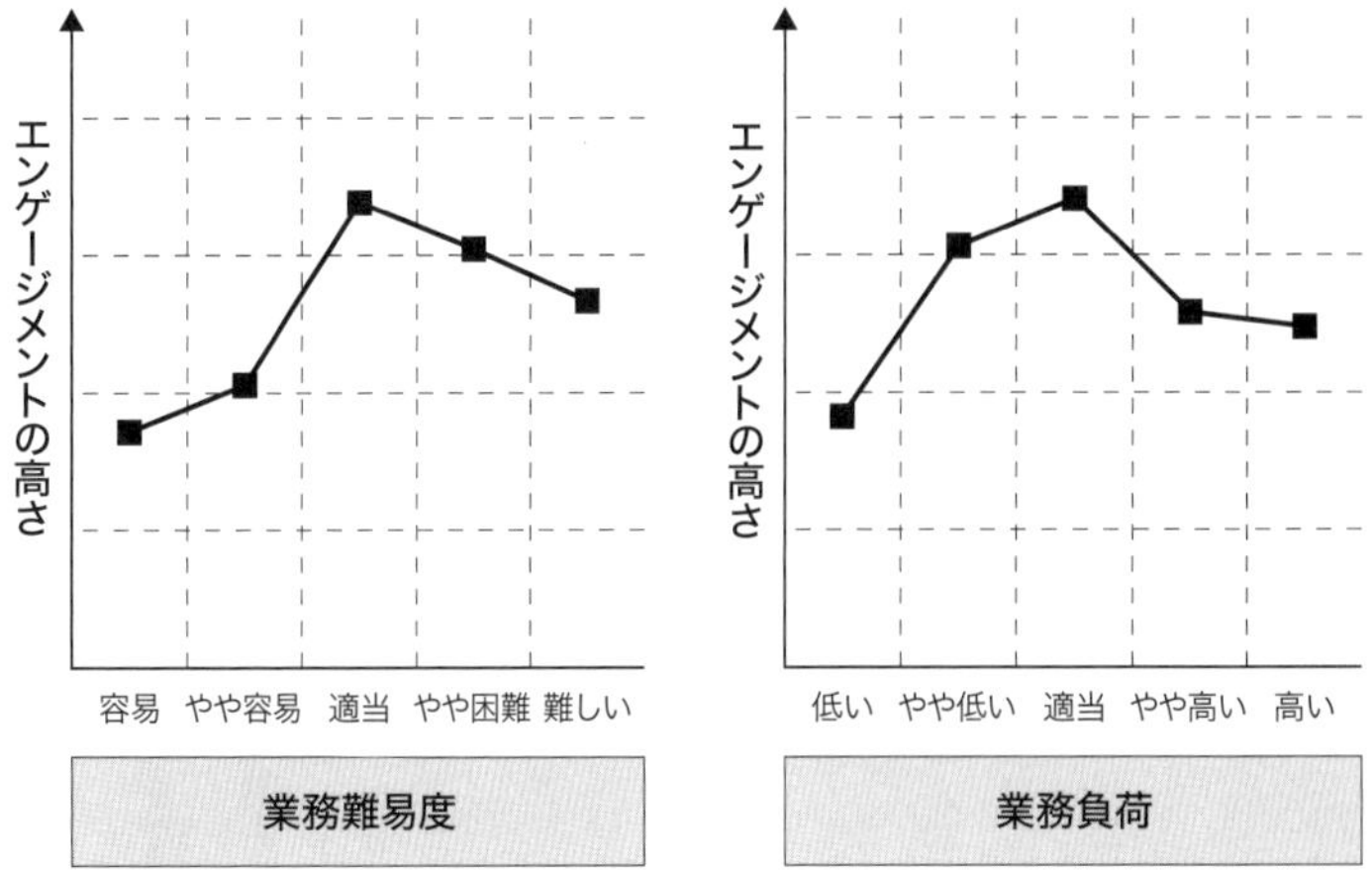

●難し過ぎる業務よりも、簡単過ぎる業務を割り当てられたほうが、エンゲージメントが低い

●負荷の高い業務よりも、暇になる業務を割り当てられたほうが、エンゲージメントが低い

●暇になる業務よりも、簡単過ぎる業務を割り当てられたほうが、エンゲージメントが低い

つまり、「過ぎたるは及ばざるが如し」という格言のとおり、量的にも質的にも適度であることがエンゲージメントに最も良く、量的にも質的にも楽過ぎることが最も悪く、楽過ぎるくらいなら厳しいほうがましということであり、組織設計、業務設計、マネジャーの差配の工夫や不出来がエンゲージメントを上げも下げもすることが示

唆された結果でした。

─事例3─ステレオタイプなライフコースの支援がエンゲージメントを下げる

ある企業のエンゲージメントサーベイで「独身」という属性のエンゲージメントが低く、その原因を究明することになりました。

分析を進めると、単に独身という属性のエンゲージメントが低いのではなく、独身かつ賃貸住宅暮らしの個人のエンゲージメントが低いようです。さらに分析を深めていくと、独身かつ賃貸住宅という属性そのものがエンゲージメントを下げているのではなく、独身かつ賃貸住宅だと福利厚生に対する満足度が低く、福利厚生に対する満足度の低さがエンゲージメントを下げているようです（図表6－37）。

実は問題の本質はこの会社の住宅政策を中心とした生活補償策にあったのです。この会社の福利厚生の前提は、総合職男性の伝統的なライフコースです。具体的には、新卒で入社し30歳前後までは寮住まいをします。30歳前後で結婚し、配偶者は専業主婦となり、間もなく子供が生まれます。結婚に伴って扶養家族がいる人には住宅手当や家族手当が手厚く支給されます。時には転勤があり転勤社宅を利用し、ある程度まで年齢が到達すると自宅を購入します。その際も会社から支援があります。

多くの日本企業では、住居や扶養に対して手厚い支援策があります。ところが昨今は、晩婚化、

図表**6-37** | 賃貸住宅への居住とエンゲージメントの関係

直接モデル

「独身 → エンゲージメント（低）」の理由は？

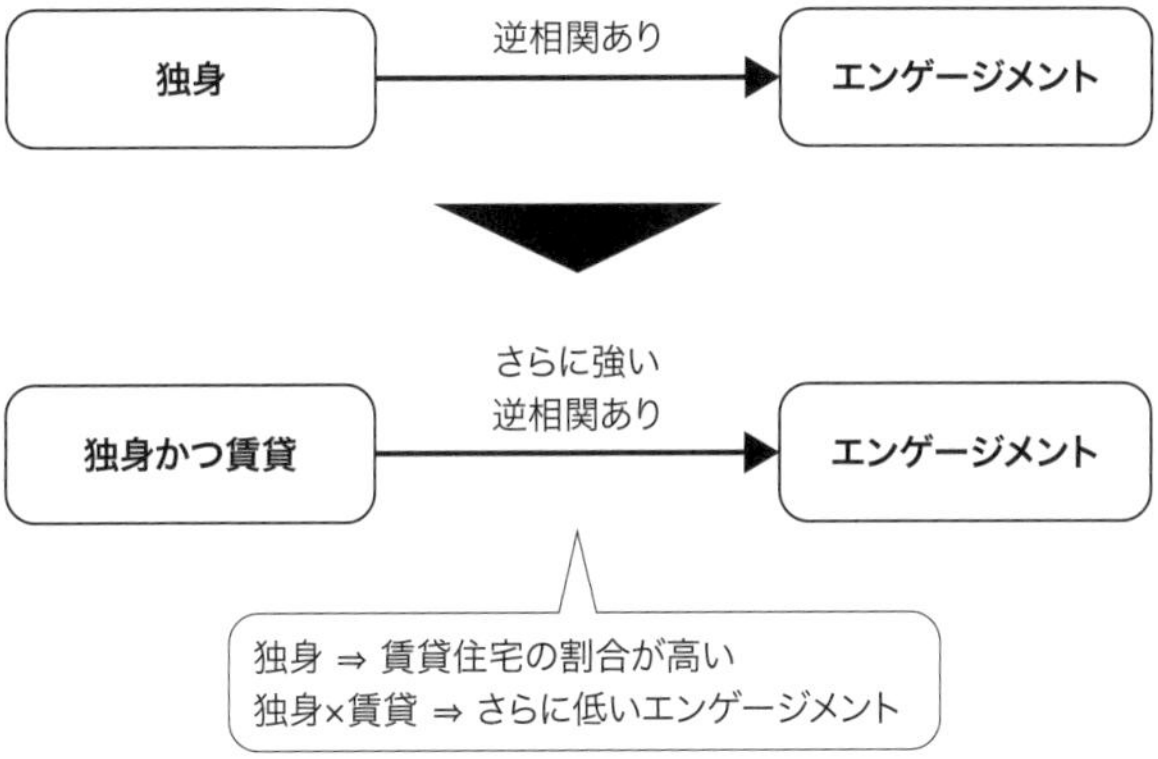

媒介モデル

「独身かつ賃貸 → 福利厚生満足度（低） →エンゲージメント（低）」という経路で影響

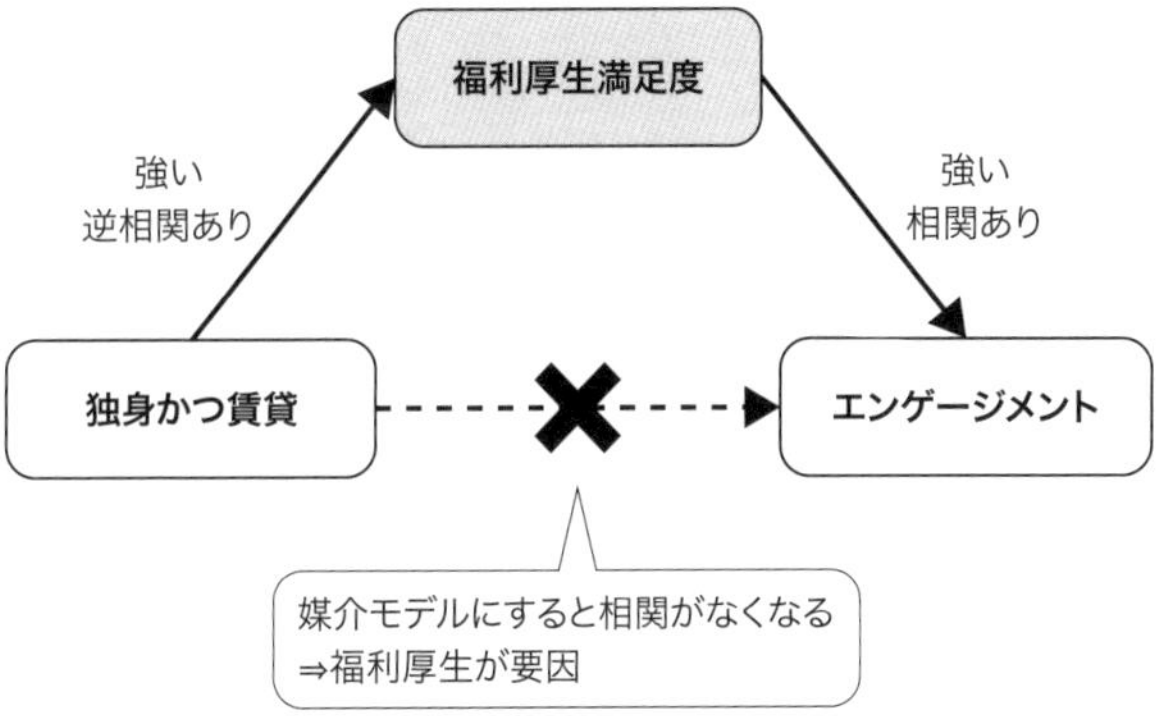

少子化、女性社員の勤続継続傾向の高まりなど、ライフコースの変化により、そうした支援策を享受しにくい社員が増えました。典型的なプロファイルを考えると、30歳以上の独身者で賃貸住宅に住んでいる社員であり、この層は住宅支援策や扶養支援策の恩恵をまったく受けないため、福利厚生に対する満足度が低かったのです。

ほとんどの社員が同じようなライフコースをなぞる場合には、住宅や家族の生活費に対する支援は長期的に見れば、全員がどこかのタイミングで受けられるベネフィットになりますが、前記のようなライフコースの多様化によって、同じ仕事、同じ貢献をしていても、人によって会社から得られるものに大きな差が生まれるようになってしまいました。

この会社では、この分析結果をベースに住宅関連の支援を削減するとともに、支援をフラット化する方向で福利厚生を全体的に見直すことになりました。この決定は若年層からは支持される一方、既得権保護の思想が強い組合から強い抵抗があり、一部妥協はあったものの、新たな福利厚生制度の導入を進めているところです。

ピープルアナリティクスへの取り組み

ここまで、3つの分野のピープルアナリティクスについて事例を見ながら説明してきました。では、各社がこのような分析力をつけていくためには、どのようにすればよいでしょうか。次のような3つのステップが考えられます。

第1ステップは、パイロットプロジェクトの実施です。ピープルアナリティクスに興味はあっても、導入経験のない企業においては、その有用性や必要性が真に理解できているとは限りません。ピープルアナリティクスとはどういったもので、どういうことができるか、そんな疑問から始まるのではないでしょうか。それに答えるのが、パイロットプロジェクトです。人事部門内にデータ分析に長けた人がいれば、一任するのも一案ですが、外部の専門家の手を借りてもいいでしょう。

第2ステップは、コアメンバーの確保です。ピープルアナリティクスの経験者を外部から採用し、社内でラーニングアジリティの高い若年スタッフを就けるのが、考えやすい整備プランですが、ピープルアナリティクスの専門家はまだ多くありません。そこで、社内外のデジタルマーケティングの経験者を採用する方法も一考でしょう。また、取り組みの規模はともかく、ピープルアナリティクス導入の決意が固まっているのであれば、第1ステップと第2ステップの順序を逆にしたり、同時並行で行ったりすることも考えられます。

第3ステップは、導入のための機能の拡大、増強です。先進的な欧米多国籍企業ではこの段階に至っており、組織行動学やデータ分析の専門部隊を設けるようになりつつあるようです。専門部隊とする理由の一つは、現状では希少な高度なケイパビリティの構築は各機能で行うことが難しく、専門組織で行うほうが現実的であるため、またもう一つは、極めてセンシティブなデータを取り扱うことから、機密保持を考えると集中化しておくほうが安心であるためのようです。この組織のメンバーがＣＨＲＯ／ＨＲＢＰ／ＣｏＥと議論をしながら必要な分析を行い、そこで得られた示唆を人事施策に生かしていく流れになります。日本企業も差をつけられないように、早めに取り組みを開始したいところです。

第7章
ジョブ型雇用への移行

ここでは、ジョブ型雇用への変革を決定した場合の、雇用システムの変革プロセスを、模式的な事例を使いながら示していきます。

乗り越えなければならない課題

ジョブ型雇用への本格的な移行を決めたときに、現実的に解決しなければならない課題は３つです。

①経営者、管理職、一般スタッフ、人事部門を含む、すべての所属メンバーの価値観、マインドセット、ケイパビリティをどのように変えるか。

②過去の清算、具体的には、今までメンバーシップ型雇用の中で会社にコミットすることで、一生を保障してもらうことを前提にしていた個人をどのように取り扱うか。

③既得権保護に固執する層への対応をどのようにするか。

①のハードルは高いですが、完全移行までには時間がかかるため、その時間を利用して、段階的な導入による環境変化とさまざまなコミュニケーションやトレーニングを通じて、価値観やマインドセットを変え、ケイパビリティを向上することで対応します。

②については、ある程度の経過措置をとりながら本人たちに変わる時間と機会を提供し、一定期間後はルールを変更するという対応をとります。

③の既得権に固執する層に対しては、ジョブ型雇用の利点を丁寧に説明して説得を続けながら、それでも納得してもらえない場合は、最終的には反対を押し切って実行に移すことになるでしょう。

再三述べてきたとおり、ジョブ型雇用への移行は市場原理の強化であり、個人間においてはジョブ獲得競争、会社間においては人材獲得競争を導入し、組織として変化対応力やケイパビリティを向上することです。このような大改革には、利益を得る人と不利益を被る人が必ず発生します。

個人で利益を得るのは、自らキャリアを考えて能力を磨き、価値ある仕事をしていて、労働市場で買い手のつく人です。逆に不利益を被るのは、会社にいわれたことだけをしてきて、労働市場で買い手のつきにくい人です。そう考えると、ジョブ型雇用は何も悪いものではなく、今まで実際の価値を無視して報酬がフラット過ぎたので、これからは価値に見合ったものにしようという、本来、自然な考え方を取り入れるだけのことになります。その意味では、②や③については、本来、押し切ってしまっても問題はないはずです。

ただし、会社にも一つ負い目があります。今は不活性な中高年と化している個人に対して、これまで会社の都合での異動・転勤を繰り返し、自律的なキャリア形成をあきらめてもらってきました。その見返りが、能力的な課題が多少あったとしても、雇用とそれなりの処遇を定年まで保障することです。

これまでの保障が厚過ぎたという考え方もありますが、とはいえ、今までキャリア形成をさせず、市場価値を追う機会も与えてこなかったのに、いきなり今後は市場価値で評価するというのは確かに乱暴です。したがって、その面においても、個人がキャリア自律するための準備期間は必要でしょう。

また、③の既得権保護派の主張とジョブ型雇用の理念は、どこまでいっても相容れないところがあります。既得権保護派は、個人の提供価値に関係なく、定年までの収入や福利厚生の保障を求めるスタンスなので、合意を得るのは非常に難しいでしょう。

株価のプレッシャーもあり、現実的に総人件費率はあまり変えられないため、既得権保護派の言い分をそのまま実現すれば、若年世代から搾取する形をとることになります。こちらのほうが、非常に不公平な状態です。

ただ、バブル経済崩壊後の30年、日本企業はまさにこの不公平な状態を続けてきました。そして、トラブルを避けるためか、既得権保護派の意見は経営者や人事部門に影響を与えがちです。しかし、今回のジョブ型雇用への移行は大規模な改革であり、最終的には既得権の保障は極力なくすようにしていかなければなりません。

ジョブ型雇用への移行のモデルケース――A社の場合

今まで論じてきた課題に向き合いながら、典型的な日本企業がジョブ型雇用への移行をどのように進めていくべきか、モデルケースで考えていきましょう。

A社は伝統ある日本企業で、高い技術力を持つ部品メーカーです。グループ全体の売上は約1兆円、従業員数は約5000人です。売上の半分強は海外で、そのうち最大の地域は北米です。これまで欧米では、過去に同業他社を買収しており、外国人がトップを務めています。アジア・中国では、自社で設立した子会社が事業を営んでおり、日本人がトップに就いています。

ただし、A社は部品メーカーといっても、主な商品はモジュール化されており、電気的なパーツやソフトウェアも商品の一部に含まれるため、デジタル化の影響を強く受けています。海外での顧客は日本企業のみならず、ローカルの企業を数多く含んでいます。その意味で事業のグローバル化は進んでいて、世界中のどの地域でも利益率は悪くありませんが、成長は基本的に海外事業頼みになっているのが現状です。

国内の人材マネジメントは典型的なメンバーシップ型雇用であり、職能資格を継続しています。日本企業としては十分な報酬水準を維持しており、かつ穏やかな社風で知られています。海外はもちろんジョブ型雇用ですが、一体運営を進めるために最低限、グレードや報酬ガイドライン、タレントマネジメントなどの統一を図っているところです。ただし、日本はスコープ外となっています。

A社の日本国内における人材マネジメント上の課題は、まずはグローバルHQ機能の強化です。グローバル事業のリードや事業推進に必要な高度な職能（ファイナンス、法務等）を保有する人材の確保が急務です。加えて、近年増加傾向にある若年優秀者の離職を防ぐことと、不活性な中高年の活性化となります。

新たな人材マネジメントの方向性

Ａ社は非常に日本的な企業でありながらも、長期的には完全なジョブ型雇用への移行が必要であるという認識を持っています。その理由は、国内の人口動態を考えると、今後はメンバーシップ型雇用を継続するのは難しく、また海外事業が主戦場になっている今、日本のマネジメントシステムが孤立を続けていると、日本の優秀な人材が海外事業で活躍するチャンスを潰してしまうと考えているからです。

短期的には、グローバルＨＱ機能を強化するための人材や、製品開発に必要な情報系のエンジニアなど、いわゆる市場価値の高い外部人材を採用しながら、内部のラーニングアジリティの高い社員と協働させることで、ケイパビリティを確保・拡大する方針であり、ジョブ型雇用への移行のニーズがあります。

しかし、既存社員については、基礎能力は高いものの、日本的かつ穏やかな人事運用と社風の中でキャリア自律をしておらず、ジョブ型雇用へ移行する準備はまったくできていません。採用は緩やかな職種別にはなっており、多少の社内公募はあるものの、配置は基本的には会社が決定する方針をとっています。内部公平性が重視されており、報酬が職種別になることについてもアレルギーは強そうです。

そこで当面は、既存社員に対してはメンバーシップ型雇用を相当程度継続しながらも、長期的にはジョブ型雇用に慣れてもらうことが重要になります。

A社の国内の人材マネジメントの方向性をまとめると、次のようになります。

- 長期的には、全社的にジョブ型雇用に変革し、グローバルとの整合性をとることで、事業の成長に寄与する。同時に日本人の社員が海外で活躍するためのハードルを一つ取り除く。
- 短期的には、「市場価値の高い高度専門人材を採用するためのジョブ型雇用システム」と「既存社員向けにメンバーシップ型要素を残した雇用システム」を併存する。
- ただし、このメンバーシップ型雇用については、一部にジョブ型雇用の施策を取り入れ、既存社員にキャリア自律を促しながらジョブ型雇用への移行準備を図る。つまり、メンバーシップ型雇用とジョブ型雇用の中間的な性質のものとする。

採用される人材マネジメント施策としくみ

ここでは、A社が変革を行うにあたり、採用される人材マネジメントとその導入ステップについて説明していきます。概要を確認するには図表7－1、詳細を確認するには図表7－2を参照してください。

まずは、準備作業として方針検討と設計を行います。

ジョブ型雇用への移行はかなり大きな経営上の意思決定のため、まずは経営者レベルにジョブ型雇用とは何か、どのようなメリットがあり、どのようなリスクがあるのか、現在のメンバーシップ型雇用と比較したときの得失は何か、という点をよく理解してもらったうえで、大方針とロードマップを決定します。

従業員5000人規模の企業では、方針検討から設計、導入まで1・5年から2年程度かけることが多いのですが、A社の場合、相当大きな変革となるため、方針策定、制度設計、施策立案に使う準備期間を2年とることにしました。その期間は、現行の職能資格制度とメンバーシップ型雇用を継続します。実際、モデルになっている企業は現在、この段階です。

そして2年後、2つの雇用システムを導入し、一国二制度とします（130ページ）。一つは、高度専門職向けの完全なジョブ型雇用向けのしくみで、外部競争力を重視した構えです。もう一つは既存社員向けの、メンバーシップ型とジョブ型の中間的なしくみです。

既存社員向けのしくみでは、報酬については職種別市場価値を導入しませんが、いわゆる役割グレード・役割給として、現在の職能資格より実力主義的になります。なぜこのタイミングで職種別市場価値を導入しないのかというと、新卒一括採用や職種を越えた会社主導の異動配置を維持した

図表7-1｜ジョブ型雇用への変革のアプローチ（導入ステップ概要）

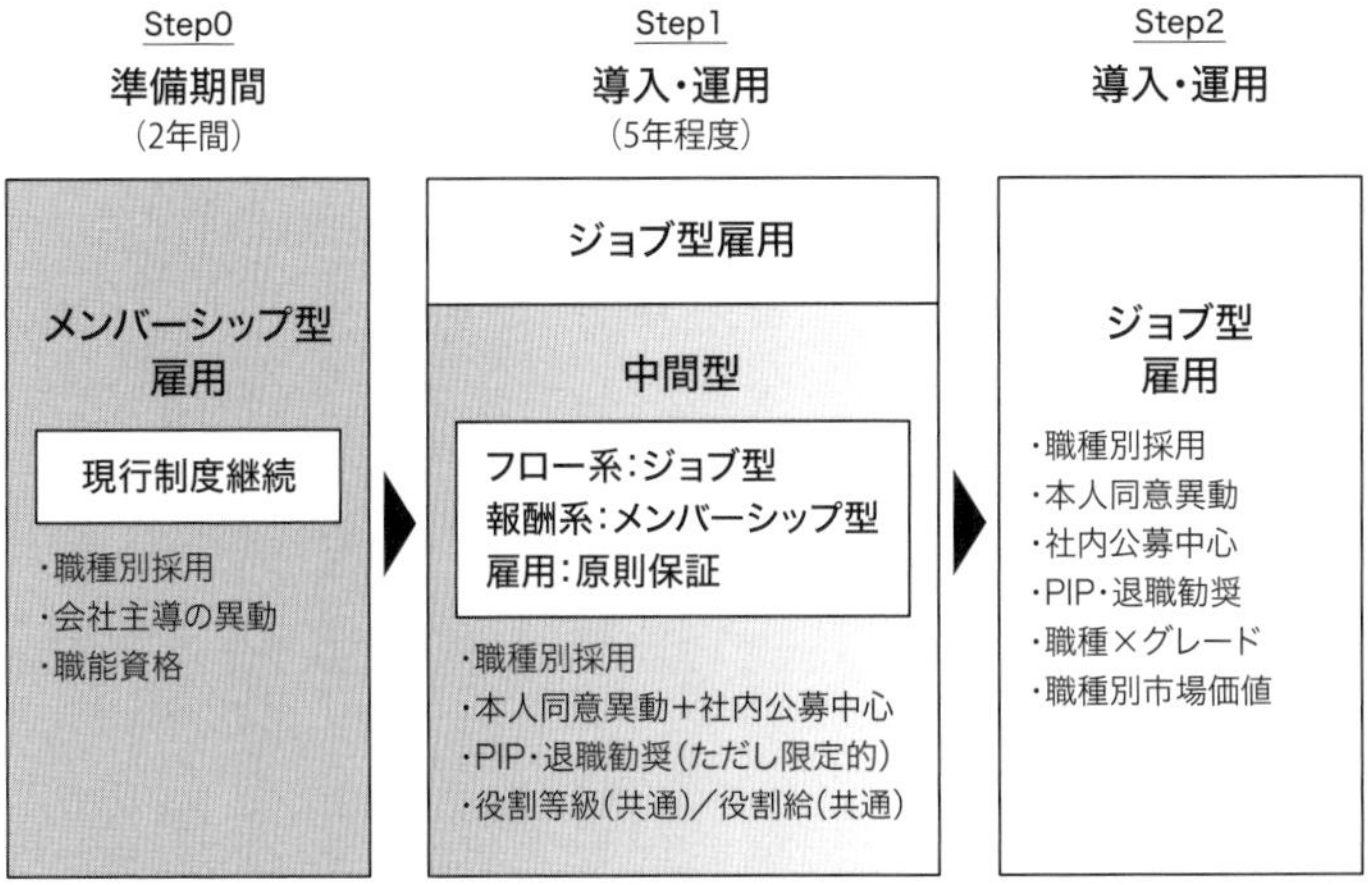

ままでの職種別報酬の導入は受け入れられにくいと考えたからです。

その代わり、人材フロー系についてはジョブ型雇用の諸施策を導入します。職種別採用をし、異動は極力本人の同意をとるようにします。また、キーポジション以外は社内公募による異動とします。非常に限定的ですが、やむを得ない場合はＰＩＰや退職勧奨も実施します。

このように異動政策を変更するとともに、社員にキャリア自律教育を行い、今の職務で専門性を高めるのか、あるいは専門分野の拡大や新たな道を選ぶために社内公募に応募するのかなど、将来のキャリアプランを考える機会をつくり、キャリア自律を図っていきます。

なお、高度専門職だけでなく、既存社員

X+2年〜X+6年			X+7年以降
導入・運用			
導入・運用			
導入・運用			
導入・運用			
導入・運用			
導入・運用			
導入・運用			
導入・運用			
導入・運用			
導入・運用			
導入・運用			
	統合準備		実施
	統合準備		実施
	統合準備		実施
	統合準備		実施
	統合準備		実施
	統合準備		実施
	パイロット	実施	
	パイロット	実施	
		コンセンサス	
		交渉・決定	
		説明会	
		説明会	
		評価・コーチング・昇給・賞与	
		評価・コーチング・昇給・賞与	
キャリア自律			

図表7-2｜方針検討および施策の設計・導入スケジュール

現状分析・方針設定 ＼ タスク	X年		X+1年		
高度専門職向け人材マネジメント					
職種別採用		設計			
配置（本人同意・社内公募）		設計			
PIP・退職勧奨		設計			
職種・グレード体系		設計			
職種別報酬		設計			
昇給・賞与・昇格（権限移譲）		設計			
総合職（既存社員）向け人材マネジメント					
職種別採用		設計			
配置（本人同意・社内公募）		設計			
PIP・退職勧奨		設計			
役割等級		設計			
役割給		設計			
ジョブ型雇用（全社統一）					
職種別採用					
配置（本人同意・社内公募）					
PIP・退職勧奨					
役割等級					
役割給					
昇給・賞与・昇格（権限移譲）					
人員計画・予算管理					
要員計画（ボトムアップ）					
人件費予算（ボトムアップ）					
機関決定・コミュニケーション					
経営者（コンセンサス）	コンセンサスビルディング			決定	
経営者（意思決定）	ロードマップ決定		検討	決定	
組合			交渉	決定	
管理職				説明会	
一般				説明会	
トレーニング					
管理職				評価・コーチング	
HRBP				評価・コーチング	
一般					

の人材マネジメントにおいても職種別採用になるわけですが、新卒採用は入社の1年以上前から開始するのが一般的なので、この施策のみ導入が早くなります。また、いずれの雇用システムにおいても、組合交渉は制度設計の目鼻がついた段階から行います。

一国二制度を採用することで、直近の高度専門職の採用に応えつつ、一般の総合職（既存社員）の配置政策を抜本的に変更し、キャリア自律トレーニングを行って、完全なジョブ型雇用への準備を進めていくのです。

このモデルケースで取り上げた企業の場合、最終目標である完全ジョブ型雇用への移行に何年かかるかは未定ですが、現段階のプランとしては5年間ほど一国二制度の状態を続け、その後に完全な移行を模索する想定です。

ジョブ型雇用に完全移行するタイミングで、職種別市場価値と賞与・昇給の決定についての権限を現場に移譲する予定なので、現場マネジャーやＨＲＢＰは事前にケイパビリティトレーニングを受けることになります。導入の前年には、現場からボトムアップで事業に必要な要員計画や人件費予算を上げる必要があるため、おそらく導入2年前の段階で、パイロット的にボトムアップの要員計画および人件費予算立案を実施する必要があるでしょう。

まだまだ前途多難ではありますが、最終的なゴールを見据え、時にはさまざまな障害と向き合いながら、この会社は一歩一歩変革を進めています。

Special Interview 1

組織に根付くキャリア自律の文化

Interviewee
望月賢一 氏

ソニーピープル
ソリューションズ株式会社
代表取締役社長

Interviewer
白井正人

意欲のある人にチャンスを与える

白井　ソニーのキャリア自律がどのように始まったか、お聞かせください。

望月　1960年代から始まった社内募集制度が本格的なスタートだと思います。ソニーも創業当時は、人材獲得が大きな課題でした。盛田さん、井深さんをはじめとした創業当時の経営層にとって、事業を支えるために、外部からの人材の採用とともに、社内の意欲ある人にチャンスを与える、この両輪が必要でした。

社内募集制度は会社からすると、意欲を持っている人を適切なポストに配置し、アウトプットにつなげる、社員にとっては新たなチャンスが明確になる、双方にとって、WINWINの制度として定着してきました。私が入社した80年代後半の頃はまだアナログな時代だったので、見開き10ページぐらいの冊子に各部署の人材募集が書かれているものが社内回覧で回ってくるのです。これを見ると新入社員は社内にどんな仕事があるのかもわかりますし、「次はどんな仕事をしようか――」と考えたりするなど、非常に貴重な情報源でした。

2015年頃からは少し制度を拡充して、いわゆるFA制度を導入し、それ以外にも「キャリアリンク」と「キャリアプラス」という2つの制度を加えました。「キャリアリンク」は社員が自分の経験やキャリア志望などのレジュメを公開して、興味を持った社内のマネジメントが人事を介して本人にコンタクトする制度です。

一方、「キャリアプラス」は兼業で他の職場の仕事に関われる制度です。例えば、新しい事業のスタートアップには、アイデアだけではなく事業を支える基盤づくり、いろいろな認可をとる申請業務とか、ロジスティックやサプライチェーンの構築などが欠かせません。そういう知識を持ったベテラン社員が本来の部署の仕事と兼業でスタートアップのセクションを手伝うことは、本人にとっても自分の経験を生かして若手をサポートしたいとか、ベンチャライズした事業に携わってみたいという意欲を満たすことにもつながります。このようなケースは若手のアイデアとベテランの経験を組み合わせて事業に生かしていく事例になりますが、若手とベテランに限らず、社内の有用な知識の共有と活用促進にもつながっていくものだといえます。

白井 60年代といえば、まだソニーは有名企業ではなかっ

たと思います。同時期に創業したばかりで、今は名だたる企業に成長した会社は数多くあるのですが、キャリア自律に関してソニーのような制度が定着しているところは少数といってよいでしょう。何か理由はあるのでしょうか。

望月 私が入社したときに盛田昭夫さんが入社式で「我々も皆さんを選んでソニーに迎え入れました。ただ、皆さんもソニーを選んだんだよね。だとすると、皆さんがもしもソニーにいてハッピーじゃなかったら、会社を辞めなさい。人生を無駄にすることはない」と新入社員に対して仰ったのです。これは逆に捉えれば、ソニーで活躍したければ、自分で意志をもってキャリアを形成していきましょうということですよね。

もう一つ、井深大さんの「人材石垣論」というものがあります。いろいろな大きさや形の石も、きちんと組み合わせれば見事な城の土台になって天守閣を支えるでしょう──と。ソニーには異なる意見（異見）を戦わせることができる組織でなければならず、意見が違う人同士がのびのびと異見を戦わせて、アウトプットを一緒に出していく。その意味で、会社には多様な人がいなければイノベーションなど生まれないという意味です。

白井 キャリア自律しなければならないという話と、いろいろな異見を戦わせる環境がなければイノベーションは生まれないというお二人の話は、とても親和性があると思います。イノベーションを生むためには多様でなければならないし、多様であるためには自律が必要という点で。

望月 多様であるように組織をマネージするのがマネジメントの役割。自然と個性が発揮しやすくなりますし、互いに違う部分を認め合い、主体性を保てるのです。

私が若い頃、上司とキャリア面談すると「あなたは次に何をしたいの？」と聞かれ、何も考えていないと「自分で考えないと、会社の中でキャリアの道を失うよ」と言われました。希望を言うと、「人事からそちらへ転換するのはちょっとハードルが高い」とか、自分の経験を踏まえて助言してくれました。ソニーは今でも毎年10、11月に「キャリア月間」を設け、上司と部下でキャリアに関する面談を行う他、講演会も開催しています。

優秀なHRBPの育成

白井　個に対するリスペクトが強い企業風土なのですね。ただ個を尊重すると、統制がききにくい部分ができたりはしませんか。

望月　もちろん、異動には本人の希望ではなく会社のニーズから始まるものもありますから、部下から「なぜ私なんですか？」と聞かれることもあります。それに対してどのマネジャーも時間をかけて対応しているので大変だと思います。

白井　会社都合の異動は、ちゃんと理由を伝えて納得してもらう責任があるということですね。事実上個人同意を取り付けている感じですね。

望月　そうですね。もちろん、うまくいかない場合は、人事が上司と部下の間に入ることもあります。

白井　社内募集制度は年間でどれくらいの規模で行われるのですか。

望月　2月と8月の年に2回、募集があります。年間で1000件ぐらいの公募があって、応募する方はざっくりとですが25%ぐらいが決まるので、年間でだいたい200～300人の異動があるという勘定でしょうか。

白井　欠員した場合はどうするのですか?

望月　求める人材が社内募集でマッチングできれば良いのですが、人事側で「これは社内で見つけるのは難しいだろうな」と判断した場合は同時に外部から経験者採用を行う場合もあります。HRBPはそのあたりの調整やアドバイスも行います。例えば「求人の条件をそんなに狭くしたら応募が来なくなってしまいますよ」など、応募の敷居の高さを求人部門にアドバイスするといった具合ですね。

　求人が充足するまでのリードタイムをいかに短くするかとか、求人に対する応募者の母集団の形成だとか、どのようなパイプラインを使えばどのような人と接点が持てるかだとか。そういったことを考え、解決していくのもHRBPの役割です。

白井　職種はいくつぐらいに分けているのですか?

望月　どこまで分解して考えるかにもよりますが、ソニーは技術領域に関してはテクノロジーコミュニティという組織横断のチームを持っていて、それをベースに考えると大きな括りとして10～11ぐらいです。

白井　採用時の区分はいかがでしょう？

望月　その年によって多少変わりますが、新卒採用ですと70前後です。それだけの職種の求人がよく埋まりますねと言われますが、今の若い世代は自分の専門性を築くことをとても意識しているので、職種別採用によって自分のキャリアを発揮する場をわかりやすく提示できるというのはメリットです。

白井　そうなるとHRBPもかなり事業部側の事情に通じていないと難しいですね。

望月　私がHRBPを担当していたとき、経営層からは「人事は必ず経営会議とか運営会議には出席しなさい」と言われましたし、事業部長にも「事業部の運営会議には、必ず人事も来て」とも言われ、統括課長の時は必ず出席させてもらっていました。このように双方の会議に出席していると、事業の運営状況もわかりますし、事業部のどんな職種で求人が必要

なのかもイメージできます。

白井　事業部のことを理解しているＨＲＢＰを探すのも育てるのも大変だというのが日本企業ではよく言われているのですが、ソニーではどのようにお考えですか。

望月　ＨＲＢＰは事業課題を人事の課題に翻訳できなければいけませんし、本社人事に対しての交渉も必要になります。もちろん人事のイロハも知っていなければなりませんから、本社の機能系部門からキャリアをスタートした人は、３～４年後のローテーションで事業部人事のＨＲＢＰを経験しますし、反対にＨＲＢＰからキャリアをスタートした人は、次は目線を変えるために本社の機能系部門を経験するといった感じですね。

白井　事業側ではワークフォースプランの立案も経験しているということでしょうか。

望月　それは本質的には人事というよりも事業側の仕事です。人事は事業側の求人の文脈とか背景を理解しておく。例えば、ＨＲＢＰが書いた求人票が事業側に「これでいいよ！　１００点」と言われたら、そのＨＲＢＰはその事業のことをよく理解している証拠ということです。

白井　ジョブディスクリプションをＨＲＢＰが自分で書けるかということですね。

望月　そうですね。ＨＲＢＰは事業側とそのようなやり取りを繰り返して、事業への理解を深めながら、現場で起こるビジネスニーズや課題を、人の調達・配置・育成という人事側の課題で紐解いていきます。その点から人事もワークフォースプランニングに関わっているといっていいとは思います。

ＨＲＢＰは人事と事業部の橋渡し役

白井　ＨＲＢＰは人事と事業の双方を理解し、間をつなぐ橋渡しのような役割なのですね。

望月　そうですね。先ほど説明したキャリアリンクは、制度の導入当初は利用者がとても少なくて、自分のレジュメを公開することに躊躇するのかなと思っていたのですが、最近じわじわと利用者が増えています。これはＨＲＢＰにとってもかなり重要な人材に関する情報資産で、求人が埋まっていない部署に「こんな人がいますけれど、どうですか？」と提案することもできますし、まだ求人を出していなくても事業側の実情がわかっていれば、「こんな人材、必要じゃありませんか？」と声をかけることができます。

白井　人材の情報と事業側の事情、両方を知っているからこそのアプローチですね。お見合いの仲人みたいな。

望月　そういう意味でいうと、社内エージェントみたいですね。

白井　先ほどのキャリアリンクの制度は、応募の時期などは決まっているのですか。

望月　キャリア月間で面談が終わった後に、上司の了解をもらってからエントリーします。だから異動先が決まったら、上司は背中を押してあげるという状態です。

白井　ＦＡ制度と社内公募制度へのチャレンジは、上司が知るのは最後ですか。

望月　そうです。もちろん、ＦＡの権利を持っているかどうかは上司も知っていますけれど。このＦＡ制度の利用状況は大変興味深く、いろいろなチャンスがあったけれど結局は今の職場に残るという人もいるのです。

その理由を人事でヒアリングしてみると「上司と初めて自分のキャリアに対してどのように期待しているかを話し合って、もうちょっとこの部署で頑張ろうと決めました」という声があって、逆にエンゲージメントが高まっているのです。

キャリアのサポートにはいろいろなやり方がありますが、このような話し合いをきちんとするとエンゲージメントに効いてくるのではないでしょうか。

白井　日本企業では今、エンゲージメントが注目されていますけれど、なかなかうまくいっていません。異動が中央人事の管理下にあって本人の希望に基づいたものではないことが理由の一つです。

望月　異動が本人にとって意味のあるキャリアなのだとしたら、希望を実現させるほうが成長につながるし、ひいては会社のためにもなる。ソニーのマネジメントの多くはそう思っていると思います。何より、自分たちがそういった環境でチャンスをつかみ、キャリアを築いてきたから、部下が異動したいと言ってきてもダメとは言えないですよね。もちろん、人員が抜けてしまうのは痛手だけれど、公募制やＦＡ制度といったものはソニーにとってとても大事にしなければならない人事制度だということを、信じて疑っていないと思いますね。

白井　抜けられるのは痛手だけれど、逆に優秀な人材が来てくれるときもあると。

望月　そういうときには、ＨＲＢＰがエージェントとして抜けられた穴をふさぐべく、相談に乗るわけです。

白井　そうなるとＨＲＢＰの個人の力量が問題になりませんか。

望月　例えば、勤怠データを見てメンタルヘルスの予兆をつかみ、フォローするのもＨＲＢＰの業務のうちというように、ありとあらゆる業務が含まれているので、どうしても得手不得手はあります。改革フェーズが強い人、人材開発に強い人、人材採用に強い人など、ＨＲＢＰを担う一人ひとりにも個性がありますから、ＨＲＢＰチームの中でそうした各強みを組み合わせて、補完関係でうまく業務が回るように考えます。

白井　なるほど。もう一つうかがいたいのですが、力がなかなか発揮できないような人や、事業統合や縮小などでキャリア変更をしなければならないような人にはどのように対応しているのでしょうか。

望月　まず、本人へのフィードバックは必須です。今の場で頑張るなら、こういうことにチャレンジする必要があるということは、ちゃんと本人と話し合います。

人事には社内の求人データがあります。もしも本人の希望に合致した求人がない場合、「〇〇さんの希望する求人は社内にはありません。新たなチャレンジで社内でのチャンスをつかみましょう」と伝えざるを得ないときもあります。ソニーには社内公募の制度とか個人のキャリアを支える制度がたくさんあるので、その制度を活用して本人にも考えてもらう。ただ、情報がまるでない状態で、自分で考えてくださいというのはアンフェアだと思うので、求人情報をオープンにして、例えば「あなたのキャリアと親和性が高そうなこの部署はどうですか」と提案することもあります。

探して、話し合って、それでも適合する部署がなかったら、もっと広く自分のキャリアを生かせる場を考える。とにかく本人と丁寧に向き合うことが大切です。

Special Interview 2

企業と個人が選び合う時代

Interviewee
能村幸輝 氏

経済産業省
経済産業政策局
産業人材政策室長

Interviewer
白井正人

コロナ禍をきっかけに進む働き方の多様化

白井　もう何年も前から働き方改革が叫ばれてきましたが、なかなか進まないのが現状でした。ところが、新型コロナウイルスの流行によって、図らずもリモートワークが導入されるなど、これまでの働き方を変えなければならなくなってしまいました。リモートワークにはいろいろと課題もありますが、通勤のストレスから解放されるなど、快適に感じている人も多いように思います。

能村　企業によってはすでに分析が進んでいると思いますが、週休3日制や通常勤務とリモートワークとの組み合わせなど、生産性を維持するための新しい働き方が定着していくところも出てくるでしょう。

白井　タスクとアウトプットに対してお金を支払うという労働スタイルのほうが、業務効率が良いなら、そもそも休暇とか週休2日、3日という考え方もマッチしなくなります。

能村　これまでの出社から退勤までという時間による労働管理は、日本の労働法的には労働者保護の観点から過剰労働を防ぐためのものでしたが、リモートワークが当たり前になってくると、今後は新しいものを取り込まなければならなくなると思います。

リモートワークだと、どうしても仕事と生活が混在化します。例えば、小さなお子さんがいたら、完全に区別するのは無理ですよね。そうなるとお子さんが寝てから、夜の22時すぎに1～2時間ちょっと仕事をするという選択肢もあっていいと思うのですが、今のリモートワークに関するガイドラインだと22時以降の業務は原則認められていません。もちろん、これは労働者保護のためのルールなのですが、一方で多様な働き方という視点で考えたときに選択肢を狭めてしまうものになっているのです。これまでの労働法制は、会社や工場などに出勤して働くことを前提としているので、根本的な見直しが必要になっていくような気がします。

労働管理も時間管理からタスクとアウトプットという成果に変える企業もあるでしょうし、時間管理にしても、労働する時間を自分で申告するなど多様なスタイルを準備しておかないと、労働者保護のための労働法制が、逆に労働者の選択肢を狭めてしまうことになります。これでは本末転倒です。

白井　仕事によって時間管理をしなければならないグループと、そうでないグループが完全に分かれますが、前者は副業とかフリーランスなどの世界と親和性が高いですよね。そうなると、今後はどのような形で労働者を保護していけばよいかも考えなければなりません。

能村　そうですね。リモートワークになると、上司が直接自分の目で働いている姿を確認して時間管理することができなくなります。そうなったときに管理型でいくのか、タスクとアウトプットという成果で評価するのか。労働時間のあり方とともに、評価や処遇のあり方にも関係してきます。

そのような働き方を選択したときに、どのような保護の方法が適切なのか。一つの制度ですべてを包含するのは現実的に難しくなってきているので、制度に柔軟性を持たせるか、もしくは新たな制度を作るかを検討していかなければならないでしょう。

白井　タスクによるアウトプットベースでの働き方が中心になって、自分の仕事に対しての価値、いわゆる市場価値がはっきりしてくれば、それに見合わない給料や仕事量を求められたら他社に移るという選択肢が生まれます。労働市場が流動化すれば、結果として労働者の保護につながる。私はそちらのほうが現実的ではないかと思うのですが。

能村　さまざまなアンケートでコロナ禍における人々のマインド変化を見ていると、個人のキャリアに対する意識が大きく変わってきていることがわかります。企業との関係性や報酬にしっかりと向き合う方が増えています。これは現在の仕事が自分の報酬やキャリアに合わないのなら、他社に移動するという労働市場の流動性につながり、個人と企業の関係性をリバランスしていく側面もあるでしょう。

雇用コミュニティの変化

能村　企業と個人の間には雇用という関係以外の選択肢、例えば、出資や独立支援、あるいは株式会社タニタの「日本活性化プロジェクト」のように、個人事業主となって本当にタスクによってプライシングするようなスタイルも出てきています。企業も、個人も、相互に依存する関係から脱却し、お互いに求めるスタイルを選択できるような関係性に発展していくような気がします。

働く時間や場所など、これまでの固定観念に縛られず、さまざまな選択肢を企業側が提示していかないと、そういった考え方にフィットする優秀な人材を獲得できなくなる、または人材が定着しないというデメリットにもつながります。企業の人材マネジメントや働く環境なども含めて、より変革を進めていくことが求められていくと思います。

白井　人材の採用にも、影響しますね。

能村　そう思います。エッセンシャルワーカーやパブリックセクターのように、社会的・経済的な活動の基盤に関する業務や、他律性が高い仕事になればなるほど、必ずしも自分の選択だけでは仕事の仕方を選べないため、働き方の柔軟性が低くなってしまいがちです。今回のコロナ禍のようなときには、そうした点も含めて変えていかないと、パブリックセクターなどにおいても人材獲得がより難しく、厳しさを増していくでしょう。

人の出入りについても、パブリックセクターは民間企業のように、もっと柔軟性を持つべきです。特にさまざまな分野の専門家が行政に参画しやすい形をつくっていく必要があると思います。多様な雇用コミュニティを実現するために、パブリックセクターも変わっていかなければなりません。

白井　私どものようなコンサルティング会社だけでなく、リサーチの研究所のようなところにも、政策立案などに関与したいという人材は一定の割合いると思います。チャンスがあるのならチャレンジしたいという人はいると思うのですが、そのために公務員試験を受けるのは、ハードルが高いのです。

能村　そういうところはもう少し専門性をベースに、人が出入りできるように考えていく必要がありますよね。最近は中央官庁でも、中途採用をよりアクティブに行っていますが、総合職的な国家資格試験などの形だけで採用していたら人は集まりません。

経済産業省では、週に一回だけ専門家に兼業・副業の形で来てもらう方法で、専門家と一緒に政策立案を行っている部署もあります。フルタイムで公務員として働くのは難しい人でも、週に何回とか、月に何回というスタイルであれば、パブリックセクターで働いてもらえるかもしれません。
民間企業でも兼業や副業の導入には、時間管理の問題などがあるため、悩みながら変革している最中です。そこで、兼業や副業の形で組織内に専門的な人材を受け入れてみるところから始め、雇用のコミュニティを多様化していくのも一つの方法でしょう。リモートワークも含めて、働き方の選択肢がいろいろ広がってきているのではないでしょうか。

白井　経済産業省が2019年3月に出した「企業の戦略的人事機能の強化に関する調査」の中で、これからの日本企業に求められる人材マネジメントにおいて、「3つの原則と6つの方策」を取りまとめています。その3つの原則の第一に「経営戦略を実現する重要な要素として、人材及び人材戦略を位置づけること」としていますが、これは経営や事業に必要な人材をきちんと準備しなさいという意味です。
先ほど話に出ていた週に一度とか、月に何回といっ

た条件での採用はフルタイムでは難しくても、週に一回なら来てくれる人材や、自由度の高い働き方をしたい人材などを獲得しやすくなります。必要なものに対して、システムを合わせていこうという企業は結構あります。

もちろん、個人としてはリスクをとらなければならない部分もでてきますが、一方で自由度が高まると自律するようになり、自分が思うような生き方をしやすくなるという面ではプラスに働きます。

能村　企業や個々人が自分に合った選択肢をきちんと選べるような環境を、政府もスピーディーに整えていかなければなりません。コロナ禍で働き方にも変化が生じており、兼業や副業を選択したいというニーズが高まっています。兼業・副業は多様な経験を積む機会と捉えることもできます。一人ひとりが自分のキャリアを見つめ直し、自分がどのような選択をしていくかを考えたときに、兼業や副業という方法も選べるようなシステムを構築していく必要があると考えています。そのため、例えば、兼業先や副業先の時間管理などのルールをアップデートしていかなければなりません。今後の成長や雇用のあり方を政府全体で議論する、未来投資会議の場でも議論を行い、方向性を打ち出していく必要があると思っています。

ジョブ型の入り口としてのインターンシップ

白井　コロナ禍で労働環境が大きく変わり、企業では今「ジョブ型の人材マネジメント」に注目が集まっています。いわゆるタスクとアウトプットに対する報酬というジョブ型では、企業が個人に報酬を超える過剰な仕事を要求すれば、当然離職されてしまいますし、個人も報酬の高い仕事に就きたいなら、自律したキャリア形成とそれなりの努力が求められます。

能村　日本的な雇用習慣でいうと、メンバーシップ型対ジョブ型という対比になりますね。ただ、ジョブ型は魔法の杖ではありません。もちろん専門性があり、自分のスキルをしっかりと磨き上げていく中で、ジョブ型の人材マネジメントがマッチする人がいるかもしれませんが、全員が全員、ジョブ型になればよいかといえば、そうではないと思います。日本的な雇用コミュニティのよさ、強さというか、しなやかさのようなものも、失われかねません。

もちろん今のままでよいということではありません。大きな方向性としては、雇用コミュニティはオープンで多様化していき、個人も専門性で勝負するジョブ型雇用へと進んでいるのは間違いありませんが、メンバーシップ型とジョブ型のハイブリッドのようなスタイルを、雇用コミュニティの中で追求していけないかと思っています。

白井　現実的に何を残したいかが課題となるでしょう。メンバーシップ型もジョブ型も、それぞれがトータルシステムとして完成しているので、中途半端に混在させるのは難しい。

やり方としては「一国二制度」と、もう一つ「ジョブ型への段階的移行」という方法が考えられます。特に段階的な移行のほうは、キャリア自律から手を付けて、時間をかけてジョブ別の報酬も含めて移行していくようなスタイルなら、比較的変革しやすいのではないかと思います。

能村　このコロナ禍で、個人が自分のキャリアと学びについて意識付けがなされた点は大きいのではないでしょうか。ただ、個人が変わっても、所属する組織が変わらなければ、個人には外に出ていくしか選択肢がなくなります。もちろん、組織を出ていく選択もできる環境をつくる必要がある一方で、多様な個人が活躍できる組織変革を、どのような形で推進していくのか。政府の成長戦略でも、個人の変革と組織の変革を両輪で進めていく点を旗印にしているのは、このような理由からです。

白井　産業界も、どのような人材が欲しいのか、専門能力やスキル、知識というレベルでもっと訴えてほしいですね。日本では「こういった人材が欲しい」と企業側がはっきり示しません。

現在の新卒一括採用では、学部に関係なく就職活動が行われるため、基礎的な素養とコミュニケーション能力が高い人材が採用されて、個々の専門性はあまり重視されません。学校で学んだことが卒業後にリセットされてしまう傾向にあり、なかでも実業の学問は、日本ではなかなか重視されてきませんでした。

能村　欧米では、サマーインターンシップなどの場を使って、学生が自分の専門性を踏まえて、産業や企業が求めるスキルや専門性に対してダイレクトにアピールします。企業側も採用や人材獲得につなげるために、自社が求めている専門性を基準にインターンを受け入れます。

こうした欧米のインターン制度は、教育側も単に人材を産業界に出すだけでなく、学生が自分の専門性を深めたり、幅を広げたりするのに役立っています。互いにＷＩＮを得られる点で一致しているのです。

日本でも同様に、長期のインターンシップについて興味深い議論があります。一カ月ほどの長期のインターンシップを受けた学生は、就職後、会社や仕事に対するフィット感が高いだけでなく、学生時代に学ぶことに対する意識、専門性に対する学びの意欲が高くなる傾向が統計的に確認されているのです。これはまさに、自分の将来のキャリアとの関係を含めて、今、何を学ばなければならないのかに気づき、行動変容にまでつながっている点で注目すべきでしょう。

ジョブ型の人材マネジメントになれば、採用も新卒一括ではなく、事業部単位となります。量を求めるパワーゲームではなく、本当に必要な質を見極めていくような、採用の力学自体ももしかしたら変わっていくかもしれません。

白井　産業側が、今こういう人材が必要なんだということを具体的に出せば、大学側も一生懸命になるし、学生も自分の専門性を高めるために努力すると思います。それをインターンシップという形で出すのはとてもよいですね。

能村　さらにいえば、長期のインターンシップを経験した社員には、いわゆる「燃えている社員率」が高いというデータもあります。彼らは目の前の組織や仕事に対する熱意の度合いが明らかに高いのです。そのような社員が多い企業は、付加価値や持続的なコミットメントを得られますし、エンゲージメントも高くなります。

採用のあり方の選択肢の一つとして、長期のジョブ型インターンシップのようなものを、産業界と教育界両者がＷＩＮ‐ＷＩＮになるような形で整備していく必要があるのではないかと考えています。

あとがき

本書を読了いただきありがとうございました。全体としては「メンバーシップ型雇用は現在の経済環境に不適な面が目立ち、ジョブ型雇用を適用すべきケースが増えている」「ジョブ型雇用実現の鍵は市場原理の導入とキャリア自律の促進である」という主旨の話をさせていただきました。

これは煎じ詰めると「個人も会社も、もっとオープンに競争したほうがよい」ということです。キャリア形成のための競争があるから、個人はリスキル・スキルアップに力を入れ、人材獲得のための競争があるから、会社はより良い環境を個人に提供します。その結果、適切な変化が促され、より高い価値を顧客や社会に届けることができるのです。メンバーシップ型雇用は長期的関係を基礎とするコミュニティであり、継続的に少しずつ品質を向上するような活動との相性は良いのですが、人の入れ替えやリスキル・スキルアップが促進されず、急激な環境変化への対応が得意ではありません。

一部には、メンバーシップ型雇用にはチームワークや品質の維持・向上を促進するメリットがあり、それを失いたくない、という主張があります。メンバーシップ型雇用にそういう長所があるのはそのとおりですし、それが今後も成功要因となり得る企業群はメンバーシップ型雇用を維持すべきかと思います。メンバーシップ型雇用を維持したまま、欧米企業並みの成長率や収益性を実現できる見込みがあるのであればなおさらです。一方、メンバーシップ型雇用は、大規模な変化への対応力が構造的に高くないことや若年優秀者に嫌われる傾向があり、それらの解決が今後の成長率や収益性を一層向上するためにクリティカルな課題である、と考える企業群にとっては、ジョブ型雇用が適しているはずです。

メンバーシップ型雇用は日本の歴史や文化に根付いたものであり変えることが難しい、欧米企業の真似は日本企業の良さをなくす、という主張もあります。しかし、この主張には一部誤解があります。メンバーシップ型雇用の本格的普及は戦後であり、考え方によってはその完成は整理解雇4要件が明確にされた70年代ともいえ、それほど長い歴史を持ったものではなく、歴史や文化というレベルのものではないように思えます。また、ジョブ型雇用は、通常の資本主義的な経済取引、すなわち「労働の価値に対して対価を支払う」でしかなく、欧米だけのものでもありません。あえていえば、資本主義経済がある程度成熟しているほとんどの国で取り入れられている基本的な雇用のあり方です。

競争は格差を助長させるため、競争を促すジョブ型雇用は好ましくない、という意見もあります。ただ、「旧ソ連や東欧諸国で資本主義的な競争政策を否定した社会主義経済が立ち行かなくなり、それを取りやめざるを得なかった事実」や「中国が経済に関しては資本主義的な政策を採用することで発展した事実」を考え合わせると、競争の否定は説得力に欠けます。競争は敗者に不愉快な思いをさせますが、それは成長・発展のための必要悪に思えます。むしろ必要なのは競争を回避することではなく、一般の商取引と同じように公正な取引がなされているかをモニタリングし、そうでないケースには行政指導が入るようにすべきでしょう。公正な取引において貢献の大きさに応じた報酬格差が発生することは、会社と個人の労働の市場取引という意味では避けようがありません。それでも、所得の格差を問題とするならば、会社組織における報酬分配論ではなく、国家における所得の再分配論（税や補助金）として解決すべきことです。

もちろん、非合理的な格差は解消されるべきです。例えば、正社員と非正規社員（契約社員、派遣社員等）の間には非合理的な待遇格差があることも多いでしょう。経営的な観点から見た適切なコスト水準や変動費率を横目に置きながら、正社員の既得権（具体的には雇用保障と不利益変更の原則禁止）を守るため、さまざまな形で非正規社員にしわ寄せがいっていることは容易に想像がつきます。個人の能力や努力にかかわらず、入社経緯によるラベルの差によって起きてしまう格差です。実はこの問題はジョブ型雇用が徹底されれば解決します。正規・非正規問わず適所適材を徹底したうえでジョブに対する支払いを実現すれば、正規・非正規格差は解消されるはずなのです。

ここまでいくつかのジョブ型雇用に関する否定的な見解とそれに対する意見を述べてきました。

実は雇用のあり方の変革については、その必要性を強く訴える声を耳にする一方で、批判的な見解を数多く見聞きします。メンバーシップ型雇用からジョブ型雇用へのシフトはある種のパラダイムシフトであり、変化の度合いが大きいため、否定的な意見、懸念や不安が出るのはもっともなことです。ジョブ型雇用下で働いたことがない個人にとっては、ジョブ型雇用で実際に何が起きるか想像することが難しく、必要とされるケイパビリティやマインドセットに関するギャップの大きさに不安を覚え、今までの秩序が乱れ、組織が壊れるリスクを感じるのでしょう。

ジョブ型雇用への変革は、その規模は違うものの、江戸時代末期・明治時代初期の封建国家の終焉と近代国家の設立と似ている面があります。当時、国のあり方そのものが変わるために、大きなパラダイムシフトがさまざまな領域で発生しました。その最中に巻き込まれた多くの個人は、将来を想像できず、不安を覚え、リスクを感じ、変化に躊躇したり、不満を覚えたりしたのではないでしょうか。ひどい目にあった人もたくさんいると思います。ただ、その後の歴史的な事実、植民地にならずアジアで最初の先進国になったことを考えると、さまざまな問題はあったものの、近代国家になったことは総合的には正解だったはずです。現在の日本も日本経済も、このままいけばジリ貧で影響力の小さい国になることが想定されますが、それを防ぐためには社会全体のリフォーム、ひいてはパラダイムシフトが必要です。雇用のあり方の変革もその一つではないでしょうか。

最後に謝辞です。ダイヤモンド社の音洲さん、編集協力の飯野さん、三浦さん、プロの目から見た客観的なアドバイスは執筆の大きな糧となりました。内容のレビューをいただいたマーサーのコンサルティングスタッフ、山内さん、中村さん、井上さん、藤野さん、大路さん、松見さん、磯部さん、伊藤さん、阿久津さん、伴登さん、坂井さん、石田さん、奥平さん、木村さん、本当に助かりました。マーケティングのヘレラさんと天野さん、お二人の献身なしでは当書は完成させられなかったと思います。そして、最後までお付き合いいただいた読書の皆さん。本当にありがとうございました。今後の指針として何かのヒントになれば幸いです。

白井正人

2021年5月

[著者]

白井 正人（しらい まさと）

マーサージャパン 取締役執行役員 組織人事変革事業責任者。デロイト トーマツコンサルティング、アーサー・アンダーセン、プライスウォーターハウスクーパースおよびマーサーにおいて、約30年間にわたり組織・人事領域の経営コンサルティングに従事。2013年より、マーサージャパンの組織・人事変革コンサルティングの事業責任者を務め、人事・組織領域におけるThought Leadership発揮およびソリューション拡大をリードし、コンサルティング事業の大幅な成長を実現。早稲田大学理工学部卒業、エラスムス大学ロッテルダム・スクール・オブ・マネジメントMBA修了。早稲田大学ビジネススクール非常勤講師。

[会社情報]

マーサージャパン

組織・人事、福利厚生、年金、資産運用分野を専門とするグローバル・コンサルティング・ファーム。全世界約25,000名のスタッフが43ヵ国をベースに、130ヵ国でクライアント企業と共に多様な課題に取り組み、最適なソリューションを総合的に提供している。マーシュ・マクレナン（NYSE：MMC）グループの一員として、日本においては40年以上の豊富な実績とグローバル・ネットワークを活かし、あらゆる業種の企業・公共団体に対しビジネスを展開。組織変革・人事制度・福利厚生・退職給付制度の構築、M&Aアドバイザリー・サービス、グローバル人材マネジメント基盤構築、給与データサービス、年金数理、資産運用に関するサポートなど、「人・組織」を基盤としたコンサルテーションを行っている。